공주학연구총서 ①

공주, 역사와
문화콘텐츠

윤용혁

공주대학교출판부

❖ 책머리에 ❖

다시, 백제의 언덕에서

『공주, 역사문화론집』이라는 이름으로 공주에 대한 논문집을 낸지 꼭 10년 만에 그 후속편, 『공주, 역사와 문화콘텐츠』를 간행하게 되었다.
　우리가 몸 붙이고 있는 '지역'이라는 것은 끊임없는 지식과 아이디어와 자료의 보고이다. 공주는 더욱 그렇다. 최근 백년을 제외하고 공주는 1천 5백년 내내 충남권의 중심도시였기 때문이다. 1988년 공주향토문화연구회를 시작한 것은 내가 공주와 깊이 엮어지는 계기가 되었다. 지역 역사문화 활동에 일정한 역할을 담당하면서, 2004년 무령왕국제네트워크, 2013년 이삼평연구회 등의 시민 모임 창립에도 간여 하였다. 무령왕을 통한 국제교류, 이삼평 콘텐츠를 활용한 도자 문화 진흥이 공주에 있어서 매우 중요한 의미를 갖는다는 소박한 생각이 그 출발이었다. 2008년 이후로는 충남향토사연구연합회 주최로 충남의 향토사 단체를 엮어 매년 충남 향토사대회를 개최하고 있다. 본서에 실린 많은 글들은 이러한 활동의 결과물로 이루어졌다.
　이 책은 공주의 인물, 공주의 역사콘텐츠, 그리고 백제문화제 등 3개의 장으로 구성되어 있다. 공주시의 문화계간지 〈고마나루〉를 통하여 '공주의 인물'을 연재하면서, 나는 인물이 갖는 특별한 의미를 체감하였다. 백제문화제의 추진위원, 그리고 2년간 공주 집행위원장을 맡게 된 것은 역사문화와 지역 축제와의 관계를 진지하게 생각하는 계기가 되었다. 이러한 점에서 이 책은 결국 주변의 많은 분들과의 도움과 협업에 의하여 이루어진 것이라 할 수 있다. 특별히 공주가 고향인 최석원 총장님은 나의 공주대에서의 35년 생활 내내 뒤를 보아주셨다. 이 자리를 빌려 그동안의 도움과 따뜻한 배려에 대해 각별한 감사의 마음을 전하고 싶다.

2014년 공주대에 공주학연구원이 설치되면서 뜻하지 않게 원장의 직을 겸하게 되었다. 나는 원래 소심한 성격이어서 책임 맡는 일을 두려워하는 데도 불구하고, 이래저래 도리어 많은 책임을 맡으면서 대학생활을 해왔다. 금년 초에 아내는 오래 근무하던 학교의 교직을 갑작스레 청산하고 집 안으로 철수하였는데, 이 역시 원래의 계획에는 없던 것이었다. 생각대로 되면 그것은 인생이 아니다 !

그런데도 불구하고 금년에 공주의 대표적 역사문화 콘텐츠인 공산성과 무령왕릉이 유네스코 세계유산에 지정된 것은 참으로 기쁜 일이 아닐 수 없다. 이 일은 아마 1971년 무령왕릉 발굴 이후 공주에서는 가장 경사스러운 일일 것이다. 우리 주변에서 평범하게 만나게 되는 자원들이 사실은 극히 귀중한 가치를 가지고 있다는 진실을 깨우쳐주는 것이기도 하다. 대전과 세종 등의 대도시 틈 사이에 위치한 공주가 자리매김 할 수 있는 관건은 결국 공주가 가지고 있는 이러한 풍부한 문화 콘텐츠의 활용에 있다고 나는 생각한다.

공주에 대한 이 책을 특별히 공주대 출판부에서 공주학연구총서 제1권으로 간행하게 된 것에 대해서도 매우 의미 깊게 생각한다. 이 책의 출판을 계기로 우리 출판부에서 공주와 충남에 관한 책이 더욱 많이 간행되었으면 하는 바람이 간절하다.

2015. 12.
신관동 연구실에서 윤용혁

❖ 목 차 ❖

공주, 역사와 문화콘텐츠

책머리에 / 다시, 백제의 언덕에서

제1장 공주의 역사와 인물

1. 월당 윤여헌의 공주 향토사 연구 9
   공주의 '향토사학자'가 되기까지 / 공주향토문화연구회의 조직과 활동 / 월당 윤여헌의 향토사 연구 / 아직 남겨진 시간과 일들 / (부) 연보와 저작목록

2. 칸(菅), 그리고 아메미야 히로스케(雨宮宏輔) - 공주 역사 속의 일본인 35
   근대 이전 공주의 일본인 / 근대 공주의 일본인 1호, 칸(菅辰太郎) / 공주회 이사장, 아메미야(雨宮宏輔) / 아메미야의 소장 유물 기증 / (부) 아메미야 관련 자료

3. 이삼평, 출신지에 대한 논의 71
   이삼평과 박정자의 기념비 / '금강도(金江島)'는 공주인가 / 나베시마 군은 공주에 침입한 적이 없는가 / 금강과 학봉리 / 앞으로의 이삼평과 공주

제2장 공주 역사 콘텐츠 활용

1. 공주 인물콘텐츠의 정리와 활용 93
   공주 인물콘텐츠의 정리 / 인물콘텐츠의 활용 / 인물 콘텐츠로서의 백제 무령왕 / 활용의 활성화를 위하여

2. 도조 이삼평, 그리고 아리타와 공주　117
　　이삼평 출신지에 대한 논란 / 공주 학봉리의 분청사기 유적 / 공주의 이삼평 기념비 /
　　도예 도시로서의 아리타와 공주

3. 순교유적으로서의 공주 향옥과 그 위치　142
　　공주 향옥의 재인식 / 순교성지로서의 공주 향옥 / 다른 지역 향옥의 사례 / 공주
　　향옥의 위치에 대한 고증

제3장　백제문화제 60년

1. 백제문화제의 역사, 60년　163
　　백제·백제문화, 백제문화제의 정체성 / 부여에서 백제문화제가 시작되다(1955-1965)
　　/ 공주에서도 백제문화제를 개최하다(1966-1978) / 공주와 부여에서 번갈아 개최하다
　　(1979-2006) / '7백년 대백제의 부활' 백제문화제의 세계화(2007-2009) / '2010
　　대백제'의 역사 / 백제 부흥의 기치를 올리다(2011-2014) / 백제문화제, 앞으로

2. 2010 대백제전 세계화의 과제　198
　　왜 '2010 대백제전'인가 / 백제문화제 추진 과정과 외적 여건에서 파악되는 시사점 /
　　일본을 목표로 한 여건에 대한 검토 / 시민 혹은 지자체 레벨 교류의 지속적 강화 /
　　새로운 백제 콘텐츠의 개발 / 여건 변화에 부응하는 새로운 아이템 개발

3. 백제문화제 60년, 그리고 앞으로　221
　　백제문화제, 한국에서 가장 오랜 지역 축제 / '백제대제'에서 '세계대백제전'까지 /
　　'충남인의 축제'로서의 백제문화제 / 백제문화제, 21세기의 백제부흥운동

<자료> 무령왕에의 길 - 2006년 무령왕기념비의 건립　245
참고문헌　267 / 찾아보기　274

제 1 장

공주의 역사와 인물

1. 월당 윤여헌의 공주 향토사 연구

   공주의 '향토사학자'가 되기까지 / 공주향토문화연구회의 조직과 활동 / 월당 윤여헌의 향토사 연구 / 아직 남겨진 시간과 일들 / (부) 연보와 저작목록

2. 칸(菅), 그리고 아메미야 히로스케(雨宮宏輔)
   – 공주 역사 속의 일본인

   근대 이전 공주의 일본인 / 근대 공주의 일본인 1호, 칸(菅辰太郞) / 공주회 이사장, 아메미야(雨宮宏輔) / 아메미야의 소장 유물 기증 / (부) 아메미야 관련 자료

3. 이삼평, 출신지에 대한 논의

   이삼평과 박정자의 기념비 / '금강도(金江島)'는 공주인가 / 나베시마 군은 공주에 침입한 적이 없는가 / 금강과 학봉리 / 앞으로의 이삼평과 공주

월당 윤여헌의 공주 향토사 연구

 필자가 공주사범대학 역사교육과에 입학한 1970년, 월당(月塘) 윤여헌(尹汝憲)은 같은 대학 사회교육과의 교수로 재직하고 있었다. 짙은 눈썹에 이목구비가 뚜렷한 선비 풍모의 그의 얼굴은, 누구에게나 깊은 첫인상을 남기는 스타일이다. 일견 로마의 휴일에 등장하는 영화배우, 그레고리 펙을 연상시키는 수려한 외모를 가진 그의 전공은 법학이었다. 법학의 학문적 특성상 독일어에도 능하여 한동안은 주전공이 무엇인지를 분간하기 어려울 정도였다. 공주고에서는 독일어 교사로 근무하였으며, 공주사대에서의 강의도 처음에는 법학이 아닌 독일어 강의에서 시작된 것이었다고 한다. 문학잡지인 『문예』에 독일작가 하우프트만(1862-1946)의 중편작품을 번역할 만큼 그의 독일어는 정평이 있었다.[1] 교양독일어 강의를 수강하고 역사교육과와 사회교육과는 사촌 쯤 되는 거리에 있었지만, 재학시절 필자는 한번도 월당과는 개인적 관계를 가지지 못하였다. 인연은 1980년 이후 필자가 모교에 전임이 될 무렵부터였다고 할 수 있다.

 1988년 공주사대 교수들로 공주향토문화연구회가 만들어지면서, 그는 회장에 선임되고 필자가 총무의 직을 맡게 되었다. 그리고 만 20년 회장 재임 기간 내내 필자는 총무의 직을 벗어나

---

1) 『문학』 창간호, 1959. 월당은 독일문학작품의 번역에 대하여 '젊은 날의 객기'였다고 겸양을 보였지만, 그의 번역문학에 대해서는 박인기 (「『문예』와 하우프트만 이입」〈공주사범대신문〉 1985.2.11)에 의한 높은 평가가 있었다.

지 못하였다. 향토사학자로서의 월당의 생애는 공주향토문화연구회와 떼어 생각할 수 없고, 그 20여 년 내내 필자는 거기에서 멀지 않은 자리에 있었던 셈이다. 이것이 본고를 집필하게 된 필자의 월당과의 인연이다.

'향토사학자'에 이르는 길은 사람마다 다르다. 어떤 이는 학창시절의 역사에 대한 취미가 발전하여 향토사학자가 되고, 어떤 이는 공무원 행정 업무를 통하여, 혹 어떤 이는 농삿일을 하며 향토사의 길을 간다. 농삿일이나 향토사나 자신이 밟고 있는 땅을 기업(基業)으로 한다는 점에서는 공통적이다. 이에 비하여 월당 윤여헌은 논문 쓰기를 직업으로 하는 법학자에서 시작하여 취미의 영역이었던 향토사를 선택한 경우이다.

1. 공주의 '향토사학자'가 되기까지

월당 윤여헌은 1928년 공주시 탄천면 덕지리에서 부 윤석철과 모 덕수이씨 사이에서 출생하였다. 그러나 3, 4세의 어린 시절에 공주시내로 이사를 하였기 때문에 월당은 공주 시내에서 생애의 대부분을 지낸 셈이 된다. 대학 수학으로 몇 년 공주를 떴던 것을 제외하면 그이만큼 철저하게 공주라는 한 지역에서 80여 성상을 지낸다는 것도 흔한 일은 아닐 것이다. 그것도 철저히 구시가지의 구가(舊家)를 아직 지키고 있다는 점에서 그 스스로가 어떤 점에서 '향토사적' 존재이기도 하다.

월당은 공주중학교 3년 재학 중에 일제로부터의 해방을 맞았다. 해방 후 그는 학제개편에 의한 3년의 고급중학교를 다시 이수한다. 지금의 공주고등학교에 해당한다. 공주고보는 일찍이 가루베 지온(輕部慈恩)에 의하여 향토사적 토대가 갖추어진 학교이다. 가루베 지온이 이 학교에 근무한 것은 1927년부터 대략 6년간이었고, 이 기간에 『충남향토지(忠南鄕土誌)』라는 충남 지역 향토사 자료집을 간행하고, 교내에 향토사 자료실을 만들어 운영하였다. 이러한 점에서 공주고등학교는 충남 향토사 연구의 '발원지'라 할 만한 곳이다. 가루베 지온이 만든 향토자료실은 6.25 때 폭격으로 모두 소실되어 재가 되고 말았지만, 제자들을 통한 향토사적 맥락은 이후에도 충남 지역에 큰 영향을 미치게 된다.

서울대 4년 간(1949-1953)의 재학시절은 6.25 전쟁의 격한 소용돌이가 휩쓸던 시기였다. 졸업한 이듬해에 바로 모교 공주고로 돌아왔기 때문에, 이 4년 기간은 월당이 공주를 떠나 있었던 거의 유일한 기간이기도 하다. '거의'라고 하는 이유는 공주사대에 재직하는 동안, 1년 간의 일본 교토대학 파견 교수의 기간이 있었기 때문이다.

1960년 4.19로 민주화의 바람이 불자 전국교원노조가 결성되고, 공주고에 재직하던 청년 교사 월당은 전교조의 충남 부위원장으로 활동하였다. 이듬해 5.16으로 정국이 반전되자 그는 교사에서 1년 간 해직 조치되는 아픔을 맛보게 된다. 법학도로서의 민주적 신념이 그를 현실에 참여하도록 부추겼던 것이다. 그로부터 거의 30년이 지난 1988년 대학에서 교수협의회가 결성되자, 원로교수였던 월당은 교수협의회보의 창간호에서 다음과 같이 자신의 민주주의에 대한 관점을 피력하였다. "민주화란 다원화를 전제로 하는 것인 만큼 우선은 구성원의 다양한 의견에 대하여 귀를 기울여야만 한다. 민주화는 독선을 부정하는 것이다. 다양한 의견의 표출과 비판을 거쳐 타협이 이룩될 때 참여의 폭도 넓힐 수 있고 책임도 공유할 수 있는 것이다."[2)]

월당이 공주사범대학의 교원으로 부임한 것은 1964년의 일이었다. 마침 사회교육과가 신설되어 법학 전공자가 필요하였기 때문이다. 그로부터 1994년까지 공주사범대(공주대)에서 법학 전공의 교수로 재직한 것이 30년 세월이었다. 법학자로서의 월당은 그때 이러한 제목의 논문을 쓰고 있었다. 「위헌심사제, 그 비교사적 고찰」, 「위헌 법령 심사의 제기술」, 「환경권, 일본헌법의 경우」, 「정치자금 규제법에 관한 고찰」, 「국회의원의 면책특권」 … 등이 그것이다. 월당의 '본업'을 확인해주는 것이다.

1980년 8월, 연기군 나성리(세종시) 독락정에서 월당과 함께
(맨 좌측은 이남석 교수, 맨 우측은 손덕영 선생)

대학에서의 월당은 어디까지나 법학자였다. 법학자의 기본은 사리를 꼼꼼히 따지는 것이다. 이러한 법학적 소양은 업무를 맡

---

2) 〈공주사범대학 교수협의회보〉 창간호, 1988.7.1

앉을 때 그 진가를 드러내게 된다. 결과적으로 월당은 30년 재직기간 중 다양한 보직을 역임하게 된다. 도서관장, 교원연수원장, 인문사회과학연구소장, 백제문화연구소장, 그리고 교무과장(지금의 교무처장에 해당) 등이 그것인데, 1980년대 5공 정권의 서슬이 시퍼런 시절에는 무려 7년 동안 대학신문사의 주간 직을 맡았다. 아마 그가 아니면 그 일을 감당할 교수가 없었을 것이다.

'위헌 법령'과 '정치자금규제법'을 논하는 법학도로서의 그의 이미지와는 어울리는 것 같지는 않지만, 그는 고서화(古書畵)에 두루 취미를 갖는 선비적 교양을 가지고 있다. 일찍부터 고서화 수집에 관심을 가졌던 것도 그 때문이라 할 수 있다. 본인에게 직접 확인한 것은 아니지만, '위헌 법령'과 '정치자금 규제법'을 미주알 고주알 따지는 일 자체가 월당의 성미에 꼭 들어맞지는 않았던 것 같다. 고서화 취미는 이러한 점에서 그의 정신적 해방구가 되었던 것 같다. 40대 시절 월당은 대학의 교지에 실린 글에서 자신의 서화 수집에 대한 변을 다음과 같이 피력한 적이 있다.

> 그림을 좋아하다가 글씨를 좋아하게 되었다. 그림을 제쳐 놓고 글씨를 좋아하는 것이 아니라, 그림과 글씨를 다 함께 좋아하게 되었다. 그림은 그림대로 좋고, 글씨는 글씨대로 좋아서 각각 좋아하게 된 것이지만, 이 두 가지를 다 같이 좋아할 수 있게 된 것을 나로서는 다시없는 안복(眼福), 다시없는 다행으로 생각하고 있다.[3]

고서화를 수집하게 된 동기를 언급한 것인데, 그의 문화에 대한 깊은 애정을 여기에서 느낄 수 있다. 그러나 필자가 여기에서 주목하는 것은 40대의 나이에 이미 그가 고서화에 있어서

---

3) 윤여헌, 「고서화 켈렉션의 변」, 『금강문화』, 공주사대 학생회, 1972

전문가적 안목을 가지고 있었다는 점이다. "그림은 그림대로 좋고, 글씨는 글씨대로 좋아" 할 수 있는 그 안목이라는 것이 오랜 시간을 필요로 하는 것이라는 점을 감안하면, 그는 법학자의 이면에서 이미 오랫동안 옛 것에 깊이 심취하여 가고 있었던 것이다. 이 고서화에 대한 취미 때문에 그는 종종 골동품 가게를 기웃거렸으며 거기에서 그는 정신적 안정감을 느끼곤 하였다.

 골동품 가게는 마치 오랜 방황 끝에 되돌아온 고향집 같은 분위기가 마음에 든다. (중략) 서찰이나 시축(詩軸)을 뒤적이며 실의(失意) 속에 살다간 선비들의 마음을 헤아려 볼 수 있고, 맷돌 갈며 중노동에 시달리던 여인들의 애처로운 사연들을 그리기도 한다. 이와 같이 골동품 가게는 잃어버린 것과 잃어버린 시절을 회상하면서 마냥 감상에 젖어 볼 수 있는 곳이기도 하다.[4]

 서화만이 아니라 심지어는 '악(樂)'에 대해서도 월당은 일가견을 가졌다고 한다. 직접 목도한 바는 없지만, 수준급의 아코디언 연주자로서 한 때 취미동아리의 악단 그룹 활동을 할 정도였다는 것이다. 여기에 좋은 술 맛을 분별할 줄 아는 정도라는 것을 덧붙여 생각하면 삶을 관조하는 선비로서의 덕목을 월당은 두루 갖추었다고 말 할 수 있을 것이다.
 월당이 취미와 직업의 영역을 함께 만족시키는 새로운 문을 들어선 것이 지역에서 발견된 고문서를 분석하여 발표하는 작업이었다. 그 첫 작업이 「공주목이액견차임과분등전수마련절목(公州牧吏額肩次任窠分等傳授磨鍊節目)」이라는 공주의 관아 관련 고문서에 대한 분석 자료이다. 제목에서 짐작할 수 있듯이 이것도 또한 '법학 연구'의 범주에 드는 것이라고 할 수 있는 것이

---

4) 윤여헌 「골동품점 유감」 〈한밭춘추〉 1982

다. 이 자료는 충청도관찰사가 공주목사에게 보낸 공문서로서, 전문적인 한문 및 고문서 독해 능력이 없이는 접근이 아예 불가능한 자료이다. 그가 어려서부터 닦아온 고전 학습, 그리고 그의 천부적 어학 소양이 이 난해한 문서 자료를 해독하는 열쇠가 되었다. 1977년의 일이었다.

 그후 월당은 마침 2년 동안 대학 부설 백제문화연구소의 소장의 직을 맡게 되었다. 연구소장의 주요 업무 중의 하나는 논문집 『백제문화』를 간행하는 일이었다. 역사도시로서의 공주는 백제역사가 중심이 되는 것은 당연한 일이지만, 한편으로 백제 이외의 공주 역사에 대하여 소홀한 것에 대하여 월당은 자주 그 문제점을 제기하였다. 소장을 맡고 있는 동안 그는 조선시대 공주지역사에 해당하는 2편의 논문을 『백제문화』에 게재하였다. 「공주지방의 동계에 관한 연구 - 부전동계를 중심으로-」[5], 「조선조 공주(충청) 감영고 - 위치·기구를 중심으로-」[6]가 그것이다. 전자는 공주 우성면에 전하는 조선시대 동계(洞契) 문서에 대한 분석이고, 후자는 공주에 있었던 충청감영에 대한 최초의 논고였다. 공주지역의 고문서와 서화에 대한 관심은 이제 전문적인 공주지역사 연구자로서의 자리매김을 하는 데까지 이른 것이다.

2. 공주향토문화연구회의 조직과 활동

 공주는 백제의 왕도, 그리고 이후 1천 5백년 충청 지역의 거점도시로서 발전해왔다. 근대화와 식민지시대라는 시대적 상황이 공주의 이같은 거점도시의 역할에 종지부를 찍게 하였다. 그

---

5) 공주사대 백제문화연구소 『백제문화』 18·19, 1989
6) 공주대 백제문화연구소 『백제문화』 20, 1990

런 점에서 공주는 문자 그대로 역사도시로서의 성격을 가지고 있다. 얼른 생각하면 역사도시라는 점은 향토사가(鄕土史家)가 자리를 잡기 좋은 토양이라고 생각할 수 있다. 지역의 풍부한 역사가 바로 향토사 연구의 소재가 되기 때문이다. 1930년 전후 한 시기의 일인 교사 가루베 지온이 활발한 역사 활동을 할 수 있었던 것도 공주가 갖는 이러한 역사성에 기인한 것이다. 그러나 의외로 공주는 향토사가가 자리 잡기에 척박한 여건이 되었다. 해방 이후 공주지역에서 '향토사가'로 자타가 인정할만한 인물이 월당 윤여헌 1인 밖에 없다는 점이 이를 잘 증명한다.

역사도시 공주에서 오히려 향토사가가 자랄 수 없는 이유는 어디에 있었을까. 그것은 아마도 역사 전문가의 존재와 활동 때문이었던 것 같다. 인구 3만을 헤아리는 소도시 공주에는 해방 이후 국립박물관이 자리 잡았고, 공주교육대학과 사범대학과 같은 고등교육기관이 있었기 때문에 공주라는 도시는 전문적 역사학자가 활동하는 공간이 되어버린 것이다. 거기에 공주는 중앙의 학자들이 수시로 출입하고 학문적 견해를 발표하는 곳이기도 하였다. 이같은 전문 사학자의 활동 공간에서 향토사학자가 명함을 내밀 수 있는 여지는 오히려 극히 희박하였다.

1960년대 이후 공주에서 전문가로서 향토사적 작업을 담당한 것은 김영배, 박용진, 안승주 등이었다. 우보 김영배는 공주박물관에 근무하는 것을 인연으로 공주에 대한 고고학적 미술사학적 논고를 발표하였지만, 그의 연구에는 향토사가적 풍모가 섞여 있기도 하였다. 공주가 가지고 있는 고고학적 자료의 중요성에 착안한 박용진과 안승주는 공주교대와 공주사대를 중심으로 백제문화연구소를 설치하는 등 고고미술사 전문가로서 공주에 대한 학문적 업적을 축적하였다.

이러한 상황에서 월당이 향토사가로서의 자기 기반을 갖게 된 것은 고서화와 고문서류에 대한 관심이었다. 앞에서 언급한 바와 같이 그는 개인적 취미의 하나로서 서화와 문서를 수집하기도 하고 자료를 연구하기도 함으로써 향토사가로서의 자기 기반을 축적하였다. 그의 전공이었던 법학은 고문서에 대한 분석에 일정 부분 도움이 되기도 하였다.

　월당 윤여헌이 공주지역의 향토사가로서 자신의 지위를 자리매김하게 되는 결정적 계기가 된 것이 1988년 공주향토문화연구회의 창립이다. 공주향토문화연구회의 창립은 1988년(3월 5일) 시내 중국음식점 부흥루에서 열린 '웅진문화동호회'의 발기 모임에서 비롯되었다. 참석자는 윤여헌 이외에, 안승주·이철원·최석원·조성보·백기현·윤용혁·강헌규·최덕수 등 9명이었으며, 여기에서 월당은 만장일치로 회장에 추대되었고 총무에는 윤용혁을 지명하였다. 뒤이어 신용호, 이종완, 윤세중, 이상우 등이 입회하여 연말 회원은 13명이 되었다. 그해(1988) 10월에 단체명을 '공주향토문화연구회'로 변경하였는데, 이 단체의 특징은 향토사 연구단체이면서 공주사대의 교수들만으로 회원이 구성되었다는 점이다. 말하자면 처음 공주향토문화연구회는 공주사대의 교수동아리에서 출발하였던 셈이며, 이점 공주의 지역적 특성이 반영된 것이기도 하다. 공주향토문화연구회는 창립한 그해(1988) 말에 회지 『웅진문화』 창간호를 간행하였다.

　"민족사를 강물로 비유한다면 향토사는 세류(細流)와 같다 할 것이다. 세류가 마르지 않고 흐를 때 강의 물줄기도 굵고 도도하게 흐르는 법이다." 창간호의 권두언에서 월당은 향토사에 대한 자신의 생각을 그렇게 간명하게 요약하였다. 창립된 공주향토문화연구회에서 회장에 추대되면서, 월당은 꿈으로 가지고 있던 향토사가의 지위를 공식화하는 계기가 되었다. 공주향토문화연구회가 창립되고 회지 『웅진문화』의 창간호가 간행된 1988년은 월당 윤여헌이 회갑을 맞은 해였다. 윤여헌의 공주 향토사가로서의 공식적 출전(出戰)이 환력에 즈음하여 이루어진 셈이다. 그는 이때 자신의 다짐을 다음과 같이 표현하였다.

초기 공주향토문화연구회 회원들의 답사
(1990년 3월, 신풍면 원골 절터, 좌에서 3번째가 월당)

이 고장(공주를 말함, 필자)을 문화도시 혹은 관광도시로 가꾸려면 많은 사적들이 복원되어야 하는데, 그보다 앞서 할 일이 산재된 기록 사료들을 수집하고 정리하는 일이다. 앞으로 이 일에 작은 힘이나마 보태고 싶다.[7]

---

7) 윤여헌 『환력기념 월당 산문집』 후기, 1988, p.260

공주향토문화연구회의 창립에는 누구보다도 우경(牛耕) 최석원의 역할이 컸다. 그는 필자를 비롯한 학내의 몇몇 교수를 묶어 모임의 창립을 주도하였고, 오랜 기간 부회장으로서 모임의 운영을 뒷받침하였다. 그는 '돌을 황금 같이' 여기는 지질학이 전공이어서, 얼른 생각하면 향토사와는 거리가 먼 과학도라 할 수 있다. 그러나 호고(好古)의 개인적 취향이 있는데다, 공주의 고고학자 우재(愚齋) 안승주 등과도 자별한 인연이 있어 고고학 현장에도 일찍부터 출입하곤 하였다. 뒤에 그는 공주대의 4대 총장을 역임하면서 학내에 청파(이은구) 분청도예실, 공주대 교사(校史) 자료실을 설치하는 등 역사에 대한 관심을 대학 운영에 반영하였으며, 지질학을 문화재와 접목하여 '석조문화재 보존'이라는 학문의 영역을 새롭게 개척하면서 문화재청의 문화재 위원을 역임하기도 하였다. 지금 생각해보면 원래 지질학 자체가 땅을 기반으로 하는 학문이라는 점에서 향토사와 연결되는 맥락이 있었던 것 같다.

공주향토문화연구회(현 회장 이선자)에서는 월 1회 정기모임을 가지면서 주로 현장 답사를 시행하고, 종종 간단한 세미나 혹은 특강을 마련하기도 하였다. 한편 연 1회 '웅진문화' 회지를 간행하였는데, 회지는 2009년 22집까지 간행되었다. 앞에서도 언급하였지만, 공주향토문화연구회는 원래 공주사대 교수들의 일종의 학내 동아리모임이었다. 그런데 월당은 공주대에서 정년퇴임하면서도 회장직은 그대로 유지하였다. 이를 합법화하기 위해서는 회원자격을 학외까지 개방하지 않으면 안 되었다.

사실 향토회는 지역에 기반 해야 하고, 그러기 위해서는 처음부터 시민 기반의 향토회가 바람직한 것이라 할 수 있다. 1994년 공주향토문화연구회는 회원자격을 학외(學外)에 개방함으로써 비로소 부족했던 지역기반의 성격을 크게 보완하게 되었다. 월 1회의 답사 모임은 일종의 시민 답사 여행의 성격을 겸하여, 공주 혹은 주변지역에 대한 탐방이 지속되었다. 대략 연 10회의 답사가 시행되었으므로, 2009년 까지 그동안 현지 답사는 200회 이상 지속한 셈이 된다. 답사에는 종종 역사, 지리, 문학, 고고학, 미술사, 민속학 등 관련 학문의 전문가들이 동행함으로써 답사의 질을 심화하였다. 그리고 그 사이에 향토사 혹은 지역문제 관련의 세미나 혹은 외부 인사 초청 특강이 종종 이루어졌다. 〈충남도청 입지에 관한 심포지움〉(공주문예회관, 1996.6.11), 〈무령왕릉 보존, 무엇이 문제인가〉(공주대 자연대학 강당, 1997. 9.11), 〈공주향토문화의 제문제〉(공주대 인문대 세미나실, 2006. 1.31) 등이 그 예이다.

공주향토문화연구회의 운영과 관련하여 무령왕국제네트워크협의회를 자매 단체로 발족시킨 것도 특기할 사항중의 하나이다. 공주향토문화연구회는 2002년 7월, '제1기 공주향토문화학교'라 하여 4박5일 일정의 큐슈역사탐방 프로그램을 운영하였다. 34명이 자비 참가한 이 프로그램은, 2001년 필자가 무령왕의 출생지로 기록되어 있는 사가현 가카라시마를 방문한 것이 하나의 계기가 되었으며, 부산에서 선편을 이용하여 후쿠오카로 들어가 사가, 나가사키, 구마모토현 등 북큐슈 일대 한일관계사 유적을 탐방하는 것이었다. 이 프로그램은 같은 해 가카라시마에 무령왕탄생제가 만들어지면서 무령왕탄생제에의 참가를 포함하는 역사 탐방 프로그램으로 발전되고, 보다 다양한 한일 지역간 교류의 필요성에 의하여 2004년 무령왕국제네트워크협의회라는 단체로 독립하여 상호 협조를 도모하는 지매단체로 운영되고 있다. 2006년 가카라시마 현지에 무령왕기념비를 건립하고, 2008

년 '공주회' 이사장 아메미야 히로스케(雨宮宏輔)의 반출 문화재 기증 사업 등은 무령왕네트워크와의 협력에 의하여 공주향토문화연구회가 공동으로 추진한 사업들이다. 이같은 사업에 월당이 회장으로서 지대한 역할을 담당한 것은 물론이다.

3. 월당 윤여헌의 향토사 연구

월당 윤여헌의 향토사 연구는 공주지역의 고문서와 고기록에 대한 관심이 그 뼈대를 이루고 있다. 그가 처음 공주지역의 연구 논문을 통하여 향토사학자로서의 길을 시작한 것도 공주 관아의 문서 분석이고, 이후에도 공주 지역 문서는 그의 주된 관심이었다. 공주 우성면 부전동(浮田洞) 동계(洞契)의 발견은 그의 학문적 업적이라 할 수 있고, 그밖에도 공주향교 관련 문서, 공주 민역청(民役廳)에 대한 자료 등이 그의 손에서 분석되었다. 다음은 이 같은 문서 분석의 글들이다.

「공주지방의 동계에 관한 연구 -부전동계를 중심으로-」『백제문화』18·19, 1989
「호서 양사재의 설립동기」『웅진문화』6, 1993
「공주향교 부설 양사재의 운영에 관하여」『웅진문화』7, 1994
「공주목 견역청에 대하여」『웅진문화』8, 1995
「공주목 민역청에 대하여」『웅진문화』9, 1996
「〈조선후기〉 군사훈련은 이렇게 했다」『웅진문화』10, 1997

양사재에 대한 2편 글은 공주 향교에서 추진하였던 장학 사업에 대한 자료를 발굴하여 정리한 것이다. 1850년과 1852년의 이 자료는 과거시험을 목표로 연수생을 선발, 집단적으로 교육하는 프로그램에 대한 것이다. 연수생을 선발하여 향교에서 숙식하며 수학할 수 있도록 재정 충당 방안과 운영 지침을 규정한 것이다. 조선시대 지방 교육에 관한 자료를 발굴한 것이라 할 수 있다. 견역청(蠲役廳)과 민역청 관련 자료는 공주향교 소장의 자료와 『공산지』의 추가 자료를 통하여 밝힌 것으로 이들 자료는 공주지역의 일종의 지방세 징수에 대한 자료이기도 하다.

월당 정년 이후의 향토회 활동
(2000년 부여 발굴현장, 우측에서 세 번째가 월당, 첫 번째가 우경)

견역청절목은 1782년 자료 '호적지사가(戶籍紙寫價)'와 같은 민(民)에게 부과되던 세금을 면제하고 대신 이를 충당할 수 있는 재원을 마련 운영하는 방안에 관한 규정이었다. 즉 민의 경제적 부담을 덜게 하는 방안으로 감영에서 일정액을 출연하여 이 기금을 운용, 그 이윤으로 필요한 경비에 충당하는 것인데

1782년 감영 출연 기금은 토지 105결, 현금 500량이었다. 민역청절목은 1716년 민의 경제적 부담을 위하여 설치된 기구로 호당 조세 2두를 갹출하여 이를 재원으로 삼아 '존본취식(存本取息)'의 방식으로 운용하기 위한 규정이었다.

부전동 동계 논문은 공주시 우성면 소재의 향촌 부전동에서 17세기 초 이후 300여 년 간 실시된 동계(洞契) 자료를 소개하고 아울러 그 중수(重修) 과정을 통하여 운영의 실태 및 향촌사회의 내부 변화를 고찰한 것이다.[8] 이에 의하여 조선조 후기 공주지역사회 사족 동향의 일단을 밝히는 계기가 되었다. 조선 후기 군사훈련 관계의 논고는 〈조련홀기(調鍊笏記)〉라는 자료를 발굴하여 군사훈련의 실제적 매뉴얼을 확인한 것으로 군사사 연구에 도움이 되는 내용이다.

이들 문서 자료는 해독이 매우 어려운 부분을 많이 포함하고 있어서 웬만한 한문의 지식이 있더라도 선뜻 그 내용을 파악하기 어려운 자료들이다. 이들 자료를 꼼꼼히 읽고 분석하여 정리함으로써 공주 지역 향토사의 한 부분을 밝히는데 공헌한 것이다.

공주가 조선시대의 충청감영의 소재처였다는 것에 대하여 월당은 무한한 긍지를 가지고 있었고, 때문에 고문서 자료 이외에 충청감영에 대한 논의도 그의 관심사였다.

「공주감영 사령들의 행패」『웅진문화』 2·3, 1990

「조선조 공주(충청) 감영고 – 위치·기구를 중심으로-」『백제문화』 20, 1990

「공주(충청) 감영고」『웅진문화』 4, 1991

---

[8] 윤여헌이 발굴 소개한 부전동 동계 자료는 이후 임선빈이 「공주 부전동계의 성립배경과 운영주체」(『백제문화』 20, 1990)라는 논문을 통하여 추가 고찰하였다.

충청감영에 대한 연구가 그동안 이루어지지 않은 상태에서 감영 이전의 전말, 감영의 위치와 건물 등을 『공산지』와 왕조실록 등의 자료를 이용하여 체계적으로 정리한 것이다. 그 가운데 공주 감영의 개영 시기에 대한 혼란을 각종 자료를 비교 검토하여 1602년으로 논증한 것은 매우 중요한 업적이었다. 2002년 충청감영 4백주년 행사는 월당이 고증한 연대 고증을 바탕으로 하였으며, 이 때의 학문적 논의는 월당의 충청감영 연구가 그 토대가 되었다. 감영 관련 논고는 충청감영에 대한 선구적 연구 업적으로 평가받을 만하다.

월당의 관심은 공주의 유적과 건조물에까지 옮겨졌다.

「공주 금강 8정」『웅진문화』 1, 1988
「인조의 공주파천과 행재소」『월당 산문집』 공주합동출판공사, 1988
「소정평과 웅진도독부」『월당 산문집』 공주합동출판공사, 1988
「살아 있는 역사박물관 공주」『문화가 살아있는 이야기, 공주』 1997
「다시 보는 문화유적」『웅진문화』 12, 13, 1999, 2000
「옥룡동 소재 '일본인 묘' 재론」『웅진문화』 19, 2006
「일제하 공주박물관 설치의 시대적 배경」『공주와 박물관』 국립공주박물관, 2009

공주 금강 8정(錦江八亭)에 대한 논문은 세인들에게 잊혀진 '8정'의 존재를 다시 인식시키고, 8정의 배경이 되는 금강에 대한 지리적 역사적 관심을 환기한 것이었다. 근년 금강에 대한 정비 사업이 추진되면서, 금강 8정의 존재와 이에 대한 연구는 매우 유익한 자료가 되고 있다. 공주의 근대 사적에 대해서는 이제 공주에서 월당만큼 내용을 아는 이가 없다. 그래서 사람들은 근대 공주의 사정에 대하여 일단 월당에게 묻고 난 다음 자료를 찾게 된다. 이같은 월당만의 지식이 담겨져 있는 것이 위에서 언급한 여러 글들이다. '일본인 묘'는 옥룡동에 묘가 남아 있는 최초의 공주거주 일본인 칸 신타로(管辰太郎, 1868-1928)에 대한 글로 특히 일본의 지인에게 의뢰하여 그 신상을 탐색한 점이 흥미롭다. 본적 에히메현(愛媛縣) 슈소군(周桑郡)은 지금의 토요시(東予市)이며, 칸 신타로가 칸 우메키치(管梅吉)의 2남 4녀중 차남이며, 직손이 없다는 것을 확인한 것이다.

금석문자료, 혹은 서화에 대한 관심도 월당의 향토사연구에 반영되었다.

「없어진 관찰사 이공익보 사적비」『웅진문화』 11, 1998
「(속) 향토출신 근대서화가」『웅진문화』 16, 2003
「무령왕릉 출토 매지권에 대하여」『웅진문화』 18, 2005
「공주 근대향토작가 지상전」『웅진문화』 20, 2007

금강변에서 인양된 관찰사 이익보(李益輔, 1708-1767)의 비석은 지금은 행방을 알 수 없다. 월당이 서둘러 자료를 정리해 두었기 때문에 자료나마 남게 된 것이다. 비문을 통하여 이익보가 장대(將臺)를 설치하고, 1751년 공북루와 공산성을 개축하며, 금강변에 벽허정(碧虛亭)이라는 정자를 건립한 사실들을 새로 밝혀냈다. 공주 출신 근대 서화가에 대한 논고는 월당이 아니면 아무도 논의할 수 없는 영역이다. 저명한 작가는 아니지만 그러나 어려운 환경에서 지역문화를 만들어가던 근대 지역 예술인들의 작품에 관심을 가지고 이를 발굴 정리한 것은 지역의 문화예술사적 측면에서 매우 의미 있는 작업이 아닐 수 없다.

월당의 논고 중 많은 부분은 공주에 대한 신자료의 발굴을 토대로 한 것이었다. 이상에서 언급한 논고 이외에도 지역의 향토사 자료를 다수 발굴한 것은 그의 공헌중의 하나이다. 공주시 정안면 운궁리에 있던 옛 서당 문회당의 〈문회당기(文會堂記)〉, 우성면 내산리 부전동의 〈산제문(山祭文)과 천제문(川祭文)〉, 경재(敬齊) 이해(李瀣, 1691-1719)의 계룡산 순례기인 〈유계룡산기(遊鷄龍山記)〉, 〈공주감영읍지〉, 조선 서리의 진정서, 쌍수정 그림이 있는 청화백자 병, 1920년대 공산성과 배다리에 대한 세가야(世外)의 그림, 어사 박문수의 집터 확인(공주시 교동 52, 62-1) 등이 그것이다. 쌍수정 그림이 있는 청화백자 병은 국립공주박물관에 기증되었다.

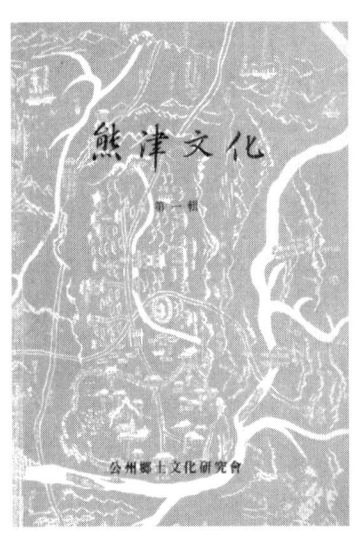 

웅진문화 창간호(1988)와 제1회 충남향토사대회 발표자료집(2008)의 표지

월당의 향토사 활동중 논문과 자료 소개 이외에 지역문화에 대한 각종의 제언도 주목할 부분이다. 금강변의 승지 공주 '청벽(淸壁)'은 '창벽(蒼壁)'으로 불러야 한다, 월파당을 복원해야한다. '곰나루'는 '고마나루'로 불러야 한다, 대통사지를 조사하고 여

월당이 공주박물관에 기증한
'쌍수정' 그림의 백자병

기에 불교자료관을 건립해야 한다 등의 제언이 그것이다.[9] 그의 주장 가운데 곰나루는 '고마나루'라는 이름으로 국가 사적 및 명승에 지정됨으로써, '고마나루'라는 이름이 공식화하였다. 대통사지의 '불교자료관'은 대통사지에 대한 중요성을 강조한 것인데, 당간지주 주변에 대한 기왕의 조사에 대해서도 이곳이 원래의 대통사지가 아니라는 점과, 일대의 가옥을 매입 철거한 후 비로소 사지의 조사가 가능하다는 점을 강조하였다. 경청할 의견임이 분명하지만 불교자료관 건립이라는 대통사지에 대한 제언은 아직 실현되고 있지 않다.

4. 아직 남겨진 시간과 일들

2008년 월당의 나이 80을 헤아리게 되었다. 건강을 핑계로 공주향토문화연구회의 회장직을 놓게 되었으나, 향토사에서의 그의 업무는 아직 끝나지 않고 있다. 공주향토문화연구회가 중심이 되어 2008년 11월 충남지역 향토사 단체들의 교류의 장으로서 제1회 충남향토사대회를 치른 것은 공주향토문화연구회장

---

9) 윤여헌 「다시 보는 문화유적」 『웅진문화』 13, 14, 2000, 2001

으로서 월당의 마지막 사업이었다. 이에 의하여 침체상태에 있던 충남향토사연구연합회의 활동이 재개되었고, 월당은 충남향토사연구연합회장 직을 김영한 전 회장으로부터 인계받게 되었다. 이어 2009년 11월 19일, 제2회 충남향토사대회를 〈내포지역의 역사와 문화〉를 주제로 개최 하였다. 2010년 10월 공주에서 향토사전국대회가 개최되는 것도 이같은 최근의 활동이 그 토대가 되었다.

향토사연구와 함께 그가 아직 놓지 않고 있는 봉사활동이 하나 있다. 시민들을 대상으로 한 일본어 학습프로그램 운영이다. 독일어 교사 경력을 가진 그의 뛰어난 외국어 실력을 앞에서 언급하였지만, 전혀 다른 외국어인 일본어에 대해서도 공주에서 가장 세련된 수준의 일본어로 일찍부터 정평이 있었다. 1978년 10월부터 1년 간 쿄토대학의 법학연구실에서 객원교수로서 파견되었던 체일 경험은 일본어를 가다듬는 시간이 되기도 하였다. 일본과의 국제교류 등에 예외 없이 간여하게 되는 것도 이러한 일본어 실력 때문이었다.

그는 일본과의 국제교류, 그리고 공주의 향토문화를 일본에 소개하는데 일찍부터 열심이 있었다. 시즈오카현 누마즈(沼津) 로타리클럽과의 공주로타리와의 시민 교류에 국제봉사위원장을 맡는 등 핵심 역할을 담당하였고, 1995년(10. 7) 누마즈(沼津) 북로타리클럽 초청으로 〈한일 우호의 역사〉라는 연제의 특강을 실시하여 큰 반향을 얻었다. 바로 그 전년(1994. 9. 9)에는 야마구치시(山口市) 주최 〈제2회 오우치(大內) 문화마을 만들기 심포지움〉에 초청되어 「백제문화와 일본」이라는 주제의 기조강연을 하였다. 한 시민은 월당의 강연에 대하여 "유창한 일본어의 기조 강연은 참석자의 공감을 불러일으켰고, 한일문화교류에

있어서 역사적인 학설에 깊은 감동을 받았다"는 감상문을 신문에 기고하기도 하였다.10)

앞에서 언급한 바와 같이 월당은 공주향토문화연구회 회장 재임시에는 사가현 가라츠시(唐津市)와의 교류 및 가카라시마 무령왕기념비 건립에 중요한 역할을 담당하였다. 공주회(公州會) 이사장 아메미야 히로스케(雨宮宏輔)의 문화재 기증 과정에 있어서도 그 역할이 각별하였다. 무령왕기념비 제막식에서 만나게 된 아메미야는 그것이 인연이 되어 선친인 아메미야 다다마사(雨宮忠正)가 소장했던 자기류 등 공주에서 수집한 문화재 약 235점(사진자료 포함)의 기증문제를 공주향토문화연구회에 의뢰하였으며, 이 자료는 2008년 8월 충남역사박물관에 공식 기증이 이루어지게 되었다. 여기에서 월당은 수차에 걸친 아메미야 씨와의 접촉과정을 통하여 사업이 원만하게 이루어지는데 크게 공헌한 것이다. 2009년에는 공주 출신 일본인들의 모임인 공주회 총회가 열린 가라츠 총회에 참가하여 모임의 지속을 역설하였고, 그 결과 세계대백제전을 기회로 공주회 회원 12명이 80 노구를 이끌고 공주를 방문하여 공주 옛 거리를 함께 거닐었다.(10.2-5) 공주향토문화연구회에서는 간담회를 열고 이들과 70년 전 공주에서의 생활을 회고하는 간담회를 가졌다. 간담회의 명칭은 〈'공주사람'의 '마지막' 공주 나들이〉이었다.

월당은 지금도 주1회 공주시의 도서관에서 일본어학습 강좌를 지속하고 있다. 일본과의 시민 교류가 활성화되기 위해서는 언어 이해가 중요하며, 이러한 점에서 꾸준히 그 기반 작업을 해오고 있는 것이다. 금년(2009)에는 이어령의 『축소지향의 일본인』(일어판)을 텍스트로 하여 10여 명 회원이 독해를 진행하고 있다.

---

10) 〈西京新聞〉 1994. 9. 29

월당 윤여헌(김혜식 사진)

급격한 도시화로 인한 지방사회의 파괴에도 불구하고, 지방은 여전히 중요하고, 지방사회의 진흥을 위해서 지역의 역사적 맥락을 이해하고 지켜나가는 일은 앞으로도 여전히 중요한 일이다. 그리고 지방사회를 지켜나가는 중요한 작업의 하나가 향토사의 탐구라는 점에서 과학적 향토사에의 추구는 앞으로도 이어져야 할 과제라는 것이 월당의 생각이다. 그리고 그는 급격히 폐기되어버린 근대사 자료의 확보, 향토사를 국제적 맥락에 연결하는 '글로칼리티'에의 추구를 향토사 진흥의 한 방향으로 우리에게 제시하고 있다.

부 록

1. 월당 윤여헌 연보

1928. 12. 6   충남 공주시 탄천면 덕지리 출생
1931.   공주시 봉황동으로 이사
1937. 4. 1   공주 본정(本町)국민학교(중동초등학교) 입학
1943. 3. 31   위 학교 졸업
1943. 4. 1   공주중학교 입학
1949. 6. 8   공주중학교 6년 졸업
1949. 9. 1   서울대학교 법과대학 입학
1953. 3. 28   위 대학 졸업
1954. 6. 16   공주고등학교 교사 부임
1955. 4. 1   공주사범대학 출강
                공주시 중학동 171번지로 이사(현재까지의 자택)
1964. 3. 2   공주사범대학 사회교육과 전임강사 취임
                (이후 교수까지 승진)
1968-1969   공주사범대학 도서관장
1974-1976   공주사범대학 교무과장
1978. 10. 1   일본 교토대학 객원 교수 (1년)
1980-1986   공주사범대학 학보사 주간
1982. 12. 5   국민훈장 석류장
1986-1988   공주사범대학 도서관장
1989-1990   공주사범대학 백제문화연구소장
1987. 5. 15   문교부장관 표창
1988. 3. 5   공주향토사연구회 창립, 회장 취임

1992. 12. 4   충청남도 문화상(학술부문)
1994. 2. 28   공주대학교 정년 퇴임(국민훈장 동백장), 공주대 명예교수
1996. 1. 23   공주사랑시민모임 회장
2004. 9. 22   웅진문화상(공주시)
2009. 1. 1   공주향토사연구회 명예회장
2009. 6. 10   충남향토사연구연합회 회장 취임

2. 월당 윤여헌의 향토사연구 주요저작 목록

「공주목 이액견차 임과분등 전수마련절목(公州牧吏額肩次任窠分等傳授磨鍊節目) 주해」『공주사대 논문집』 1977

「교육도시로서의 공주 – 그 역사적 배경」 1986

「인조의 공주파천과 행재소」 1988

「고도 공주의 재조명 –향토지의 출현을 기대하며」『공주소식지』 76, 77, 78, 공주문화원, 1988

「향토출신 근대서화가」『공주소식지』 82, 공주문화원, 1988

「소정평과 웅진도독부」 1988

「공주 금강 8정」『웅진문화』 1, 1988

『환력기념 월당 산문집』공주합동출판공사, 1988

「인조의 공주파천과 행재소」『월당 산문집』공주합동출판공사, 1988

「소정평과 웅진도독부」『월당 산문집』공주합동출판공사, 1988

「공주지방의 동계에 관한 연구 –부전동계를 중심으로-」『백제문화』 18·19, 1989

「용산9곡」『공주소식지』 87, 공주문화원, 1989

「공주감영 사령들의 행패 별견 –완문(完文) 2건을 중심으로」

『웅진문화』 2・3, 1990
「조선조 공주(충청) 감영고 - 위치・기구를 중심으로-」『백제문화』 20, 1990
「공주(충청) 감영고」『웅진문화』 4, 1991
「유계룡산기」『웅진문화』 5, 1992
「교육도시 공주, 어제와 오늘」『공주문화』 공주문화원, 1993
「호서 양사재의 설립동기」『웅진문화』 6, 1993
「백제문화권의 향토문화연구」『다보』 대한불교진흥원, 1994
「공주향교 부설 양사재의 운영에 관하여」『웅진문화』 7, 1994
「공주목 견역청에 대하여」『웅진문화』 8, 1995
「곰나루」〈웅진시민신문〉 1995. 11.23
「충청도관찰사」〈웅진시민신문〉 1995. 12. 7
「보통원에 대하여」〈웅진시민신문〉 1995. 12. 20
「공주목 민역청에 대하여」『웅진문화』 9, 1996
「살아 있는 역사박물관 공주」『문화가 살아있는 이야기, 공주』 1997
「인조 파천이 남긴 것들」〈웅진시민신문〉 1997
「창벽」〈웅진시민신문〉 1997. 3. 28
「'무릉동'을 빛낸 사람들」〈웅진시민신문〉 1997. 6. 13
「이인찰방역」〈웅진시민신문〉 1997
「〈조선후기〉 군사훈련은 이렇게 했다」『웅진문화』 10, 1997
「없어진 '관찰사 이공익보 사적비'」『웅진문화』 11, 1998
「문회당기」『웅진문화』 11, 1998
「공주 약령시」〈웅진시민신문〉 1998. 8. 8
『향토사료집, 공주를 다시 본다』 1999
「다시 보는 문화유적」『웅진문화』 12, 13, 1999, 2000
「(속) 향토출신 근대서화가」『웅진문화』 16, 2003

「무령왕릉 출토 매지권에 대하여」『웅진문화』 18, 2005
「옥룡동 소재 일본인묘 재론」『웅진문화』 19, 2006
「공주 근대향토작가 지상전」『웅진문화』 20, 2007
「일제하 공주박물관 설치의 시대적 배경」『공주와 박물관』 국립공주박물관, 2009

칸(管), 그리고 아메미야 히로스케(雨宮宏輔)
- 공주 역사속의 일본인

| 머 리 말 |

　다문화의 시대이다. 그 가운데 특히 공주는 일본과 가장 밀접한 역사적 관계를 형성해 왔다. 일본과의 교류가 활발했던 백제시대의 특별한 역사적 관계 이외에 근대에 이르러서는 충남 도청이 1932년까지 공주에 소재했던 연유로 비교적 많은 일본인이 공주에 거주하였다. 최근 몇 년, 필자는 식민지시대 공주에서 출생하거나 거주하였던 이들과 지면(知面)을 갖게 되면서 그들의 특별한 역사적 경험에 대하여 관심을 갖게 되었다.
　본고는 주로 공주 출생 일본인 아메미야 히로스케(雨宮宏輔; 1932-2008)에 대한 정리가 중심이 되고 있다. 그는 일본 거주 공주 출신의 모임인 '공주회'의 이사장을 지내고, 공주로부터 반출된 선친의 유물을 2008년 공주에 다시 되돌렸던 인물이다. 더불어 본고는 근대 최초로 공주에 살았던 칸 신타로(管辰太郞; 1868-1928)에 대해서도 기왕의 자료를 참고하여 함께 정리하였다. 그리고 전체적으로 다소 어울리지 않는 감은 있지만, 백제시대 공주의 일본인 문제에 대해서도 언급하였다.
　이러한 자료 정리에 의하여 공주를 공간으로 한 또 다른 사람들의 사라져간 역사를 되돌아보고자 한다.

1. 근대 이전 공주의 일본인

『수서』 동이전에 의하면 백제에는 신라 고구려· 왜· 중국인이 백제 전역에 혼재하고 있다는 기록이 보인다.[11] 당시 활발히 이루어진 대외교류의 양상을 감안할 때, 이러한 기록은 사실성을 담고 있는 것이라는 생각을 갖게 된다. 이러한 전제에서 2004년도 충청문화재연구원에 의하여 조사된 공주시 우성면 단지리, 24기의 백제 횡혈묘는 일본열도 고분시대의 묘제로서 그 피장자가 일본인일 것이라는 점 때문에 주목을 끌었다.

횡혈묘는 일본의 큐슈 등지에서 많이 발견되는 고대 묘제의 하나이다. 단지리의 횡혈묘 집단이 왜인일 것이라는 견해는 야나기자와(柳澤一男) 등에 의하여 처음 제기되었다.[12] 단지리 유적은 북큐슈 토요다(豊田) 지역의 횡혈묘와 유사하며, 이것은 479년 동성왕의 귀국시 호위했다는 치쿠시(筑紫)의 군사 5백과 관련된 잔류자 가족의 집단일 것이라는 견해이다.[13] 이에 대해 이호형은 이 횡혈묘의 주인공이 기술교류에 의한 일본의 상인 집단일 것이라는 의견을 내놓았고,[14] 김낙중은 횡혈묘가 왜계인일 것이라는 데는 동의하지만, 집단의 성격은 백제와 왜의 교섭에서 실무적인 일을 담당한 층으로 공주에 정착하였다고 본다. 귀중품이 거의 나오지 않은 공반 유물과의 관계 때문이다.[15] 이

---

11) "其人 雜有新羅高麗倭等　亦有中國人"(『수서』 동이전 백제)
12) 柳澤一男「百濟地域で發見された橫穴墓とその背景」『東アジアの古代文化』 125, 2005
13) 柳澤一男「일본의 횡혈묘 -출현과정과 주요 분포지역의 횡혈묘」『공주 단지리 횡혈묘에 나타난 백제의 국제성』(학술회의자료집), 충청문화재연구원, 2012, pp.95-96
14) 이호형「공주 단지리 횡혈묘군을 통해 본 고대 한일교류」『한국고대사연구』 50, 2008
15) 김낙중「백제지역에서 확인된 횡혈묘의 의미에 대하여」『공주 단지리 횡혈묘에 나타난 백제의 국제성』(학술회의자료집), 충청문화재연구원, 2012, pp.49-51

처럼 단지리 피장자 집단의 성격에 대한 견해차가 있기는 하지만, 기본적으로 5, 6세기 백제와 고대 일본 간의 활발한 인적 교류를 반영하고 있다는 점에서는 일치하고 있다.

단지리 유적 조사 이후 횡혈묘는 단지리 이외에도 공주 부여 지역에 분산적으로 분포하고 있음이 밝혀졌다. 공주의 웅진동(4기), 산의리(1기), 안영리(1기), 안영리새터(1기), 안영리 산매(2기), 부여의 능산리(1기), 정동리(1기), 오수리(2기) 등이 그것이다.16) 웅진도읍기의 활발한 대왜 교류를 감안할 때, 공주에 왜인들이 상주하였으리라는 것은 의심의 여지가 없다. 그러나 공주의 횡혈묘가 과연 당시 왜인의 묘지였을 것인지에 대해서는 아직 확정하기 어려운 점이 있는 것도 사실이다. 사실로 확정할 수 있을 만큼의 충분한 증거가 확보되어 있다고는 생각되지 않기 때문이다.17) 백제시대 공주의 일본인에 대해서는 앞으로의 보다 깊이 있는 연구를 기대하게 된다.

1432년 조선시대 세종대의 기록에 공주에 일본인이 거주하고 있었던 사실이 나타나 있다.

> 예조에서 충청감사의 관문(關文)에 의하여 아뢰기를 "지금 돌려보내기를 청한 왜인으로 공주에 거주하는 아도고, 피고, 시라, 이로, 시로 등이 모두 남아 거주하기를 원하고 있으니 돌려보내지 마소서" 하니 그대로 따랐다. (『세종실록』 14년 8월 무진)

---

16) 김낙중, 위의 논문, pp.38-39
17) 조원창은 공주지역의 횡혈묘를 '지하식 횡혈묘' 유형으로 규정하면서, 횡혈묘가 특정시대 특정지역의 고분유형이 아니라는 점, 시기적으로는 중국의 횡혈묘가 가장 선행하고 있다는 점 등을 지적하고, 따라서 한반도의 횡혈묘가 중국에서 기원하여 백제를 거쳐 일본으로 전파된 것인지, 아니면 큐슈에서 기원하여 전해진 것인지에 대해서는 아직 단정하기 어렵다는 의견을 내놓고 있다. 이에 대해서는 조원창 「동북아 지하식 횡혈묘의 조성사례와 백제 묘제의 계통」『선사와 고대』 26, 2007, pp.265-275

아도고, 피고, 시라, 이로, 시로 등 이들 공주 거주의 일본인들은 본국으로 돌려보내려는 조선 정부의 조치에도 불구하고 계속 공주에서 살기를 원하였고, 이 때문에 충청감사가 조정에 건의하여 이들의 거주를 허용하였다는 것이다. 이들 일본인은 어떤 연유로 공주에 거주하게 되었을까. 1432년이라면, 조선왕조의 초기로 14세기 이래의 치열했던 왜구의 침입이 막 수그러든 시기이다. 왜구는 공주와 주변지역을 여러 차례 침입하였고, 많은 사상자를 내기도 하였다. 따라서 이들 왜인들이 포로된 왜구였을 가능성이 우선 제기된다.

공주에 왜구가 침입한 것은 1376년(우왕 2) 7월의 일이다. 이때 왜구는 부여를 거쳐 금강을 거슬러 올라왔는데, 당시 공주목사 김사혁은 이들 왜구를 정현(鼎峴)에서 맞아 싸웠으나 왜구를 격퇴하는데 실패하였고, 공주 관아가 함락되고 말았다. 우왕 6년(1380) 7월 금강을 따라 올라온 왜구들이 서천, 부여, 정산 등을 차례로 침입한 후 전북의 운제(雲梯), 고산(高山)을 거쳐 다시 북상하여 유성 등지로 나온 다음 계룡산으로 들어갔다. 공주목사 김사혁이 이때 양광도원수에 임명되어 있었다. 왜구가 점차 공주 지역으로 압박해오자 양광도원수 김사혁이 출동, 이들 왜구를 격파하였다. 왜구는 도망하면서 청양, 신풍, 홍산 등지를 치면서 철수하였다. 왜구가 충북 옥천을 거쳐 다시 개태사에 이른 것은 우왕 9년(1383) 8월의 일이다. 당시 적의 병력은 1천으로 개태사를 노략한 후 계룡산으로 들어갔다. 왜구는 다시 구점(仇岾)에서 공주목사 최유경, 판관 송자호 등 공주군을 만나 격전을 벌인다. 이 싸움에서 공주군이 밀려 판관 송자호가 죽음을 당하였다. 고려의 중앙군인 문달한, 김사혁, 왕안덕, 도흥, 안경, 박수년 등이 출전하여 공주 반룡사(盤龍寺)에서 왜구와 격전을 벌였다. 적 8명을 죽이고 김사혁은 도망하는 왜구를 목천까지 추격하여 흑점(黑岾)에서 적 20명을 목베었다.[18]

1432년이라면 이 왜구의 공주 침입 사건으로부터는 50년의 차가 있다. 따라서 이들 왜인이 13세기 후반 공주 침입 왜구의 포로라고는 생각할 수는 없다. 그러나 이후에도 왜구와의 싸움은 한동안 지속되었기 때문에 공주에서 잡힌 포로가 아니라도 공주지역으로 배정되어 일단 거처하게 왜구였을 가능성은 여전히 남겨져 있다.

2. 근대 공주의 일본인 1호, 칸(管辰太郞)

공주시 옥룡동 공산성 동쪽 기슭에는 에히메현(愛媛縣) 출신 일본인 칸 신타로(管辰太郞; 1868-1928)의 묘비(150cm 높이)와 무덤이 있다. 묘비문에 의하면 그는 '명치7, 8년(1874,5년) 경' 일찍 한국에 건너와 공주에 자리잡고, 구미약국이라는 약방을 운영하면서 다양한 지역사회 활동을 한 후, 1928년 61세의 나이로 사망하였다. 1876년에는 이른바 운양호 사건이 일어나, 조선이 비로소 대외 문호의 개방을 하는 시점이다. 그해 강화도 조약이 맺어져 10월부터 일본인이 조선에 들어올 수 있는 여건이 마련되었다. 그리고 이후 조선에의 도항의 편의를 돕는 제도적 개선이 지속적으로 진행되었다. 따라서 묘비문의 '1874, 5년 경'은 혹시 '1876년'일 가능성도 없지 않다.

만일 그가 1876년 강화도 조약 이후 조선에 건너왔다면 당시 그의 나이는 만 8세이다. 다시 말해서 그가 조선에 온 것은 부

---

18) 윤용혁「왜구의 침략과 충남」『충청남도지』 5, 2006, pp.278-285

모를 따라서 들어온 것이다. 그리고 그가 공주에 정착한 시기는 아마 1900년에 조금 앞선 1800년대의 말이었던 것 같다. 묘비 자료는 향토사학자 서봉식에 의하여 처음으로 소개되었다. 묘비는 150×55cm 크기이다.[19] 앞면은 피장자 부자 부부의 법명이 다음과 같이 적혀 있다.

自光院梅譽實翁居士
智光院松譽心月大姉
正道院德譽直心居士
心光院勝譽妙操大姉

뒷면의 비문 역시 한문으로 새겨져 있는데, 서봉식에 의하여 다음과 같이 번역, 소개되었다.

고 관진태랑씨는 일본국 사국지방 애원현의 주상군 사람이다. 1875년 경 한국에 건너와서 공주에 자리잡고 구미약국을 창설하고 사람들의 병증을 치료해주는 등 제중사업에 공로가 많았다. 한 '호서학당'을 설립하여 인지를 기르고 능히 덕을 펴는듯이 높았으니 그 누가 그의 공과 뜻을 칭송치 않으랴! 그 약력으로는 1897년 경 일본인 민단장, 우편소장 또한 약제사로 활동하였고 1903년 경에는 경부철도 부설에 진력한 바 있다. 또 1906년 경 소학교의 설립에 유공하는 등 그 독행과 사람들과의 친교역에 대하여는 다 기록치 못한다.
　오호라 공의 나이 61세 되는 무진년(1928) 1월 17일 불행히도 병졸하니 그 우의 누가 애도치 않으랴. 유지들이 모금 동참하여 친산에 장사지내고 석비를 세워 기록한다. 소화 3년(1928) 5월 건비하다.

---

19) 서봉식 「공주 일본인 묘비 고찰」 『향토연구』 8, 충남향토연구회, 1990

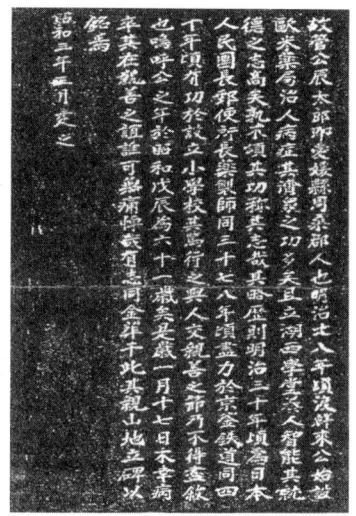

옥룡동 공산성 기슭의 칸의 묘비와 그 탁본(서봉식)

    칸의 묘비에 대해서는 그후 윤여헌(전 공주향토문화연구회장) 선생이 추가 검토를 시도하였다. 특히 그는 일본의 지인을 통하여 칸의 신상에 대한 자료를 확인하였다. 칸의 본적은 에히메현(愛媛縣) 슈소군(周桑郡; 任生川村 大字喜多台 63번지: 현재 행정구역은 東予市 喜多台 63)이다. 출신지 에히메현의 토요시(東予市) 시청 자료에 의하면 칸 신타로는 1868년(명치 원년) 1월 6일, 부 우메키치(梅吉; 1831년 8월5일생)과 모 나미(1836년 7월 10일생)와의 사이에서 차남으로 태어났다. 그리고 이들 칸 부모와 형제들의 내역을 정리하면 다음과 같다.

    우메키치(梅吉)   부   1831년 8월5일생
    나미   모   1836년 7월 10일생
    산페이(三平)   형(장남)   1858년 3월 28일생
    킨   누나(장녀) 1861년 3월 13일생

신타로(辰太朗; 본인, 차남)　1868년 1월 6일생
이름 미상 (차녀)　　(일찍 사망 ?)
사키 (3녀)　　1877년 2월 5일생
芳　(4녀)　　1884년 6월 23일생

이에 의하면 신타로는 2남 4녀중의 차남에 해당하는데, 신타로는 결혼하지 않은 채 독신으로 살았으며, 1927년(소화 3)에 사망하였다고 한다.[20] 1876년 경 부모를 따라 조선에 건너온 후 어느 때 어느 인연으로 공주에 옮겨 살고, 거기에 뼈를 묻게 되었던 것이다. 공주 지역의 '유지'들이 모금하여 비석을 세웠다는 것을 보면 적어도 공주 거주의 일인사회에서는 다양한 활동으로 영향력을 가지고 있었음을 짐작할 수 있다. 그리고 그 영향력의 일부는 아마 최초로 공주에 정착한 일본인으로서의 위치 때문이었던 것 같다.

1900년 경 작성된 조선주재 일본 영사관 보고에는 매약상을 하는 1호(戸, 2인)의 일본인(부부?)이 공주에 상주하고 있는 것으로 되어 있는데, 신타로 부부일 가능성이 있다. 1903년 이후로 일본인 거주자는 크게 증가한다.[21] 지수걸 교수의 조사 통계에 의하면 공주 거주 일본인은 1915년 1,560명, 1923년 1605명, 1927년 1,921명, 1930년 1,994명 등으로 증가하였다. 이같은 추이는 충남도청 대전 이전에 따라 달라지게 되는데, 그럼에도 1932년 1,341명, 1934년 1,416명, 1937년 1,412명 등으로 집계하고 있다. 한편 도청 이전 직전인 1931년(1,972명)을 기준으로 한 공주시내 거주 일본인의 직업 분포는 공무원 1,140명,

---

20) 윤여헌 「옥룡동 소재 '일본인묘' 재론」 『웅진문화』 19, 2006, pp.5-9
21) 지수걸 「공주 이야기 근현대편」 『고도 공주이야기』 공주대 참여문화연구소, 2012, pp.311-313

상업 788명, 농업 44명 등으로 공무원과 상인이 대략 6: 4의 비례였음을 알 수 있다. 1908년 현재 충남 거주 일본인은 2,279명, 청국인 427명, 미국인 7명, 프랑스인 3명 등이다.22)

3. '공주회' 이사장, 아메미야(雨宮宏輔)

2008년 8월 25일, 충남 도청 회의실에서 일본 공주회 이사장 아메미야 히로스케(雨宮宏輔; 1932-2008) 씨의 소장 유물 기증식이 개최되었다. 이 기증식은 유물의 가치 문제도 그렇지만, 식민지시대 일본으로 유출되었던 유물을 공주에 다시 반환, 기증한 것이라는 점에서 많은 이들의 관심을 끌었다.

기증된 유물은 원래 아메미야 이사장의 선친인 아메미야 다다마사(雨宮忠正, ?-1955)가 가지고 있었던 자료의 일부이다. 선친 다다마사는 식민지시대 비교적 이른 시기, 아마 1910년대 중반 공주에 정착한 인물로 생각된다. 1919년 출생인 누님 아사코(朝子)가 회원 명부에 '공주출생'으로 되어 있는 점, 그리고 아메미야 기증유물중 공산성 사진엽서의 소인이 1916년(대정 5년) 5월 11일의 소인이 찍혀 있는 점에서 이를 추측할 수 있다. 1910년대 중반이라면, 바로 식민지시대 초기인 것이다.

동경 출신인 아메미야가(雨宮家)가 공주에 정착할 때 다다마사(雨宮忠正)의 집안 2대가 함께 옮긴 것으로 되어 있다. 그리하여 다다마사 부부 이외에 다다마사의 부모, 그리고 누이(히로스케의 고모) 2명이 공주에 정착하였으며, 다다마사는 공주에서 3남4녀의 자녀를 출산하였다.23) 그러나 3남4녀라고 하지만 그

---

22) 지수걸 「감영도시에서 교육도시로」 『한국의 근대와 공주사람들』 공주문화원, 1999, pp.133-138

중 4명이 공주에서 유아 사망하는 불행을 겪었다. 또 히로스케의 조부모 이외에 2명의 백모, 히로스케의 형과 누님 한 분, 심지어는 히로스케의 모친까지 공주에서 세상을 떴다. 이 때문에 아메미야 히로스케는 "나에게 있어서 공주는 역시 그리운 고향이고, 어머니, 조부모, 형, 누나와 함께 많은 혈족이 세상을 뜬 잊을 수 없는 땅"이라 하였다.24) 조부모가 세상을 뜬 것은 이해할 수 있지만, 가족의 많은 이들이 일찍 사망한 것은 그만큼 어려웠던 공주에서의 생활 여건을 말해주는 것이 아닌가 생각된다. 3남4녀의 일곱 번째 막내가 아메미야 히로스케였고, 모친은 아메미야를 출산한 지 반년 만에 세상을 뜨고 말았다. 일종의 출산 후유증이었던 셈이다. 형과 누님, 심지어 모친까지 일찍 작고한 것을 생각하면 공주에서의 어린 시절 아메미야는 퍽 외로운 환경에서 생활하였을 것임이 분명하다. 바로 그 외로움이 한편으로 공주에 대한 깊은 애정과 추억으로 일생 그의 마음 속에 자리하게 된 것은 아닐까.

생존한 누이로서는 공주여중(공주고녀) 출신인 누님 아사코(雨宮朝子; 1919-2004)와 가즈코(福田和子; 1928-현재)가 있었다. 아사코의 시에 '대정 11년(1922)에 요절한 형을 생각한다'고 한 것을 참고하면, 아마 아사코와 가즈코 사이의 장남이 1922년 어린 나이에 사망했던 것으로 생각된다.25) 히로스케의 형제들중 아사코는 2004년 85세로 세상을 떴고, 후쿠다가(福田家)에 시집을 간 후쿠다 가즈코(福田和子) 만이 생존해 있다.26)

---

23) 雨宮宏輔 「公州會理事長に就任にさいして」〈公州會通信〉第55號, 2002, p.19
24) 雨宮宏輔 「公州を訪ねた舊惡童 7人組」〈公州會通信〉第41號, 1986, p.15
25) 雨宮朝子 「我が故里公州を思びて〈公州會通信〉第26號, 1977, p.10
26) 필자는 福田和子와의 전화 인터뷰를 통하여 가족 상황 등 여러 가지 사항에 대한 지식을 얻었다. (2013. 8. 15)

일제 식민지기의 공주 시내 모습

아메미야 히로스케가 공주에서 태어난 것은 충남 도청이 공주에서 대전으로 옮겨진 1932년(4월 7일)의 일이었다. 해방이 되어 본국으로 철수할 때의 나이는 13세(공주중 1년)였던 셈이다. 아사코는 자신이 태어난 공주 주소를 '아사히쵸(旭町) 153번지'로 적고 있다. 공주 방문시의 아메미야 씨에 의하면 지금의 충남역사박물관에서 이학 쪽 방면의 중간쯤 주택가, 2004년 철거된 구 금성금융조합 건너편이어서[27], 아마 아사히쵸에서 혼쵸(本町)로 이사한 것으로 보인다. 가즈코의 증언에 의하면 선친은 공주 시내에 가옥을 수 채 보유하고 있었고 여기에서 얻어지는 월세도 수입의 일부였다고 한다.

일본 철수 후 10년 만에 심장병으로 세상을 뜬 선친(雨宮忠正)은 공주에서 얼음판매상을 주로 하였고, 나중에 모은 재산으

---

27) "구 금성금융조합의 붉은벽돌 건물은 …. 우리 집 바로 곁이어서 아침 저녁 보아온 건물이다."(雨宮玄輔「公州の變貌」〈公州會通信〉第57號, 2004, p.18)

로 뒤에 농업학교가 들어선 부지의 토지를 구입하여 농원을 함께 운영한 것으로 되어 있다. 아메미야가에서의 얼음 판매는, 얼음을 얼려 판매하는 제빙(製氷)이 아니고, 겨울에 금강에서 얼음을 채취, 창고에 보관하였다가 판매하는 것이었다. 공주여자사범 출신 이와시타(岩下隆子)의 금강에 대한 추억의 글에서 이에 대해 다음과 같이 간단히 언급되고 있다.

산성공원 아래, 바닥을 알 수 없는 깊은 소용돌이가 있어 자주 익사자가 발생했던 마(魔)의 물못도 가느다란 시냇물로 변해 있다. 우리들이 어렸을 때는 두터운 얼음이 얼어 그 위를 마차가 달리고 아메미야(얼음집) 씨가 이 얼음을 빙실에 저장하여 얼음주머니 용의 얼음으로 사용했다고 들었다.[28]

'빙실'로 언급된 얼음 창고는 자택의 부근인 충남역사박물관 아래쪽에 있었다고 한다. 1970년 10월 공주를 방문한 공주회 회원 에구치(江口元一)는 공주방문기를 회지에 게재하였다. 지프차를 빌려 천안에서 공주로 들어올 때의 심정을 이렇게 적었다.

드디어 신관리와 쌍신리에 들어서자, 동요의 노랫말에 '토끼몰이 하던 저 산, 물고기 잡던 저 냇가'라고 한 것처럼, 변하지 않은 산천 그대로였다. 겨울이 되면 교련 실습을 겸하여 토끼몰이 하던 오른쪽 산들의 작은 소나무는 거의 없어졌고, 우성 가는 길에 첫 번째 고개의 산 꼭대기(연미산을 말함)에 딱 한 그루 큰 나무가 남아 있는 것이 인상적이었다. 농업학교를 우측으로 보고 나가 정안교 다리를 건널 무렵, 금강의 철교, 산성 공원, 그리운 공주의 거리, 봉황산이 바라보인다.[29]

---

28) 岩下隆子 「公州女師貞和會の母校訪問ツアーを實現した感激」 〈公州會通信〉 第23號, 1976, p.3

에구치로부터 공주에서 찍은 사진을 받아본 아사코는 "정성어린 공주의 사진집을 받았는데, 눈물 없이는 볼 수가 없었습니다. …… 옛날 농업학교의 부지는 아마 돌아가신 아버지가 직접 관리하던 신관리의 농원이었다고 생각됩니다"라는 각별한 감회와 감사의 편지를 보내왔다.(1970.11.19) 뒤에 아사코가 쓴 시에 의하면 "신관리의 '금강농원', 공주농업학교의 부지가 되다"라고 하고, "소독 작업복을 입고 아버지는 포도나무 넝쿨걸이 밑에 서계셨다"는 회고를 한다.30) 농업학교(현재 공주생명과학고) 부지의 일부를 농지로 소유하고 있었음을 알 수 있다.

선친 다다마사는 평소 골동품을 취미로 수집하였으며, 좋은 자료도 가지고 있어서 공주박물관의 전신인 공주사적현창회의 전시실인 백제박물관 설립에 참여하여 주요 유물을 출품하였다. 원래 수집한 유물은 매우 많은 분량이었으나 해방직후의 혼란기에 전시 유물이 일거에 도난당함으로써 전시되지 않은 참고품 일부만이 남게 되었다고 한다. 이 출품되지 않았던 '남은 자료'가, 세월이 흐르고 돌고 돌아, '아메미야 기증품'이 된 것이다.

1945년 8월 15일, 일본의 패전 선언으로 한국은 식민지에서 해방 되었다. 경성사범 출신으로 당시 공주 도키와 소학교(봉황초 전신) 교사로 근무하고 있던 키타(喜多深雪)는 마침 집에서 라디오로 천왕 패전 선언을 직접 듣게 되었다.

여름 방학중인 8월 15일, 아버지는 방석에서 낮잠을 주무시고, 나는 라디오를 듣고 있었다. 그런데 돌연 무거운 남성의 목소리가 흘러나왔다. 잘 들으니 '일본이 패전했다'는 것이었다. "아빠, 아빠, 일본이 전쟁에 졌데요"하고, 아버지를 흔들어 깨우고, 집을 나가 날으듯

---

29) 江口元一 「思いでの公州」〈公州會通信〉 제10호, 1970
30) 雨宮朝子 「我が故里公州を思びて〈公州會通信〉 第26號, 1977, p.10

학교로 달렸다. 동료 몇 사람과 교장이 이미 와 있었다. 아무도 입을 떼지 않았다. (중략) 남은 우리들은, 오직 무언(無言)으로 직원실의 서가와 레코드 박스로부터 두터운 책과 레코드를 꺼내, 레코드 판은 방공호 구덩이에 던져 넣고 책은 교사(校舍) 사이에 있는 뜰에서 불태우기 시작하였다.31)

교사 키타(喜多深雪)는 9월 15일에야 학교 업무를 한국 사람에게 인계할 수 있었고, 따라서 한 달 동안을 숙직하며 학교를 지켰다. 9월 15일 이후 대전으로 이동한 후 열차 편으로 부산에 이른 것이 9월 말, 10월 하순에야 선편으로 하카타 항에 도착하게 된다. 아메미야가 본국으로 귀국한 것은 이보다 조금 빠른 시기일지 모르겠다. 부산에서 코안마루(興安丸)에 승선하여 귀국한 항구는 하카타가 아니고 야마구치 현의 센자키항(仙崎港)이었다. 함께한 귀국의 가족은 선친과 가즈코, 아메미야 등 3인뿐이었다. 장녀 아사코는 일본으로 시집가 이미 귀국해 있는 상태였다. 상륙 직후 연합군 군인으로부터 소독 때문에 DDT 세례를 받았던 때를 그는 기억하고 있다. 여기에서 소 구루마(牛車)를 타고 나가토(長門) 역으로 이동한 다음 열차편으로 동경에 이른 것이다. 그로부터 거의 60년 세월이 지난 2003년, 아메미야(雨宮宏輔)는 새로운 인생의 출발지점이 되었던 이 센자키 항을 다시 찾았다. "더 일찍 왔으면 하는 후회가 있지만, 59년이 지난 시간을 되돌릴 수가 없다."32) 귀국한 아메미야(雨宮宏輔)는 요코하마(橫濱)의 도요다 디젤주식회사에 영업 담당으로 근무하게 되었다.

공주 출신의 아메미야 히로스케는 누님(雨宮朝子)의 추천에

---

31) 喜多深雪「敗戰の憂き目は長く尾を引いた」〈公州會通信〉第59號, 2006, p.48
32) 雨宮宏輔「思い出の仙崎港を訪ねて」〈公州會通信〉第57號, 2004, p.19

의하여 1968년에 '공주회'에 가입한다. 공주 출신 일본거주자의 모임인 '공주회'는 1964년 5월에 결성되었다. 해방으로 식민지 시대가 끝나고 공주와 인연을 맺고 살던 일본인들이 본국으로 귀환한 지 20년 세월이 흐른 뒤의 일이었다. 가지고 있던 재산을 거의 한국에 놓고, 맨몸으로 탈출하다시피 빠져나와야 했던 해방 후의 상황이었던 만큼, 이들이 귀국 후 새로운 생활에 안정하는데도 일정한 시간이 필요했을 것이다. 그들이 겪었던 이 때의 사정에 대해서는 "생사를 건 본국에의 철수라는 '난행고행(難行苦行)', 철수 후에 있어서 사회적 혼란과 경제적 격동에 처한 생활의 '핍박난삽(逼迫難澁)' 등, 철수 후 말할 수 없는 심각한 체험의 연속이었다"고 회고하고 있다.[33]

공주회가 창립되기까지 조직이 없는 채로 수차에 걸친 부정기적 모임이 있었다. 1950년 6월 오이타현 벳푸(別府)에서 친한 친구들 20명이 서로 연락하여 상면한 것이 그 시초이다. 1955년 4월 야마구치 현 유다(湯田)온천, 1960년 4월 교토 동본원사(東本願寺) 앞, 1964년 3월 가가와현(香川縣) 다카마쓰시(高松市)에서 회합이 있었다. 1964년 다카마쓰의 회합에서 집회가 해산하기 직전 남은 몇 사람들이 친목단체의 결성으로 의견을 모은 것이 공주회 조직의 시발점이 되었다.[34] 공주회가 조직되기 이전 1955년(1월 15일)에 '충남회'가 먼저 발족하였는데, 이 '충남회'의 초대 회장에는 아메미야의 선친 다다마사(雨宮忠正)가 취임하였다.[35]

공주회 창립 1년 뒤인 1965년 6월 이들의 회지인 〈공주회 통신〉이 창간되어 제1호가 간행되었다. 1964년 4월 1일부 제정 회

---

33) 〈公州會通信〉 第1號, 1965
34) 黑瀨佐野 「本會の誕生について」 〈公州會通信〉 第20號, 1974, p.2
35) 雨宮忠正는 충남회 회장 취임 1주만에 갑작스레 사거하였다고 한다.

칙에 의하면 회칙 제2조에 "본회는 원래 한국 충청남도 공주읍에 살았던 사람, 혹은 연고 있는 유지로서 조직한다"고 하였다. 회를 대표하는 것은 '이사장', 사무는 '상임이사'가 담당하는 것으로 되어 있다. 1968년 3월말 현재 회원수는 109명, 1981년 6월 165명, 1990년 202명, 1995년 3월 230명에 이른다. 동경 거주의 아메미야 히로스케가 공주회에 가입한 것은 1968년 1월 11일의 일이었다. 이때의 주소는 동경도 미나토구(港區) 가이간(海岸)으로 되어 있다.

공주여중(공주고녀) 출신으로 초창기 공주회의 이사인 아사코는 매우 열심 있는 회원으로 자주 〈공주회통신〉에 간단한 소식을 전하고 있으며 회원 확장에 적극적으로 나섰다. 시즈오카현 히가시이즈(東伊豆) 소재 병원에 스몬병이라는 병으로 치료 중이던 때에도 본회에 회원 가입을 독려하는 여러 소식을 전하며 동생 히로스케에 대해서도 다음과 같이 회원 추천을 하고 있다. "다음에는 내 동생 히로스케(雨宮宏輔)도 입회시키도록 하겠습니다. 요코하마 디젤회사에 근무하고 있는데 금번의 명부를 보내주시면 감사 하겠습니다" (1968년 1월 7일 편지)36)

1968년 누님의 추천으로 회원에 가입되고, 회원 명부를 우편으로 전달받은 히로스케는 공주회 본부에 다음과 같은 답신을 보냈다.

> 공주회 명부를 보내주셔서 대단히 감사합니다. 명부를 보니까 그리운 이름들이 나오고 있고 옛날 공주의 모습이 눈 앞에 떠오릅니다. 저로서도 태어난 고향은 공주인지라, 언젠가는 가게 될 날을 생각하고 있습니다. 저는 아직 한없이 젊은 나이라고는 생각하지만, 어느덧 36살이 되어 옛날 일이 마치 어제 일인 것처럼 생각되기도 합니다. 돌아가신 선친께

---

36) 〈公州會通信〉第5號, 1968

서 기대하고 있던 공주회가 더욱 발전하기를 기대합니다.(1968년 2월 15일 편지)37)

공주회 가입을 계기로 어린 시절 고향 공주에 대한 그리움이 갑자기 밀려들고 있는 심정을 표현하고 있는 것이다. 1971년 아사코는 병의 치료가 장기화되자 공주회의 이사직을 사임하였다. 그리고 아메미야에 앞서, 2004년 10월 향년 85세의 나이로 세상을 떴다.

공주회는 2년 1회 총회를 개최하였다. 총회 장소는 매번 전국 각지를 돌며 선정되었다. 제1회 동경, 제2회 운젠(雲仙), 제3회 오사카 만국박람회(萬博), 제4회 닛코(日光), 제5회 오사카, 제6회 후쿠오카, 북큐슈 제7회 야마구치의 유다(湯田) 온천, 제8회 시가(滋賀), 제9회 오쿠라(小倉), 시모노세키(下關), 제10회 동경, 제11회 벳푸, 제12회 나고야, 제13회 후쿠오카 후츠카이치(二日市), 제14회 아타미(熱海), 제15회 히메지(姬路), 제16회 히로시마(廣島), 제17회 고리야마(群山), 제18회 고토히라(琴平), 제19회(2002) 후쿠이(福井), 제20회 후쿠오카(福岡), 제21회 시가(滋賀), 제22회 아타미(熱海), 제23회(2010) 가라츠(唐津), 제24회(2012) 야마구치(山口) 등이다. 공주와 한국에의 여행도 자주 추진되었다.

1982년 아메미야는 공주회(관동지구) 이사에 취임하고 이후 급우, 동창들을 엮어서 자주 공주를 방문하게 되었다. 1984년 한국 방문 후에는 "작년 9월 3일 한국을 방문하였습니다. 거리가 완전히 변해 어린 시절 추억이 사라져서 서운하였습니다."38) 라는 소감문을 남겼다. 제14회 공주회 아타미(熱海)대회는 1991

---

37) 위와 같음
38) 〈公州會通信〉第37號, 1984, p.34

년 5월 18일-19일 개최되었는데, 아메미야는 대회장을 맡아 대회를 준비하였다.

1996년 11월 도키와소학교 졸업 50주년 기념을 '핑게로' 아메미야는 일본 각지의 동창 12명을 엮어 공주를 방문하였다. 그리고 바로 그해 10월 7일 요코하마 히노(日野) 자동차를 퇴직한다. 64세의 나이였기 제2의 인생을 준비해야 했다. "앞으로는 지금까지의 부족한 경험을 살려서 중고트럭 매매를 해볼까 생각하고, 준비하고 있습니다." 새로 개업한 점포 이름을 그는 '도키와(常磐)상회'라고 이름 지었다.39) '도키와(常磐)'는 그가 졸업한 공주의 소학교(봉황초의 전신) 이름이다. 이해 아메미야는 공주회 부이사장(부회장)이 된다.

2002년 아메미야는 공주회의 이사장(회장) 및 상무이사에 취임하였다. 상무이사는 사무국장에 해당하는데, 말하자면 아메미야는 공주회의 회장과 사무국장을 겸한 것이다. 이미 70의 나이였고 건강에도 빨간 불이 켜져 있었다. 바로 전년에 심근경색 진단을 받고 40일 간을 입원 치료하였기 때문이다. 그러나 그는 공주회 이사장 직을 사양하지 않고, 생애 '최후의 봉사'로 '공주회'에 몸을 던져 일하겠다고 심경을 밝혔다.

---

39) 〈公州會通信〉第52號, 1996, p.29, p.38

공주회 회원들의 총회(후쿠오카, 2004)

4. 아메미야의 소장 유물 기증

2006년 6월 공주의 무령왕국제네트워크협의회(회장 정영일)와 공주향토문화연구회(회장 윤여헌)가 중심이 되어 시민모금으로 건립하게 된 무령왕 탄생 기념비의 제막식이 가라츠시(唐津市) 가카라시마(加唐島) 현지에서 무령왕축제와 함께 진행되었다. 필자는 이 기념비 건립의 집행위원장을 맡아 실무를 진행해 왔던 터였다. '공주회'의 회장 아메미야 히로스케(雨宮宏輔, 76)와의 만남은 바로 이 제막식에서였다. 아메미야 이사장은 가라츠 인근 사가시(佐賀市)에 거주하는 공주회 회원 마츠바야시(松林健雄)의 제보를 받고 거주지인 요코하마로부터 가카라시마의 무령왕 축제에 마츠바야시 부부와 함께 참가하였다.

가카라시마 무령왕축제에서 공주 시민들과 만난 자리에서 필자는 아메미야 회장에게 혹 공주시절의 옛날 자료, 사진 등을 소장하고 있지 않은지 확인을 요청하였다. 아메미야 이사장은 특별한 자료를 가지고 있지 않은 것으로 답변하였지만, 필자는 일단은 한번 확인해 보도록 다시 부탁 하였다. 그것으로 필자도 그 일을 까맣게 잊고 있었는데, 2007년 아메미야 이사장으로부터 전화 연락이 필자와 윤여헌 회장에게 왔다. 선친이 소장하였던 유물이 창고에 풀지 않은 채로 박스에 박혀 있으며, 한국에 가는 기회에 이를 전달하겠다는 것이었다.

자료의 최초 전달은 2007년 말 아메미야 이사장이 서울에서 열리는 공주고 동창회의 망년회에 참석차 입국하였을 때 있었다. 직접 공주에까지 가지고 와 자료를 전달하였으며, 소장 유물을 우선 공주향토문화연구회에 기탁하고, 공주향토문화연구회에서는 유물의 내용을 검토하여 적절한 기관에 기증하는 절차를 주선하기로 하였다. 그리고 2008년 초 한국 방문의 기회에 아메미야 회장이 2차로 소장 유물을 직접 휴대하여 가져왔다. 공주향토문화연구회에서는 이를 인수한 다음, 기증 유물의 개략적 내용을 공주대 서정석 교수에게 의뢰하여 분류 정리하였다. 이 무렵 아메미야 이사장은 공주 방문 기회에 백제문화제에 대한 관심을 표시하고 백제문화제추진위원회를 방문하고 제54회 백제문화제에 공주회 회원의 단체 참가를 협의하였다. 이같은 연고로 공주향토문화연구회는 1차 정리된 기증유물을 백제문화추진위원회(위원장 최석원)에 의뢰하여 적정 기관에의 기증을 주선토록 요청함으로써, 이완구 지사의 특별 지시에 의해 기증유물을 충청남도 역사박물관에 수장하게 된 것이다. 공식적 기증일은 2008년 8월 25일자이다.

기증된 유물은 원래 아메미야 이사장의 선친인 아메미야 다다마사(雨宮忠正)가 소장했던 자료의 일부이다. 선친은 공주에서 얼음판매상을 하면서 골동품을 취미로 수집하였으며 공주박물관의 전신인 공주사적현창회의 전시실인 백제박물관 설립에 참여하여 주요 유물을 출품하였다. 원래 수집한 유물은 매우 많은 분량이었으나 해방직후의 혼란기에 전시 유물이 일거에 도난당함으로써 전시되지 않은 참고품 일부만이 남게 되었다고 한다.40)

아메미야 기증유물 특별전은 제54회 백제문화제 개최에 맞추어 2008년 10월 3일부터 31일까지 충청남도 역사문화연구원 주최로 충남역사박물관 전시실에서 개최되었다. 특별전의 제목은 〈63년만의 귀향, 아메미야 히로스케(雨宮宏輔)〉였다.41)

아메미야 기증 유물의 수량은 엽서류를 포함하여 68종 328점

충남도청에서 열린 아메미야 회장 유물 기증식(2008. 8.25)

---

41) 2008년 특별전을 기념하여 같은 제목의 도록이 간행되었다. 141면.

으로 집계되었고, 그 가운데 시정 기념엽서 등의 문서자료가 32종 234점, 선사 및 자기류 등 고고미술 유물이 36종 94점을 차지하고 있다. 사진엽서 가운데 관심을 끈 것은 1910년대의 공산성과 금강교의 모습을 담은 사진이었다. 이 사진엽서에는 1전5리 짜리의 우표와 함께 '입태자례기념(立太子禮紀念) 공주(公州) 5. 11. 3'이라는 소인이 찍혀 있어 이에 의하여 1916년(대정 5년)의 사진으로 추정되었다. 이 사진엽서는 판매용으로 당시 노자키(野崎) 상점에서 발행되었으며 금강 북쪽 백사장에서 공산성을 촬영한 것으로 나무로 만들어진 금강교와 함께 공북루, 쌍수정 등이 나타나 있다. 다리에는 도포와 갓을 착용한 성인 5명이 북으로 걸어가는 모습이 보이는데 공주의 옛 다리, 오랜 금강교의 모습을 볼 수 있다는 점에서 매우 흥미 있다.[42]

아메미야 기증 엽서(공산성과 금강교)

---

42) 총독부 발행 시정기념엽서에 대해서는 서흥석에 의하여 별도 소개되었다. 서흥석 「아메미야 히로스케 기증자료 소개 -시정기념엽서를 중심으로」 『충청학과 충청문화』 7, 충청남도 역사문화연구원, 2008

공주회 회원들의 공주방문(충남역사박물관, 2010)

선사유물은 청동기시대 5점의 마제석검과 함께 석촉, 어망추 등이 있고, 청자 3점, 분청사기 18점, 백자기 34점, 그밖에 고려시대 청동 거울, 청동숟가락 등이 있고 일본 유물도 약간 포함되어 있다. 그 가운데 가장 정교한 유물은 앵무문이 음각된 고려 청자 대접이다. 현재 충남역사박물관 전시실에 상설코너가 만들어져 이들 유물중의 일부가 전시되어 있다. 아메미야 유물 관련 수수께끼의 하나는 이 공주의 유물이 언제 일본으로 이동하게 되었는가 하는 문제이다. 1945년 패전 이후의 철수 과정은 개인 휴대품의 제한이 엄격하고 철저하게 이루어졌기 때문에 '한가하게' 골동품류의 자료를 휴대하는 것은 불가능하였다. 이에 대해 다다마사는 성묘 등의 일로 매년 본국에 귀국하였고, 이 과정에서 일부 유물이 친척에게 맡겨졌다는 것이 가즈코의 증언이다. 동경의 친척에게 맡겨졌던 이 문화재가 다다마사 사망 이후 아메미야에게 전달되었다고 가즈코는 말하고 있다.

2008년 8월 25일 대전의 충남도청에서 기증식을 한 아메미야는 그 해 10월 3일에 열리는 백제문화제에 공주회 회원들과 함께 참석하고, 아울러 10월 3일 〈63년 만의 귀향〉 기증유물 특별전의 개막식에도 참석하는 것으로 계획되어 있었다. 15명의 공주회 공주방문단도 이미 구성되어 있었다. 그러나 일은 그렇게 되지 않았다. 9월 16일 아메미야 이사장이 갑자기 병원에 입원하게 되었기 때문이다. 입원중의 아메미야는 이미 중환의 상태였고, 10월 초 공주방문 일정은 취소되었다. 아메미야가 고대했던 영광스러운 '63년만의 귀향'이 바로 눈앞에서 무산된 셈이다.

10월 말 병세가 호전하여 일단 퇴원하였으나, 11월 뇌경색 발발로 재입원하였다. 그리고 해를 넘겨 이듬해 2009년 3월 14일, 아메미야는 끝내 건강을 회복하지 못하고 77년의 생애를 마감한다. 아메미야 이사장의 소식을 공주에서 들은 것은 그로부터 수 개월 뒤의 일이었다. 뒤에 확인된 일이지만, 입원중의 그는 그가 첫발을 내딛은 문화재 기증 문제를 마무리 짓고 싶어했다. 그리하여 공주회 회원들에게 소장된 유물이 있을 경우, 이를 기증하도록 권유하는 다음과 같은 문건을 작성해 두었다.

  회원 및 관계자 여러분께 부탁 말씀 드립니다. 부탁의 말씀은 여러분의 집에 옛날 조선시대의 사발, 다완, 접시, 화병, 숟가락 등이 있으시면 꼭 공주에 반환하실 것을 말씀 드립니다. 현재 한국에서는 약 75,000 점의 골동품이 해외에 유출되어 있는 것으로 추정된다고 합니다. 유럽에서는 중근동으로부터 영국, 프랑스, 이태리, 네델란드 등에 유출한 문화재의 기운이 일어 사회적으로도 문제가 되어 있고, 다수의 문화재가 반환되고 있다는 보도가 나오고 있습니다. (중략) 혹시 반환할 수 있는 물건이 있으시면, 알려주시기 바랍니다. 선처하도록 하겠습니다.[43]

건강을 회복하면, 문화재 반환의 사업을 보다 본격적으로 추진하고 싶어 했던 것을 알 수 있다.

아메미야의 작고 이후 정신적 타격을 받은 것은 부인을 포함한 가족만이 아니었다. 공주회도 큰 타격이었다. 공주회는 2009년 10월 제23회 가라츠 대회에서 총회를 열고 후임 이사장으로 노무라(野村京生)를 선임하였는데, 사실은 금번 회의의 주요 안건이 공주회의 존속 혹은 해산에 대한 문제였다. "회원의 고령화, 대회 참가자의 감소"라는 불가피한 사정의 결과였다. 이 소식을 접한 공주의 무령왕국제네트워크에서는 윤여헌 공주향토문화연구회 회장(조병진 동행)을 이 가라츠 총회에 참석토록 하여 공주회 존속과 향후 발전에 대한 모색을 함께 협의하도록 하였다.44) 그리하여 2008년 무산되었던 공주회 회원의 백제문화제 참가는 2010년에 실현을 보게 된다. 공주회에서는 12명 공주 방문팀을 만들어 10월 세계대백제전에 참가하였다. 공주향토문화연구회에서 이들을 안내하였고, 〈'공주사람'의 '마지막' 공주나들이〉라는 제목의 자료집을 만들어 일정을 진행하였다. 2012년에도 백제문화제 방문이 이루어짐으로써, 이들 공주회 회원의 방문은 총회의 개최에 맞추어 격년으로 이어지고 있다. 아메미야 이사장의 작고에도 불구하고 그가 마음을 쏟았던 공주회의 운영은 그 유지(遺志)에 의하여 지속되고 있는 것이다.

---

43) 〈公州會通信〉 제61호, 2009
44) 이때 총회의 경과에 대해서는 조병진 「공주를 추억하는 일본사람 만나기 - 〈공주회〉 제23회 가라츠대회 참석기」 『웅진문화』 22, 2009, pp.187-195 참고.

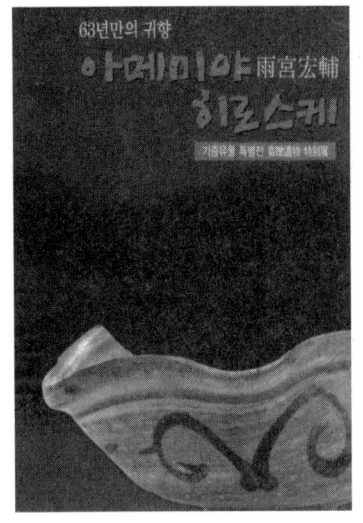 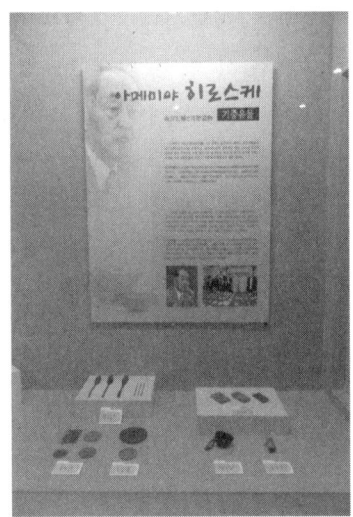

충남역사박물관의 아메미야 특별전 도록과 전시 코너

| 맺 는 말 |

근년 일본정부의 잇단 우경화로 인하여 한일관계는 매우 냉각된 상태가 이어지고 있다. 식민지시대의 과오를 부정하고, 자기 합리화 하는 이같은 정치인들의 후안무치의 기만성에 대해서는 새삼스레 비판을 가할 가치조차 느끼지 않는다. 그리고 이처럼 근시안적 시각을 가진 정치인을 선거로 뒷받침한 일본의 미래에 대해서는 걱정과 연민이 앞서는 것이 사실이다. 장기적 경제 불황, 수만의 생명이 쓰나미에 의하여 순간적으로 희생된 희대의 재난과 그치지 않은 지진에의 공포 등, 부정적 여건이 일본을 어느 때보다 '작은 일본'으로 만들어가고 있다는 안타까움인 것이다.

그럼에도 불구하고 한, 중, 일 동아시아 3국이 21세기 새로운 세계를 함께 열어가야 하며, 여기에는 3국의 공동적 이해와 협력이 기반이 되어야 한다는 명제는 여전히 변하지 않고 있다. 이같은 세계사의 큰 흐름을 내다보면서, 지역사회가 갖는 역할에 대해서도 진지한 성찰이 필요한 때가 되었다. 이점에서 있어서 공주의 지역적 특성은 다른 어느 도시보다 일본과의 관계가 깊은 역사를 가졌다는 점이다. 따라서 발전적 한일관계의 미래를 전망하면서, 다른 한편으로 이를 지역사회 활력을 불어 넣는 새로운 요소로서 활용할 필요가 있다.

우리나라는 1945년 해방이후 식민지 잔재 청산의 일환으로 관련 건축물 혹은 기념물들이 거의 멸실된 상태에 있다. 식민지의 잔재는 철저히 불식되어야 하지만, 식민지 시대 관련 유적을 제거하는 것이 식민지 잔재의 청산이라고 생각하던 시대는 지나

공주회 기념식수 (2015. 10. 26)

갔다. 오히려 이들 자료를 남겨서 불행했던 과거의 역사를 가르치고 되새겨야 할 필요가 있기 때문이다. 이러한 점에서 공산성 밖 옥룡동 능선에서 버려져 있는 근대 공주거주 일본인 1호 칸(管)의 무덤도 공주의 향토유적으로 지정 보호해야할 필요가 있다는 생각이다.

본고에서 다룬 식민지시대의 몇 인물들은 식민지시대라는 20세기의 독특한 역사적 환경이 생산한 우리 역사의 일부이다. 식민지 땅 공주에서 출생하거나 어린 시절을 거주하다 다시 본국으로 돌아간, 이 독특한 '외국인'의 삶이 다시 재연되는 일은 아마 앞으로 없을 것이다. 그러한 점에서 이들의 경험은 더욱 독특한 점이 있다. 따라서 이들의 경험은 공주 역사의 일부이기도 하고, 동아시아 혹은 일본 역사의 일부이기도 하다. 이러한 관점에서 본고는 특히 식민지시대 공주 거주의 일본인 아메미야와 칸에 대하여 주목하였다.

〈추 기〉

공주회는 2016년 4월 치바(千葉)에서 열리는 총회를 마지막으로 해산될 예정이다. 마지막 공주에의 공식 방문이 2015년 10월에 이루어져 노무라(野村京生) 회장 등 3인이 공주를 찾았고, 10월 26일 공주박물관 정원에 기념식수를 하였다. 수종은 금송, 무령왕릉의 목관재이다.

(부) 아메미야 관련 자료 1

영광스러운 하루
-아메미야 유고-

아메미야(雨宮宏輔)

　그것은 공주의 백제문화제추진위원회의 임영철 씨의 전화 1통으로부터 시작된 것이다. 그와는 10월 백제문화제에의 참가를 위해 여러 번에 걸쳐 전화와 팩스로 연락을 해왔다.

　충청남도 지사가 만나고 싶어 한다, 공주시에 기증한 골동품의 일로 지사가 감사장을 주고 싶다는 이야기로, 처음에는 고사하였지만 그후 여러 가지 연락이 있어 승낙하고 말았다. 8월 24일 하네다 발 NH1291로 서울로 가서 공주에 도착하자, 급우였던 장석인 씨와 백제문화제추진위원회 유재룡 총괄과장 두 사람이 영접해주었다.

　그리고나서 유성 스파피아호텔에 안내되어 체크인을 하고 다시 공주로 가서 금강변 북측의 한 식당에서 공주고교 동창회장 이종길 씨의 만찬에 초대된 후 유성의 호텔로 돌아왔다.

　다음 25일 10시에 유재룡과장의 안내로 도청에 도착하여 지사실에서 이완구 지사와 만나 차를 마신 다음 별실로 안내 되었다. 강당에는 TV방송국 신문기자 등 매스컴 관계자가 많이 참석하여, 나는 일순(一瞬) 아연하여 마음의 정리가 되지 않았다. 몸이 후들거릴 정도였지만, 정면의 지사 옆에 착석하였다.

　해방 후 본국으로 철수할 때 돌아가신 선친이 취미로 모은 골동품을 소중하게 가지고 왔는데 작년 10월 공주중학 선배, 22기의 윤여헌 회장과 공주대학 윤용혁 교수에 전달한 물품의 소장 유물 기증식으로 이지사가 감사의 말을 하였고, 내가 이 유물을 기증한 유래를 간단히 말하였다. 그후 매스컴 기자들로부터 많은 질문이 있었는데 지금까지 일본인임에도 불구하고 일단 가지고 나간 유물이 개인의 의사로 반환된 예가 없다고 말하고 한국의 여러분에게서 식 중에서 훌륭한 기념품까지 받아 그야말로 감격의 시간이었다.

식이 종료된 후 부지사의 초대 오찬이 있었고, 또 지사가 초대하는 만찬이 있어 정말 영광스러운 하루였다. 그날 밤 TV에 방영되고, 26일에는 얼굴 사진을 넣은 신문보도가 한국에서 나오자 공주중학 24기 급우로부터 전화가 오고 또 신문의 카피를 동봉한 편지가 오기도 하였다. 전연 면식 없는 한국인으로부터도 이런 식의 편지가 와서 무언가 민간외교의 일단을 짊어진 것 같은 느낌이 들었다.

사과와 감사

우선 10월 2일부터 7일까지 5박 6일 공주회의 백제문화제 참가를 기획했는데 내가 급환(急患)으로 입원한 탓에, 宮本嘉國 씨, 內田正子 씨, 野村京生 씨, 杉田小白 씨, 小山田直美 씨, 寺田幹夫 씨, 江口辰男 씨, 江口나르미 씨, 石田미에코 씨, 才藤高代 씨, 松林健雄 씨, 橋川八重子 씨, 堤房子 씨, 佐佐木孝子 씨 등 여러 분이 기대하고 있던 백제문화제 참가를 중지하게 된 것을 진심으로 사과드립니다.

또 공주회원을 백제문화제에 초대하여 주신 충청남도 이완구 지사, 공주시 이준원 시장, 백제문화제추진위원회 최석원 위원장을 비롯하여 공주대 윤여헌 명예교수, 공주대 윤용혁 교수, 장석인 이인 명예면장, 백제문화제추진위원회 유재룡과장, 임영철 씨 등 여러분에게는 진심으로 감사를 드리는 동시에 앞으로도 잘 부탁드리겠습니다.

회원 및 관계자 여러분께 드리는 부탁

회원 및 관계자 여러분께 부탁 말씀 드립니다.

부탁의 말씀은 여러분의 집에 옛날 조선시대의 사발, 다완, 접시, 화병, 숟가락 등이 있으시면 꼭 공주에 반환하실 것을 말씀 드립니다. 현재 한국에서는 약 75,000 점의 골동품이 해외에 유출되어 있는 것으로 추정된다고 합니다. 유럽에서는 중근동으로부터 영국, 프랑스, 이태리, 네델란드 등에 유출한 문화재의 기운이 일어 사회적으로도 문제가 되어 있고, 다수의 문화재가 반환되고 있다는 보도가 나오고 있습니다.

일본에서도 그렇지만 많은 문화재가 메이진 유신 이후 해외에 유출되었다고 하는 이야기가 매스컴에 오르내려 화제가 되는 경우가 종종 있습니다.

혹시 반환할 수 있는 물건이 있으시면, 알려주시기 바랍니다. 선처 하도록 하겠습니다.

(이상 〈공주회통신〉 61 (2009.6.1. 발행)에서 번역하여 옮김)

(부) 아메미야 관련 자료 2
 - 아메미야 이사장에 대한 동창 친구들의 추모문

아메미야를 추억함

사이토(齋藤堯生)

나는 부친의 직업 때문에 무려 5개의 소학교를 돌았다. 그 가운데 한국 공주의 도키와(常盤) 국민학교(현재 봉황초등학교)에는 3, 4학년의 때와 6학년의 2번을 거친 장소이고 인상이 깊은 곳이다. 아메미야의 집과 우리 집은 떨어져 있었기 때문에 학교 밖에서 놀던 기억은 별로 없다. 그러나 6학년 겨울, 당시 추운 곳으로 나가던 군인들을 위하여 산토끼 모피를 기증하는 학교 행사로서 모두 토끼몰이를 갔다. 산 속에서 너무나 추워 우리들은 선생님과 함께 불을 피워 한기를 면하였다. 그 때 사소한 것으로 그와 다투었다. 나는 장난삼아 불 옆의 돌을 그 얼굴에 던졌다. 그 돌은 달구어져 있었기 때문에 뺨에 화상의 흔적이 남게 되었다.

얼마 후 우리들은 국민학교를 졸업했는데 나는 그와는 달리 대전중학교에 진학했다. 그 해 여름 일본이 패전하여 일본인은 각각 본국으로 귀환했다. 그로부터 한참이 지난 후 나는 그후 동경에 당시 급우의 모임이 생겼다는 것을 알았다. 나는 그의 뺨의 상처가 마음에 걸려 참가하지 못했다.

그런 어느 날 아메미야로부터 전화가 와, 모임에 가지 않겠느냐는 것이었다. 상처가 어떻게 되었는지 물었더니, 그가 "그런 것 없어"라고 말해 나는 비로소 안심이 되어 그때부터 죽 모임을 같이하여왔다. 뒤에 그는 공주회의 이사장이 되고, 우리 공주회원을 위하여 진력하였다. 그는 틀림없이 마음의 고향인 공주와 공주회를 위해 애쓴 것을 그의 삶의 가장 큰 보람으로 여겼을 것이다.

나는 그의 건강이 좋지 않다는 소식을 듣고 금년 3월에 급우와 요코하마 병원에 병 문안을 갔었다. 그는 아주 수척해 있었지만 나는 그래도 그냥 괜찮을 것으로 생각하였다. 그러나 그는 갑자기 세상을 떠렸다. 병실을 나오면서 그의 휠체어를 면담실에서 엘리베이터 앞까지 밀어준 것이 나의 유일한 위로가 되고 말았던 것이다. 그는 반드시 천국에서 지금까지와 같이 모두를 따뜻하게 지키고 있을 것이다.

공주에 살았던 아메미야

사카이(酒井勝治)

"가츠지(勝治) 상, 골프 못치게 되었어."

아메미야에게서 전화가 걸려온 것은 작년 9월. 그가 후쿠시마현의 스가가와(須賀川)까지 와서 친척인 칸파(菅波) 씨와 골프를 칠 예정 며칠 전의 일이었다. 스가가와(須賀川)는 그의 모친의 친정이어서 아주 친하게 지내고 있는 사이였다. 1년에 한 번은 성묘하고 드디어 골프를 치고, 밤에는 칸파(菅波) 씨 집에서 걸게 차린 저녁을 먹고는 하였던 것이다.

"아무래도 폐의 상태가 좋지 않아 …" 하는 이야기였는데, 그 후 바로 9월 16일 입원, 10월 9일에 찾아가 보았을 때는 산소통을 뗄 수 없을 정도여서 걱정이었다. 그러나 월말에는 퇴원할 수 있을 정도가 되어 안심하고 집으로 돌아왔다.

예정대로 10월 27일 퇴원, 매년 11월 제2토요일에 열리는 동급회에도 출석할 것이라고 하였는데, 갑자기 불참하고 그 직후 쯤일까, 뇌경색이 발생, 또 병원생활을 하게 되었다.

그러나 부인을 비롯해 가족들의 극진한 간호로 3월에는 재활치료의 단계로 들어갔다. 3월 12일 동급생들이 문안을 갔을 때는 가라츠(唐津) 대회의 연기 등을 상의하며 "회보(會報)는 퇴원하고 나서 마무리 할테니까…"하여, 우리들이 일을 인수하겠다고 하는 것에 대해서도 "괜찮다"고 하면서 의욕을 보였다.

그런데 그 직후 14일 용태(容態)가 급변, 돌아올 수 없는 사람이 되고 말았다.

공주의 산성공원이며 산야를 뛰어다니며 놀았던 어린 시절, 중학교 입학 이후는 1학기 밖에 되지 않았지만 수업은 거의 폐한 채 송진 채취(비행기 연료에 쓰는 것으로 산에 남아 있는 소나무 그루터기를 캐어 모아 국가에 제출함)에 동원 되었던 일, 전쟁 말기의 힘든 하루 하루 … .

발인 전날 밤, 장례식장에서 아메미야 형의 온화한 얼굴을 보고 있노라니 공주시대의 그리운 고향에서의 한 장면 한 장면이 주마등처럼 지나갔다.

슈퍼 컴퓨터와 같이 공주에 관한 옛 일, 현재, 모든 정보를 우리에게 들려주었던 아메미야 형! 공주를 사랑하고 친구를 중히 여기고, 공주회 회원을 위해 항상 전력 투구를 계속해 온 아메미야 형!

10월에 회원 유지들이 참가 예정이었던 공주에서의 백제문화제를 앞두고 쓰러져 참가하지 못하게 되어 대단히 유감스럽소. 공주회 회보, 가라츠에서 개최 예정으로 있던 대회의 건, 형이 신경을 쓰던 것들은 공주회 친구들이 마무리 할 것이니, 부디 천국에서나마 응원하여 주소.

(이상 〈공주회통신〉 61(2009.6.1 발행)에서 번역하여 옮김)

(부) 아메미야 관련 자료 3
- 〈공주회〉의 노래(會歌) (〈공주회통신〉 31호(1979)에 의함)

공주의 서정(抒情)

작사 소노다(園田恒明) / 작곡 우에노(上野隆三)

1. 공산성에 꽃잎 흩날리고   봉황산에는 시원한 바람
   까치 소리 높게 우짖는 무령왕릉   역사에 길이 남을 공주의 거리
   마음 깊이 살아 있는 공주의 거리

2. 금강의 잔잔한 물결   고마나루 짙게 내린 솔밭 그림자
   제민천에 흐르는 물소리   맑게 흘러가는 공주의 거리
   마음 깊이 살아 있는 공주의 거리

3. 봉황초 뜨거웠던 배움의 열정   세종임금의 지혜 눈 뜨네
   월락산에 떨어지는 태양   푸른 산 둘러싸인 공주의 거리
   마음 깊이 살아 있는 공주의 거리

* 공주회 회원 소노다의 작사로서, 공주회 총회 때에 회가로서 제창하는 노래이다. 소노다(園田恒明)는 공주에 대한 어린 시절의 추억을 여러 차례 기고한 바 있다.(윤용혁 『공주, '강과 물'의 도시』 공주대 백제문화연구소. 2014 참조)

공주회의 노래인 〈공주의 서정〉 악보

이삼평, 출신지를 둘러싼 논의

아리타(有田)의 유지들이 한국도자문화협회의 도움으로 '도조 이삼평공 기념비'를 공주시 반포면 온천리 박정자 언덕에 세운 것이 1990년의 일이었다. 박정자는 행정구역은 공주시이지만, 바로 대전시와의 경계지역이고, 계룡산 동학사, 학봉리 도요지, 상신리 도예촌 등에서도 가까운 장소이다. 이러한 점에서 이삼평 기념비의 건립 장소는 위치상으로 매우 많은 고려(考慮)가 포함된 장소라는 점을 알 수 있다. 그럼에도 불구하고 공주의 이삼평 기념비에 대해서는 이삼평이 과연 공주 출신인가 라는 원초적 질문에 시달린 것도 사실이다.

그동안 이삼평의 출신지에 대해서는, 공주출신설과 함께 이에 대한 부정적 견해가 함께 전개되었다. 이에 대하여 필자는 이삼평에 대한 객관적 사실 관계를 정리하면서, 공주 출신설을 적극 지지하는 논의를 전개한 바 있다.[1] 그러나 이에 대해서는 그동안 전문가, 비전문가를 막론하고 아무런 반응을 접한 바가 없다.

본고에서는 기왕에 피력한 필자의 견해에 근거하여, 특히 이삼평 출신지에 대한 문제에 한정하여, 이를 중점 검토하고자 한다.

---

1) 윤용혁 「아리타의 도조 이삼평과 공주」 『공주, 역사문화론집』 서경문화사, 2005

1. 이삼평과 박정자의 기념비

　이삼평은 대략 1579년 출생으로, 정유재란 때에(1598) 나베시마 군이 철수하면서 휘하의 다쿠(多久) 군에 의하여 일본으로 이송되었다. 그는 처음 다쿠(多久)에 거주하다가 아리타에서 자기 제작의 원료가 되는 백자광(白磁鑛)을 발견하고 가마(天狗谷窯)를 열었고, 1616년 이후 아리타는 일본 도자기의 가장 중요한 제작지로서 번영하였다. 당시 아리타에는 이삼평과 함께 납치된 155명의 도공과 김해에서 잡혀온 종전(宗傳)의 미망인 백파선(百婆仙)이 1631년 도공 906명을 이끌고 이에 합류하였다고 한다. 이삼평은 단순한 도공이라기보다 아리타를 대표하는 대장(大匠)이었다는 것이다.2)

　이삼평과 관련하여 먼저 이삼평의 연대기를 정리할 필요가 있다. 기록의 불확실성 등의 이유로 이에 대한 종종의 혼동이 있기 때문이다. 우선 이삼평이 아리타의 텐구다니 가마에서 처음 도자기를 생산하기 시작한 시기는 그의 나이 38세인 1616년으로 기록되어 있다.3) 이는 도향(陶鄕)으로서의 아리타 역사의 출

---

2) 윤용이 「이삼평과 아리타자기」 『아름다운 우리도자기』 학고재, 1996, p.321
3) 그가 38세 되던 1616년 아리타 자기를 개발한 것에 대해서는 "今年三十八年間, 丙辰之年"이라하여 〈覺〉이라는 자료에 명시되어 있다. 이 기록은 1654년 이삼평이 직접 작성한 것이라는 점에서 신빙성이 매우 높다. 이에 대해서는 방병선 「조선도자의 일본전파와 이삼평」 『계룡산의 도자문화』(세미나 자료집), 공주대 백제문화연구소, 2003 p.33 참고. 자료의 원문을 그대로 옮기면 다음과 같다.
〈覺〉." －, 某事, 高麗□罷度, 數年長門守樣江被召仕, 今年三十八年間, 丙辰之年□有田皿山之樣二罷移申候, 多久□同前二罷移候者十八人, 彼者共も某子二□御座候, 皆□車拘申罷有候, 野田十衛門殿內之唐人子供八人, 木下雅樂助殿かくせい子供二人, 東ノ原淸元之內唐人子三人, 多久本皿屋之者三人, 右同前二東拘罷有候.
－, 某賣切之事, 高木權兵衛殿移內之唐人子四人, 千布平右衛門殿內之唐人子

발을 의미하며, 1917년에 아리타에 도조 이삼평의 기념비를 건립한 것도 아리타에서의 도자기 생산 3백년을 기념한 것이었다. 다음으로 이삼평이 아리타의 도자기를 발전시킨 후 세상을 뜬 것은 1655년 8월 11일로 되어 있다. 1616년 38세를 기준으로 계산하면, 조선에서 그의 출생은 1579년, 아리타에서 세상을 뜬 1655년 그의 나이는 77세였다. 한편 아리타에서의 도자기 제작 생활은 대략 40년에 이르렀음을 알 수 있다. 조선에서의 20년 세월에 비하여 아리타에서의 인생이 두 배나 긴 기간이었던 셈이다.

그렇다면, 이삼평이 나베시마에 의하여 일본에 잡혀온 시점이 언제였는가 하는 점이 의문이다. 그 시기가 분명하지 않기 때문에, 1594년으로부터 1598년에 이르기까지, 책에 따라 각각이다. 나베시마는 임진란 침입 초기부터 도공을 잡았던 듯하고, 따라서 도공의 출신지와 포로의 시기 등이 달랐다고 보아야 한다. 그런데 이삼평 가계의 문서(『金ヶ江三兵衛由緒書』)의 구절 가운데는 이삼평이 나베시마 군과 조우한 것이 '경장(慶長)'년간, 즉 정유재란시였던 것과 나베시마의 철군시에 함께 오게 되었음을 밝히고 있다. 이에 근거한다면, 이삼평이 일본에 잡혀온 시기는 전란이 종식되는 1598년이었을 가능성이 높다. 1598년이라면, 당시 그의 나이는 20 남짓이 되며, 아리타에 이주하기 전까지 다쿠(多久)에서 지낸 생활이 대략 10여 년이었음을 짐작할 수 있다.

이상을 정리하면 이삼평은 1579년 출생하여 1598년 20 나이에 포로로 일본에 잡혀가 처음 사가현의 다쿠(多久)에서 10여 년을 생활한 후, 아리타에 이주하여 나이 38세 되던 1616년 백자 생산에

三人, 有田百姓之子, 兄弟二人, 伊萬里町助作合十人, 所々□集り, 申罷居候者百 人, 皆々某萬事之心遺仕申上候. 巳上. 巳月卄日 有田皿屋 三兵衛尉 印

반포면 온천리(박정자)의 이삼평 기념비

성공하였으며, 이후 백파선 등 다른 조선도공 집단들과 합류하여 아리타 도자기를 크게 발전시키고 1655년 77세를 일기로 세상을 떴다는 것이다.

임란 이후 아리타와 주변 지역에 엄청난 수의 조선도공이 활동하였다고 한다. 아리타의 이삼평은 120명의 도공을 거느리고 있었다 하며4), 종전(宗傳)과 백파선(百婆仙)은 조선의 부부 도공으로서 1618년 종전(宗傳)의 사망 이후 부인 백파선(百婆仙)이 9백 명이 넘는 사기장(沙器匠)과 함께 히에코바(稗古場)에 옮겨왔다. 일본에서 처음 아카에(赤繪)를 만들었다는 사카이다카키에몬(酒井田柿右衛門)의 탄원서에 의하면 그 조상은 나베시마(鍋島直茂)가 조선 남천원(南川原)이라는 곳에서 연행해 온 인물이며, 그때 나고야(名護屋) 성 아래에서 150명의 사기장(沙器匠)이 자기를 구웠다는 것이다. 또 1720년에 기록된『나카자토문서(中里文書)』에서는 임진왜란 때 연행된 미작(彌作)·언우위문(彦右衛門)·우칠(又七) 등이 다시로요(田代窯)에서 자기를 구웠다는 등, 기록으로도 여러 사례를 확인할 수 있다.5) 그러나

---

4) 이삼평 가계의 문서〈覺〉
5) 혼다마비『임진왜란 전후의 한일도자 비교연구』서울대 박사학위논문, 2003, pp.152-156에 의함.

이들의 출신지는 잘 알 수 없다.

공주시 반포면 온천리 박정자의 조각공원에는 이삼평(1579-1656)의 기념비가 세워져 있다. 백자를 상징하는 하얀색 기념비의 중앙에는 검은 바탕 돌에 '일본 자기시조 이삼평공 기념비'라고 한자로 적혀 있다. 일본 도자기의 고향, 사가현 아리타(有田)에서 성금을 모아, 학봉리 도요지가 바라다 보이는 박정자 언덕에 7.5미터 높이의 이삼평 기념비를 세운 것은 1990년의 일이었다. 아리타(有田)의 유지(有志)들이 한국도자문화진흥협회의 협조를 받아 세운 이삼평의 기념비의 건립에 의하여 아리타와 공주 간의 활발한 도자 문화 교류가 기대 되었으나, 이러한 기대와는 달리 비문의 문구를 둘러싼 문제가 제기되어 많은 우여곡절을 겪지 않으면 안되었다.

공주에 이삼평 기념비가 건립된 지 25년이 지났지만, 공주와 아리타와의 관계는 바야흐로 지금으로부터 새로운 역사를 축적해가야 하는 과제를 안고 있는 셈이다. 이삼평과 공주의 관계를 객관적으로 정리해두는 것은 이러한 시점에서 반드시 필요한 일이라 생각된다.

2. '금강도(金江島)'는 공주인가

이삼평의 출신지가 어디인지는 사실 정확히 단성하기 어렵다. 그동안 가장 유력한 논의의 하나가 '금강' 지역 출신이라는 것이었다. 이는 이삼평의 출신지가 '金江(금강)'[6], 혹은 '金江島(금강도)'라는 기록에 근거한 것이다.[7] 이삼평의 일본식 성(姓) 가네

---

6) 〈乍恐某先祖之由緒以御訴訟申上口上覺〉(『金ヶ江三兵衛由緒書』)에는 이삼평의 출신지가 '金江'이라 기록되어 있다.

가에(金ヶ江)는 출신지인 金江(금강)에서 따온 것으로 되어 있다. 문제는 '金江'(금강)이 현재 공주의 錦江(금강)과 같은 것인가 하는 문제가 당연히 제기된다.

이삼평을 공주에 처음 연결한 것은 1955년 나카지마(中島浩氣)였다.8) 철화분청사기의 유명한 도요지가 있는 학봉리를 이삼평 출신지와 연계한 것이다. 계룡산 기슭 공주 학봉리 도요지는 일찍부터 알려진 데다, 금강에서 가까운 위치이고, 당시 왜군이 산 길에서 이삼평을 만났다는 것과도 연결된다는 점에서 일단 흥미 있는 가설이다. 그러나 이같은 가설이 보다 구체화되거나 일반화되지 못한 것은 학봉리 도요지의 분청사기와 초기 아리타 도자와의 계통적 연결성이 확인되지 않는다는 점 때문이었다.

도자기의 계통 문제 이외에도 이삼평의 금강, 혹은 공주 출신설에 대해서는 이후 반론이 끊이지 않았다. 이같은 반론을 노성환 교수는 다음과 같은 두 가지 점으로 정리하고 있다. 첫째, '金江'(금강)과 '錦江'(금강)은 글자가 다르므로 같은 지명으로 볼 수 없다는 점, 둘째, 나베시마 군은 경상 전라도에서만 활동하였고, 충청도의 금강 지역에는 침입한 적이 없다는 점이 그것이다. 이는 이삼평의 금강 출신설을 부정하는 입장의 근거라고 할 수 있다.

이삼평이 공주 출신이 아니라면, 그렇다면 이삼평 출신지로서

---

7) 『口達覺』 "先祖三兵衛儀元來朝鮮ニ而日峰樣彼國出陳之砌御道御案內仕盡忠節候ニ付御歸朝被仰聞候者御導等仕候未付而者打洩候朝鮮人自殺害ニ逢候儀モ難斗依之御供可被召連旨被仰出御請申上候付長門守同勢內召連日本渡仕右之者李氏ニ而御座候得者金江島之者ニ付在名ヲ相昌金ヶ江三兵衛與"(1810년 작성) 그밖에 같은 해 제출된 또 하나의 『口達覺』 문서 및 1805년 蕃의 자문에 대한 답변서로 제출된 『金ヶ江三兵衛有諸之事』 등에는 '金江島'라 하였다.

8) 中島浩氣 『肥田陶磁史』 1955 ; 방병선 「조선도자의 일본전파와 이삼평」 p.34 재인용.

가능성이 있는 지역은 어디인가. 경남 김해가 거론된 바도 있고, 정유재란 피로인의 대부분이 경상, 전라도인이었다는 연구결과에 의거하여 이삼평 역시 영, 호남 출신일 가능성이 제기된 바 있지만,9) 이 역시 지나치게 막연한 논의이다. 노성환 교수는 이삼평 일행이 김해 혹은 금오산(선산) 출신일 가능성에 대한 주장을 소개하고 있다. 이는 이삼평과 함께 아리타에서 활동한 여성 도예가 백파선의 출신지가 '심해(深海)'로 되어 있다는 점, 역시 포로로 잡혀온 도공 종환의(宗歡儀)라는 인물의 경우 '긴모산' 출신으로 되어 있다는 데 근거한다. 즉 '심해→김해', '긴모산→금오산'일 가능성에서 제기된 논의이다.10)

여성 도공 백파선의 기념비(아리타, 보은사)

---

9) 本田마비의 경우 이삼평에 대하여 경상도와 전라도의 남부 출신일 가능성에 비중을 두고 있다. 그러나 그 역시 이삼평의 공주출신 가능성을 전면 부정하고 있지는 않다. "공주에는 錦江이라는 강이 있고, 『신증동국여지승람』 공주 토산에 도기가 제작된 것으로 기록되어 있어 가능성이 없지는 않다"는 것이다. (『임진왜란 전후의 한일도자 비교연구』 p. 151 및 pp.194-195)

10) 노성환 『일본 속의 한국』 울산대출판부, 1994, pp.95-104

김해 분청사기축제 포스터

아리타를 비롯하여 히젠(肥前) 지역의 임란 피로 도공의 출신지는, 출신 지명이 전해 오더라도 현재의 지명을 잘 알기 어렵다는 공통점이 있다. 가령 종전·백파선의 '심해(深海)', 종환의의 '긴모산', 11) 사카이(酒井田柿右衛門)의 '남천원(南川原)', 그리고 이삼평의 '금강도(金江島)' 등이 그것이다. 이들은 모두 후손들이 구전의 내용을 기록으로 옮긴 것이고, 이 때문에 후대 후손들에 의한 문자로의 기록 단계에서 실제와는 조금씩 다르게 적히게 되었다는 점을 암시한다. 피로 도공들의 출신지 문제는 기록이 무시되어서도 안되지만, 문자에 지나치게 집착해서도 안된다는 특성이 있는 것이다.

이삼평의 공주 출신설에 대한 반론 가운데, 金江(금강)과 錦江(금강)의 문자가 다르기 때문에 金江(금강)은 錦江(금강)이 될 수 없다는 주장에 대해서이다. 그런데 피로 도공의 출신지 기록 가운데 현재 지명과 가장 흡사한 것이 金江(금강)이다. '심해'를 김해로, '긴모산'을 금오산으로 연결하면서, '金江(금강)'이 '錦江(금강)'과 다르다고 하는 주장은 성립하기 어렵다. '금강'에 대하

---

11) 종환의의 출신지 '긴모산'을 '금오산'으로 연결하는 의견이 있지만, '긴모산'은 나베시마가 주둔했던 김해(죽도)를 지칭한 것으로 보아야 한다. 김해 죽도가 당시 왜군들에게는 '긴무이(きんむい)'로 불리었다는 것이 그 근거이다.(太田秀春 『朝鮮の役と日朝城郭史の硏究』 淸文堂, 2005, p.2, p.143)

여 언급한 이삼평 가계의 자료는, 이삼평의 출신지를 말하는 것이기보다는, 가네가에((金ヶ江) 성씨의 연원을 설명하는 것인데다 이삼평 사후 1백 5십 년이 지난 후의 기록물이다. 따라서 金江(금강)과 錦江(금강)의 문자적 차이를 강조하는 것은 초점을 벗어난 주장이 아닐 수 없다.

金江(금강)이 錦江(금강)일 가능성을 높여주는 또 하나의 자료는 '금강도(金江島)'이다. 이삼평 출신지가 일단 '물'과 관련된 지역임을 암시하고 있기 때문이다. '금강도'는 '금강'이라 한 출신지 기록을 좀더 구체적으로 표현한 것이다. '금강도'에서 '도(島)'의 의미가 정확히 어떤 것인지 모호한 점이 있기는 하지만, 이것을 해중(海中)의 섬을 가리키는 것이라 볼 수는 없다. 도요지가 성립되지 않기 때문이다. 그렇다면 '금강도'에서의 '도(島)'는 강과 관련될 지역일 가능성이 높아진다. 지리적으로 물 가운데의 섬은 바다만이 아니라 강에 의해서도 형성된다. 강의 물흐름이 달라지거나 지형적 특성에 의하여 섬이 만들어질 수 있는 것이다. 가령 공주의 금강에도 옛 기록에 섬이 나타난다. 지금은 '소학동'이 된 '소학도'가 그 예이다. '소학도'는 '씨악섬'의 한자 표기이다. 그러나 '소학도'의 경우에서 생각하면, 육지에서의 '섬'은 반드시 섬만이 아니라, '섬 같은 지역'도 '섬'으로 불리운 것으로 보인다. 3면이 강물로 둘러쳐서 육로보다는 물길로 연결되는 공간이 종종 형성되어 있기 때문이다.[12] 이러한 점에서 이삼평의 '금강도'는 강변에 형성된 '섬 같은' 지역일 가능성이 많다고 생각된다.

---

[12] 공주시 소학동의 소학리는 옛날 소학섬으로 불리던 곳이다. 조선후기의 각종 공주지도에는 이곳을 '巢鶴島' 혹은 '巢島嶼'라는 이름으로 표시하고 있다. 이곳이 '섬'으로 불리게 된 이유는, 북으로 금강, 동으로 금강의 지류인 왕촌천, 서쪽으로 혈흔천이 흘러 3면이 물로 둘러싸여 있는 때문이었다 한다.(한글학회『한국지명총람』4, 1974, p.32)

'금강' 혹은 '금강도'는 이삼평의 출신지를 알려주는 가장 근거 있는 핵심적 키워드이다. 이를 무시하고, '금강'을 '김해다', '남원이다'라고 하는 것은 '가네가에(金ヶ江)'라는 이삼평의 가장 핵심적인 정체성을 근거 없이 자의적으로 뭉개는 일이라 하지 않을 수 없다. 다른 지역을 비정하더라도, '금강'의 문제를 해결하지 않으면 안되기 때문이다. 따라서 이삼평 공주출신설을 부정하는 반론의 첫 번 째는 성립할 수가 없다. 그렇다면, 문제는 나베시마 군이 공주를 경유한 일이 없다는 두 번째 주장이 논의의 핵심이 된다.

3. 나베시마 군은 공주에 침입한 적이 없는가

윤용이 교수는 이삼평이 공주 출신으로서, 아마도 광주(廣州)의 관요에 근무하던 인물일 것이라는 추정을 제기 하였다. 광주와 연관이 있다는 것은 일본 최초의 백자요지로 알려진 아리타의 텐구다니가마(天狗谷古窯)가 광주 선동리의 오름가마(登窯) 구조와 유사하다는 점, 혹은 "갑발과 도지미 등의 가마 도구 역시 비슷하였으며 백자사발·접시·병과 청화백자의 전접시·병, 그리고 청자 등 발굴된 도편이 광주의 16세기 후반 관음리 가마터에서 나온 백자·청화백자·청자 등과 형태·굽 등이 일치하고 있다"는 것이다.[13] 그리하여 윤교수는 이삼평에 대하여, "금강 출신으로 전하는 이삼평은 사기장으로서 경기도 광주에 있던 관영공장에서 백자·청화백자·청자 등을 제작하다가 임진왜란 때 일본으로 끌려갔다"고 결론을 내리고 있다.[14]

---

13) 선동리 혹은 관음리를 포함한 경기도 광주의 백자요지에 대해서는 김영원 「경기도 광주관요와 지방요」『조선시대 도자기』서울대출판부, 2003 참조.
14) 윤용이 「이삼평과 아리타자기」『아름다운 우리도자기』1996, pp.323-324

쿠로카미의 아리타 다큐 소설에서는 공주 학봉리 출신 이삼평이 나베시마 군에 의하여 포로로 잡히게 된 지역을 남원으로 설정하고 있다. 윤용이 교수가 경기도 광주라 한 것에 대하여, 남원에서 피로 되었다고 설정하고 있는 것이 흥미롭다. 공주에 나베시마 군이 경유한 적이 없다고 보기 때문에 공주(혹은 충청도 금강) 출신지를 전제로 하여 피로지를 다르게 설정함으로써 두 가지 문제의 모순을 해결하려 하고 있는 것이다. 현재로서는 가장 선호할만한 가설이라 할 수 있다. 그러나 조선조의 폐쇄적 사회에서 도공 이삼평이 어떻게 광주로, 혹은 남원으로 이주하여 자리를 잡을 수 있었을지 의문이 없지 않다. 이삼평의 '금강'에 대한 각별한 집착을 생각하면, 아무래도 도공으로서의 이삼평의 활동지 역시 '금강'이었다고 보는 것이 자연스럽다.

여기에서 나베시마군이 정유재란 때 경상, 전라도에서만 활동하였기 때문에 공주는 이삼평과 연결될 수 없다는 주장에 대하여 검토할 필요성이 제기된다. 나베시마군은 임진왜란 때 가토(加藤淸正) 군과 함께 군사를 움직여 경상도로부터 함경도에 이르는 진로를 취하였다. 1597년 정유재란 때는 부자(父子)가 침략군의 4번수(番手)로 1만 2천의 병력을 이끌고 주로 호남 혹은 경남지역에서 활동하였던 것이 사실이다.15) 그러나 이들이 정유재란시 충청지역에 침입한 적이 없다는 것은 사실과 다르다 점이다.

조선 도공 문제와 관련, 나베시마 부자 군(軍)의 침입 경로에 관심을 가진 한 조사에 의하면, 이들은 1597년 8월 이후 경상도 밀양, 대구를 거쳐 충청도(청주)로 진군하고, 그 후 전북의 김제에서 큰 피해를 주었다는 것이다.16) 또 다른 조사에 의하면, 정

---

15) 北島万次『豊臣秀吉の朝鮮侵略』吉川弘文館, 1995, p.182
16) 本田 마비『임진왜란 전후의 한일도자 비교 연구』서울대 대학원 고고미

유재란에서 가토(加藤淸正) 군과 함께 우군(右軍)에 속하였던 나베시마 부자의 군은 1597년 하반기에 경상도로부터 북상하여 대략 9월 경에 청주, 공주 등을 경유, 다시 전라도로 남하하여 코니시(小西行長) 등의 좌군과 합류한 것으로 되어 있다.17) 요컨대 장기적 체류는 아니었지만, 정유재란시에 나베시마 군은 일단 공주를 경유했을 가능성이 매우 높다는 것이다. 경상도에서 청주로 북상한 다음 공주를 거쳐 전라도 김제 방면으로 남하하였던 것이다. 그리고 공주 경유의 예상 시점은 대략 1597년의 9월 경이 된다.

한편『선조실록』에 의하면, 선조 30년(1597) 9월 6일 왜적 80명이 공주에 와 금강의 형편을 살피고 갔다고 하며, 9월 20일자의 기록에는 "왜적이 청주와 공주의 두 곳에 크게 진을 치고 있던 무리들이 모조리 도망해 돌아갔는데, 혹은 호남으로 들어가기도 하고 혹은 조령을 따라 사방으로 흩어져 퇴각하였다"는 사실이 접대도감에 의해 보고되고 있다.18) 이로써 보면, 실제로 당시 왜군이 9월 중순경 공주를 점령한 상태였음이 확인된다. 그리고 이것이 바로 나베시마 예하의 군이었을 가능성이 있다.

나베시마 군에 의한 것이라 단정하기는 어렵겠지만, 공주의 갑사도 대략 이때 불에 탄 것으로 되어 있다.19) 갑사에 남겨진 3층석탑인 공우탑(功牛塔)은, 1597년 정유재란으로 불탄 절을 다시 재건하는 과정에서 애쓰다 죽은 한 소의 공을 기리기 위하

술사학과 박사논문, 2003, p.147 및 p.159; 김제와 금구에서 많은 사람을 살해하거나 피해를 입힌 결과물로서 사람들의 코 3,369개에 대한 문서가 10월1일자 문서로 남겨져 있다.
17) 이형석『임진전란사(중)』신현실사, 1974, pp.986-987
18) 『선조실록』의 관련 기사는『공주실록-조선왕조실록에 수록된 공주관련 사료』공주문화원, pp.121-150 참조.
19) "李朝 宣祖三十年 丁酉 秋에 倭寇가 再侵時에 寺屋이 燒燼 하였더니"(『公州郡誌』1957, 제1편 84帳)

여 세웠다고 전한다.[20]

왜란이 끝난 직후인 1602년부터 대략 5년 여 동안 공주에서 유배생활을 한 조익(趙翊: 1556-1613)선생의 일기(『공산일기』) 중에는 정유재란시 공주지역의 피해상이 단편적으로나마 언급되어 있다. 가령 계룡산 갑사에 대해서는 '절은 병화 후에 다시 지었다(寺宇 兵火後 重創)'라 하였고, 시내 정지산의 작은 절에 대해서는 '정유년 병화에 폐사하였다(廢於丁酉兵火)'고 하였다. 남혈사 부근 '남산사(南山寺)'에 대해서도 '난 후에 새로 지었다'(亂後新創 草屋不過數間)'고 하였는데, 정지산 절의 경우처럼 이들이 모두 정유재란시 왜군에 의하여 소실된 것을 암시하는 것이라 할 수 있다.[21]

1597년 9월이라면, 이삼평의 피로가 정유재란 때였다는 가네가에(金江) 가(家)의 기록과도 부합하는 것이라 볼 수 있다. 따라서 나베시마군이 충청지역에 간 적이 없다는 주장은 이삼평의 공주 출신설을 부정하는 근거로서는 성립하기 어렵다. 만약 이삼평이 정말 공주 출신이라면, 그가 피랍된 시점은 1597년(선조 30) 9월이었을 것이다. 그가 사가현에 도착하는 것은 풍신수길의 죽음으로 나베시마군이 철수한 1598년 11월 경이 된다.

이삼평의 일본에의 피랍 시기에 대해서는 책에 따라 일정하지 않다. 이 때문에 공주 박정자의 기념탑에서조차, '임진정유의 란' 혹은 '문복경장의 역'이라하여 연도를 명시하지 못하고 있다. 그러나 기록상으로 그가 정유재란의 결과 피랍된 것이 분명하므로, 피랍 장소의 문제는 별도로 하더라도, 1598년 말에 사가현에 이르게 된 것으로 단정할 수 있을 것이다.

---

20) 박남수 등 『갑사와 동학사』 대원사, 1999, pp.23-24
21) 조동길 『공산일기 연구』 국학자료원, 2000, pp.32-36 참조.

임진왜란 왜군의 공주 침입관련 유적 (공산성 명국 삼장비)

갑사 대웅전 전경(임진왜란 병화 이후 재건된 것이다)

4. 금강과 학봉리

　이상의 논의를 통하여, 이삼평의 공주 출신설을 부정하는 두 가지 핵심 논거는 성립하기 어렵다는 것이 확인되었다. 물론 그렇다고 하여 이삼평이 바로 공주 출신이라는 것이 확정되는 것은 아니다. 그러나 적어도 이삼평 공주 출신설이 이삼평의 출신에 대한 가장 유력한 주장이라는 것만은 여전히 유효하다는 점을 확인할 수 있다.
　다음으로 이삼평의 출신이 금강 혹은 공주라는 것은 동의하더라도 피랍지를 경기도 광주, 혹은 남원으로 설정하고 있는 예에 대해서 검토하고자 한다. 이삼평의 출신지와 피랍지를 서로 다르게 설정함으로써 금강 문제와 나베시마 문제를 해결하려 한 주장이다. 그러나 이삼평의 피랍지를 공주 이외의 곳으로 설정한 이러한 가설은 성립하기 어렵다는 점을 여기에서 분명히 해 두고자 한다. 논의가 불필요하게 혼선을 빚을 위험이 있기 때문이다.
　윤용이 교수는 이삼평의 광주에서의 피랍 시기를 1594-1596년 경으로 설정하고 있다.[22] 그러나 이삼평 피랍 시기가 1597-1598년의 정유재란 때의 일이라는 점은 '경장 년간(慶長年間)'이라 하여 이삼평 가계 기록에 명시되어 있는 사항이다.[23] 따라서 이삼평의 피랍 시기는 임진왜란 시기인 1594-1596년이 될 수 없다.[24] 이삼평이 남원성 전투에서 피랍되었다는 것 역시 성립할 수 없다. 나베시마 군은 남원성 전투에 참전한 적이 없기 때문이다.

---

22) 윤용이, 「이삼평과 아리타 자기」『아름다운 우리 도자기』학고재, 1996, p.321
23) 〈乍恐某先祖之由緒以御訴訟申上口上覺〉(『金ヶ江三兵衛由緒書』)
24) 이삼평 기념비에서 이삼평의 피랍 시기를 '임진 정유의 란'이라 표현하였는데, 이점에서 적절한 표현이라 보기는 어렵다.

남원성 전투는 1597년 8월에 벌어진다. 8월 12일 선봉이 된 코니시(소서행장)의 군이 남원성 부근에 방화를 시작하였다. 16일 왜군은 남원성을 사방으로 포위하고 성을 함락하였다. 코니시, 우키다, 시마즈 등이 협격하였는데, 남원성이 함락되면서 많은 주민들이 살해되거나 포로로 잡혔다.[25] 심당길(심수관 가)이 시마즈(島津義弘)에 의하여 포로가 된 것도 이 때의 일이었다. 그는 경상도에서 잡힌 박평의와 함께 가고시마현 나에시로가와(苗代川)에서 사츠마야키(薩摩窯)의 원조가 된다. 이 남원성 전투에는 나베시마의 이름은 등장하지 않는다. 나베시마는 이 시기 남해안의 죽도성(竹島城)에서 나와 북상 중에 있었기 때문이다.

금강은 '웅진', 혹은 '공주강' 등 여러 가지 이름으로 불려왔다. 금강의 지명은 '곰강'의 발음을 예쁘게 표현한 것이라는 주장도 있다. 이같은 점을 고려하면, 이삼평이 '금강'의 정확한 한자명을 잘 알지 못하였을 가능성이 많다. 아마도 이삼평은 그들의 출신이 조선이라는 것, 그리고 고향마을을 흐르던 '금강'에 대한 추억을 자손들에게 자주 강조하였던 것으로 생각된다. 요즘 금강이라고 하면 전북 무주, 진안에서 발원하여 공주를 지나 서천, 군산의 서해안으로 빠지는 금강 전체를 생각한다. 그러나 조선시대의 금강이란, 특별히 공주 인근의 강을 금강이라고 하였다.

'금강'이라는 이름이 글에 등장하는 것은 고려말 쯤 부터이다. 여말 정도전이 나주에서의 귀양살이를 마치고 귀경하는 중 공주에 당도하여 지은 시에서 "병든 몸 3년 동안 남녘에 머물다

---

[25] 남원성 포위 상황은 동쪽은 蜂須賀家政, 毛利高政, 生駒一正, 서쪽은 小西行長, 宗義智, 脇坂安治, 竹中隆重, 남쪽은 宇喜多秀家, 藤堂高虎, 太田一吉, 북쪽은 島津義弘, 加藤嘉明 등이었다. 나베시마는 이 전투에 참여하고 있지 않다는 것이다. 北島万次 『豊臣秀吉の朝鮮侵略』 吉川弘文館, 1995, pp.191-194 참조.

남원의 심수관 도예 기념관

가 돌아와 다시 금강 위에 이른 것을 보지 못하는가"라는 시가 그 예이다.26) 이 금강의 구체적 위치에 대해서는 '공주 동쪽 5리' '적등진(赤登津) 하류'라 하였다. 공주의 적등진으로부터 내려오는 물길이 "공주에 오게 되면 '금강'이 되고, 다시 '웅진'이 된다"는 것이다.27) 이러한 기록을 근거로 보면, 금강은 대략 현재 공주시 구역의 강물을 가리키는 강 이름이고, 그중에서도 고마나루(웅진)보다 상류쪽만을 지칭하는 강 이름인 것이다.

공주와 금강도를 연결할 때, 구체적으로 철화분청사기의 학봉리와의 연결 가능성은 없다는 것이 현재의 학계의 견해이다. 아리타의 초기 도자기는 백자 특히 청화백자이고, 학봉리 요지는 그보다 시기가 앞서 있는 분청사기이기 때문이다. 따라서 이삼평을 공주와 연결짓는 데 있어 남는 가장 중요한 문제는 아리타 도자기와 연결되는 도요지를 찾는 일이 된다. 이는 금강권 도요

---

26) 『신증동국여지승람』 17, 공주목 누정조 금강루
27) 『신증동국여지승람』 15, 옥천군 산천 적등진

사적 지정 이전의 공주 학봉리 유적(1978년)

지에 대한 조사가 아직 미진한 점을 감안한다면, 향후 이를 입증할 자료의 출현을 기대해 볼 수 있는 것은 아닐까 생각한다.

학봉리 도요지가 이삼평과 직접 연계하기 어렵다는 것을 전제할 때, 학봉리와 계룡산이 바라다 보이는 언덕에 이삼평의 기념비를 세운 것은 잘못된 일인가. 학봉리는 16세기 조선의 도자문화를 대표하는 유적지이다. '계룡산'이라는 도기의 명칭이 새로 만들어질 만큼 의미 있는 도자사적 족적을 확보하고 있는 상징적 공간이다.

공주시 반포면 학봉리의 철화분청 가마터가 처음 발굴된 것은 1927년의 일이었다.[28] 왕릉을 비롯한 백제 유적조차 거의 조사된 바가 없는 것이 일제하의 공주의 사정이었기 때문에 학봉리 요지가 얼마나 일찍 주목을 받았는지 잘 알 수 있다. 그럼에도 불구하고 해방 이후 학봉리 유적은 아무도 돌아보지 않는, 거의

---

[28] 朝鮮總督府『鷄龍山麓陶窯址調査報告』昭和二年度古蹟調査報告 第1冊, 1929

버려진 유적이었다. 그 사이 유적의 파괴는 물론, 주변 환경 역시 관광 개발로 인하여 극도로 악화되어 버렸다. 1990년에 이르러서야 학봉리 유적은 사적(제333호)으로 지정되고, 유적의 일부가 발굴 조사되었다. 2007년 발굴조사보고서가 간행되었고[29], 이후 학봉리의 분청사기는 다시 무대 위로 복귀하였다. 2007년 국립중앙박물관의 〈분청사기〉 특별전, 2008년 국립공주박물관의 〈계룡산 분청사기〉 특별전 등이 그것이다. 근년에 이르러서야 학봉리 유적은 비로소 사람들의 시선을 받고 있는 것이다.

학봉리가 갖는 도자사적 의미를 생각할 때, 이삼평과 학봉리 유적이 직접 연결될 가능성이 없다 하더라도, 기념비 건립의 의미와 적정성을 폄훼할 필요는 없을 것이다. 1600년 전후 한국에서 가장 의미 있는 도요지, 그리고 그 인근에 세워진 비슷한 시기의 최고의 도예가의 기념비가 적정한 조합이 될 수 있기 때문이다.

5. 앞으로의 이삼평과 공주

이삼평 기념비는 건립 이후 비문의 문구를 둘러싸고 많은 어려움이 있었다. 그러나 문제를 잘 들여다보면, 실제 문제는 문구의 문제라기보다는 '소통'의 문제였다. 입장이 다르고 의견이 다르다 하더라도 정상적 소통이 유지되면, 많은 문제를 생산적으로 해결하는 것이 가능하기 때문이다.

2013년 공주에서는 민간단체로 '이삼평 연구회(회장 이종태)'가 결성되었다. 학봉리 철화분청사기 요지로 대표되는 지역 도자문화 콘텐츠의 중요성, 그리고 이를 뒷받침하는 이삼평 기념비의 의미에 주목하는 사람들이 모인 것이다. 3년 후인 2016년

---

[29] 국립중앙박물관『계룡산도자기』 2007

은 공주 출신 조선의 도예가 이삼평이 아리타에서 도자기를 창업한 지 꼭 4백 년이 되는 해이다. 이삼평을 매개로 한 공주와 아리타의 교류가 활성화 할 수 있는 좋은 기회라고 할 수 있다.

한편 이삼평 기념비는 도로개선 사업으로 인하여 이전이 불가피한 상황에 있다. 이전을 위해서는 적정한 새 부지를 물색해야 하고, 행정적 조치가 이루어져야 한다. 여기에는 기념비의 당사자들 간의 협의와 의견 교환이 중요하다. 기왕에 새로운 부지를 마련한다면, 아예 반포면에 도자문화공원을 조성하여 이삼평 기념비를 이전하는 것이 좋은 방법이 아닐까하는 의견을 필자는 가지고 있다. 학봉리로 상징되는 철화분청과 도자문화는 공주의 새로운 문화자원으로서 각광받아야 하기 때문이다.

이삼평연구회 주관의 이삼평의 날 행사(2014)

제 2 장

공주 역사 콘텐츠 활용

1. 공주 인물콘텐츠의 정리와 활용
   공주 인물콘텐츠의 정리 / 인물콘텐츠의 활용 / 인물 콘텐츠로서의 백제 무령왕 / 활용의 활성화를 위하여

2. 도조 이삼평, 그리고 아리타와 공주
   이삼평 출신지에 대한 논란 / 공주 학봉리의 분청사기 유적 / 공주의 이삼평 기념비 / 도예 도시로서의 아리타와 공주

3. 순교유적으로서의 공주 향옥과 그 위치
   공주 향옥의 재인식 / 순교성지로서의 공주 향옥 / 다른 지역 향옥의 사례 / 공주 향옥의 위치에 대한 고증

공주 인물 콘텐츠의 정리와 활용

　인물 콘텐츠의 활용에 대한 관심이 점차 증가하고 있다. 전남 장성에서 홍길동을 붙들어서 지역 및 지역 상품 홍보에 적극 활용하는 것을 보면, 인물 콘텐츠가 얼마나 강한 임팩트를 갖는 자원인가를 이해할 수 있다. 충남의 경우에 있어서, 아산의 이순신, 예산의 윤봉길과 김정희, 천안의 유관순 등도 그 예외가 아니다.
　공주의 경우는 역사도시 혹은 행정 거점 도시로서의 오랜 전통으로 인하여 풍부한 인물 콘텐츠를 보유하고 있다. 그 가운데 특히 무령왕은 공주를 대표하는 인물 콘텐츠라 할 수 있다. 그러나 공주에서 인물 콘텐츠를 얼마나 적극적으로 활용하고 있는가에 대해서 묻는다면, 아직 미흡한 차원에 머물러 있다고 답하지 않을 수 없다.
　본고에서는 공주에서의 인물 콘텐츠 정리 성과를 점검하고, 또 그동안 이들 인물 자원에 대한 연구 및 활용의 현황을 소개하면서 향후 활용의 활성화를 위한 방안에 대해서도 언급하고자 한다. 지역의 인물이 지역의 문화적 자원이라는 점에서, 이 같은 정리는 인물 콘텐츠에 대한 지역 사례로서 일정한 의미가 있다고 생각된다.

1. 공주 인물콘텐츠의 정리

　공주는 다른 지역보다 풍부한 인물 콘텐츠를 보유하고 있다. 역사적 인물 역시 지역의 소중한 문화자산이라는 점에서 지역 인물에 대한 정리와 활용은 매우 유용한 점이 있다. 『공산지』 등 옛 읍지에서도 많은 인물을 수록하고 있는데 이 역시 인물 콘텐츠의 유용성에 착안한 것이라 할 수 있다.

　필자는 공주시에서 간행되는 계간지 『고마나루 이야기』에 '공주의 인물'을 연재하고 있다. 현재까지 여기에 등장한 인물은 백제 임금인 문주왕, 왕족 곤지, 조선조의 이삼평, 김인겸, 한말의 김옥균, 그리고 식민지시대 일제하의 일인 아메미야 히로스케 등이다.[1] 앞으로도 연재를 계속하여, 공주 인물들을 차례로 소개하려는 생각을 가지고 있다. 백제시대 임금으로는 성왕, 무령왕, 동성왕, 고려 임금으로 현종, 신라의 효자 향덕, 조선시대 김종서, 학자 이유태, 관찰사 류근, 의학자 허임, 근대 인물로서는 김갑순, 박동진 등이 머리 속에 두고 있는 인물들이다.[2]

---

1) 필자가 계간지 『고도공주 고마나루 이야기』에 집필하고 있는 공주 인물 시리즈의 제목을 열거하면 다음과 같다. 「문주, 공주의 개조(開祖)」(1호, 2012겨울), 「이삼평, 아리타에서 꽃 피운 도예 혼」(2호, 2013봄), 「곤지왕, 왕이 되지 못한 왕」(3호, 2013여름), 「공주 고향의 외국인, 아메미야 히로스케」(4호, 2013가을), 「김옥균, 피우지 못한 꽃」(5호, 2013겨울), 「공주의 '참 선비', 일동장유가의 김인겸」(6호, 2014봄) 등이다. 차호(7호, 2014여름)에 실리는 인물은 '아들을 위해 목숨을 버린 임금, 부여 명농', 즉 백제 성왕인데, 특히 성왕이 '공주의 인물'이라는 점을 강조하는 것이 중요한 줄거리로 되어 있다.
2) 필자는 2013년 공주대 백제문화연구소가 주관하는 고도아카데미 심화과정의 강좌(〈공주역사, 자료와 인물〉)에서 수강생(약 30명)을 대상으로 '공주의 인물'을 대상으로 투표한 적이 있다. 투표자 한 사람이 3인의 이름을 기명하되, 무령왕은 대상에서 제외하는 방식으로 실시한 이 투표에서 가장 많은 표를 얻은 인물은 김종서였다. 다음은 김옥균과 이삼평이 동점이었고, 그 밖에 많은 표를 얻은 인물은 영규대사, 박동진, 향덕, 홍길동 등이었다.

공주 인물세미나 자료집(김인겸, 김옥균, 홍길동). 충남 역사속의 외국인

　우선 공주에 있어서 인물 콘텐츠에 대하여 구체적으로 작업을 진행한 사례를 먼저 정리해 두고자 한다. 첫째는 2001년부터 공주시 지원으로 충남역사문화연구원, 혹은 공주대 백제문화연구

소가 주관하여 수차에 걸쳐 진행한 공주 인물 세미나를 들 수 있다. 김종서(1383-1453)3), 김옥균(1851-1894)4), 김인겸(1707-1775)5) 등이 이 세미나에서 다루어진 인물들이다. 공주에 있어서 역사 관련 학술 활동이 거의 백제에 집중되었던 현실에 비추어 생각하면, 비록 소규모의 세미나로서 몇 회에 그치고 말았지만 일단 기억할만한 작업이라 할 수 있다.

충남향토사연구연합회(회장 최석원)에서는 공주 인물에 대한 세미나를 두 차례 개최하였다. 전설과 역사를 오간 인물 홍길동6), 그리고 〈공주 역사 속의 외국인〉7) 이 그것이다. 이들 세미나에서는 관련 자료의 정리와 함께 관련 유적에 대한 관심을 촉구하였다. 공주의 도자문화와 관련하여서는 이삼평(1579-1655)이 논의되기도 하였다.8)

---

3) 충남역사문화연구원 주최 〈김종서장군 학술세미나〉(2001.11.22), 발표제목과 발표자는 다음과 같다. 「절재 김종서의 생애와 업적」(정구복), 「절재 김종서의 충절」(백원철), 「절재 김종서와 공주」(임선빈)
4) 백제문화연구소 주최, 주제는 〈김옥균의 인물과 역사적 평가 -어떻게 기념할 것인가〉(2004.4.29), 발표제목과 발표자는 다음과 같다. 「김옥균의 생애와 사상」(최덕수), 「김옥균에 대한 역사적 평가와 변화」(한철호), 「김옥균의 행적과 유적(김상기), 「김옥균과 공주 -기념사업의 방향」(이해준)
5) 백제문화연구소 주최, 주제는 〈일동장유가의 퇴석 김인겸〉(2005.9.22), 발표제목과 발표자는 다음과 같다. 「충청도 세거 안동김씨의 가계와 인물」(김영한), 「영조시대 배일의사 -퇴석 김인겸론」(최강현), 「일동장유가에 나타난 퇴석의 표현기법에 대하여」(강헌규), 「일동장유가로 보는 김인겸의 일본 인식」(민덕기)
6) 주제는 〈홍길동과 공주〉(2011.6.28), 발표제목과 발표자는 다음과 같다. 「홍길동전과 공주」(설성경), 「공주 무성산성과 홍길동」(서정석), 「홍길동과 공주지역 콘텐츠」(이해준)
7) 주제는 〈공주 역사 속의 외국인〉(2013.9.3), 발표제목과 발표자는 다음과 같다. 「공주의 '청라언덕'과 미국인 선교사들」(지수걸), 「노르베르트 베버 신부의 공주 여행기」(송충기), 「칸, 그리고 아메미야 -공주 역사 속의 외국인」(윤용혁)
8) 박병선 「조선도자의 일본 전파와 이삼평」〈계룡산의 도자문화〉 세미나, 2003; 윤용혁 「아리타의 도조 이삼평과 공주」〈계룡산의 도자문화; 과거·현재·미

공주문화원에서 진행한 〈우리조상 뿌리 찾기〉라는 문중 관련 세미나도 인물 콘텐츠와 연결되는 사업이다. 그동안의 작업을 통해 문극겸, 오백령, 정규한, 고청 서기(1523-1591) 등의 인물이 다루어졌다.9)

단회적인 세미나를 개최한 사례로서, 공주의 대표적 유학자 초려 이유태(1607-1684)10), 조선시대의 침구학자 허임11)에 대한 세미나 개최가 있다. 공주향토문화연구회가 한국중세사학회와 공동으로 개최한 고려 현종(재위 1009-1031)에 대한 세미나12)도 여기에 포함될 수 있을 것이다. 고려 현종에 대한 세미나는 현종의 공주 방문 1천 년을 기회로 하여 기념비를 건립하

래〉 세미나, 2004(공주박물관 『국립공주박물관기요』 4, 2005에 실림)
9) 『공주 공산이씨와 명탄서원』, 『공주세거 경주 이문의 학문과 사상』, 『공주세거 남평문씨와 충숙공 문극겸의 사적』, 『무인 기상 드높인 충의 가문 진주 류씨』(2009), 『동복오씨와 묵재 오백령 영당』(2010), 『장기정씨와 화산 정규한 영당』(2010)
10) 백원철 「조선중기 산림인의 일전형으로서의 초려」(2003) 등의 논문이 발표 되었다. 이유태 관련의 문헌으로서는 이해준 편저 『초려 이유태의 향약과 庭訓』(신서원, 1998), 고주환 『이유태의 務實的 교육개혁론 연구』 중앙대 박사논문(1997), 최효식 「초려 이유태의 군사 개혁사상」 『한국사연구』 47(1984), 한기범 「초려 이유태의 정치사상」 『백제연구』 22(1991), 임선빈 「초려 이유태의 향촌사회통제론」 『박병국교수 정년기념논총』(1994), 김정찬 「초려 이유태의 경세사상」 한국교원대대학원 석사논문(2000) 등을 들 수 있다.
11) 충남역사문화연구원 주최로서, 주제는 〈침구의(鍼灸醫)의 허임(許任)의 활동과 공주문화〉(2006), 발표제목과 발표자는 다음과 같다. 「허임의 생애와 활동」(손중양), 「허임과 '침구경험방'의 역사적 이해」(김호), 「허임과 공주 정착과 공주문화」(임선빈)
12) 공주향토문화연구회 주최, 한국중세사학회 주관으로 이루어진 〈고려 현종과 공주 -고려 현종 공주 방문 1000년 기념 학술회의〉(2010.3.19)의 발표제목과 발표자는 다음과 같다. 「고려 현종과 공주」(김당택), 「고려 전기 공주의 지방세력과 민의 동향」(이정신), 「현종의 공주 나주 파천의 배경과 의의」(홍영의), 「현종대 정치와 대외관계」(이정훈), 「현종대 사상과 문화정책」(이병희), 「현종의 혼인과 김은부」(김갑동)

기 위한 과정에서 개최되었다. 공주 방문이 계기가 되어 공주절도사 김은부의 딸 셋을 왕비로 맞아 고려의 왕통이 이어지고, 왕조의 전성기가 연출되었다는 것을 정리함으로써 고려 8대 임금 현종의 공주와의 인연을 콘텐츠화 한 것이다.

역사 인물에 대한 전시회로서 2013년 제59회 백제문화제 행사의 하나로 공주시 주최로 고마(센터)에서 개최된 김옥균(1851-1894) 특별전을 특기할 수 있다. 〈김옥균 -일본 망명 10년의 기록〉(2013.10.2-12.8)이라는 제목의 특별전은 김옥균의 생애 가운데 특히 1884년 갑신정변 이후 일본에서의 10년 망명 생활에 초점을 맞추어 일본에 흩어진 여러 자료들을 통하여 김옥균의 삶을 한 눈에 볼 수 있도록 구성한 것이라는 점에서 많은 관심을 끌었다.[13]

개인 인물에 초점을 맞춘 전시는 아니지만, 공주박물관에서 2회에 걸친 〈공주의 명가(名家)〉 특별전도 특별한 의미를 갖는다.[14] 공주대 박물관의 〈초려선생 유물실〉[15], 충남역사박물관의 아메미야 히로스케 전시실은 규모가 크지 않지만, 개인 자료를 전시하는 상설 전시공간의 예가 된다. 아메미야 전시 코너는 2008년 특별전 〈63년만의 귀향, 아메미야 히로스케(雨宮宏輔)〉의 자료를 다시 정리하여 상설 코너를 만든 것이다.[16]

---

13) 전시회 및 그 내용에 대해서는 최명진「김옥균, 일본 망명 10년의 기록」『웅진문화』 26, 2013 참조
14) 2009년 11월, 2011년 5월에 각각 전시회가 개최되었으며, 전시자료는『공주의 명가』 『공주의 명가』 2. 등으로 간행되었다.
15) 유학자 이유태 관련 자료를 전시하였으며, 2003년도에 오픈하였다.
16) 2008년에 같은 제목의 특별전 도록이 간행되었으며, 관련 자료에 대해서는 윤용혁「공주회 아메미야 회장의 소장유물 기증」『웅진문화』 21, 2008; 서홍석「아메미야 히로스케 기증자료 소개 -시정기념엽서를 중심으로」『충청학과 충청문화』 7, 충청남도 역사문화연구원, 2008 등이 참고 된다.

개인 연구 작업에 의한 인물 연구에 대한 사례도 있다. 근대 공주의 인물, 서덕순(1892-1969), '공주 갑부' 김갑순(1872-1960), 공주 유지 지헌정(1890-1950) 등에 대한 논문이 지수걸에 의하여 발표되었다.[17] 지수걸은 『한국의 근대와 공주사람들』(공주문화원, 1999)에서 김윤환, 윌리암스 목사(중령), 그리고 「조국광복을 위해 투쟁한 자랑스런 '공주사람'들」이라는 제목으로 공주 출신의 독립운동가들을 소개하고 있다.[18] 다른 근대 인물로서는 독립운동가 이철영(1867-1919)에 대한 백원철의 연구가 있다.[19]

개인연구에 의한 논문 발표 사례를 더 확인하면, 신라 효자 향덕[20], 일제시대 공주고보 교사 가루베 지온(1897-1970)에 대한 연구[21]가 있다. 또 공주라는 지역과는 무관하게, 유명 인물에 초점을 맞추어 출판된 논저도 폭 넓게 참고할 필요가 있다. 김옥균[22], 김종서[23], 박동진[24] 등이 이에 해당한다.

---

17) 지수걸「일제하 공주지역 유지집단 연구 -사례1: 서덕순(1892-1969)의 '유지기반과 유지정치'」『역사와 역사교육』1, 1996; 「일제하 공주지역 유지집단 연구 -사례2: 김갑순(1872-1960)의 '유지기반과 유지정치'」『한국민족운동사연구』조동걸선생정년논총간행위원회, 1997; 일제하 공주지역 유지집단 연구 -사례3: 지헌정(1890-1950)의 '유지기반과 유지정치'」『역사와 역사교육』2, 1997
18) 지수걸『한국의 근대와 공주사람들』공주문화원, 1999
19) 백원철「항일의사 성암 이철영」상,중,하, 『웅진문화』17,18,19, 2004-2006
20) 윤용혁「신라 효자 향덕과 그 유적」『백제문화』11, 1978 (『공주, 역사문화론집』서경문화사, 2005에 「8세기의 효자, 향덕과 그 유적 -백제 고지에 대한 유교적 교화책」이라는 제목으로 재록함); 강헌규 「삼국사기· 삼국유사에 나타난 효자 '향덕· 향득'에 대하여」『백제문화』18·19합, 1989
21) 윤용혁「경부자은의 공주 백제문화 연구」『웅진문화』18, 2005; 서정석 「경부자은의 백제 유적 연구」『웅진문화』19, 2006; 윤용혁『가루베지온의 백제연구』서경문화사, 2010
22) 김옥균에 대한 각종 서적은 일일이 열거하기 어려울 정도로 대단히 많다.
23) 이덕일『김종서와 조선의 눈물』옥당, 2010
24) 김장성『제비 몰러 나간다』한국차일드아카데미, 2012

〈고려 현종과 공주〉 학술세미나 (2010)

2. 인물 콘텐츠의 활용

 공주 관련의 인물로서 기념되거나 활용된 대표적인 역사 인물로서 조선 왕조의 인조 임금을 들 수 있다. 인조(1623-1649)는 이괄의 난으로 공주에 파천하여 1주일을 머물렀던 사연을 가진 인물이다.[25] 엄격하게 말하여 '공주의 인물'이라 하기 어려운 것은 사실이지만, 쌍수정 기적비 건립, 쌍수정의 건립, 한옥마을의 인조 기념비, 혹은 공주시 정안면 석송리 소재 '석송동천' 등은 인조 콘텐츠의 범주에 드는 것이다.[26] 인조임금과 관련하여 '인절미' 이야기도 널리 알려져 있는 이야기이다. 백제문화제에서의 인절미축제 프로그램은 인조 콘텐츠의 활용이라 할 수 있다.

---

25) 최석원 「인조의 공주파천과 향토사적」 『웅진문화』 2·3합집, 1990
26) 이해준 「인조의 공주파천과 공주산성」 『왕의 도시, 현종 인조 기념비』 공주향토문화연구회, 2011: 임선빈 「인조의 공산성 주필과 후대의 기억」 『조선시대사학보』 68, 2014

공주 관련의 인물로서 기념비가 세워진 예로서는 이삼평, 김인겸 등을 들 수 있다. 2건 모두 공주에 세워진 것이기는 하지만 공주 사람들이 중심이 되어 만든 것은 아니다. 이삼평의 기념비는 이삼평이 도예업으로 활동하였던 일본 사가현 아리타정(有田町)에서 시민(상공인)들이 모금하여 세운 것이다. 기념비 건립 작업에는 한국도자문화협회의 협조가 있었다. 그러나 건립 직후부터 비문을 둘러싼 '역사 왜곡' 논란이 불거지면서, 많은 우여곡절을 겪었다.27) 기념물의 건립에 있어서 건립의 과정 혹은 사실 관계의 확인에 있어서 신중하게 접근되어야 할 교훈을 제공해 준 사건이었다. 공주 상신리의 도예촌 입구에는 이삼평 상이 벽에 부조되어 있다. 도예촌의 정체성을 확인 하는데 이삼평 콘텐츠를 이용하려는 의도가 반영된 것이라 할 수 있다.

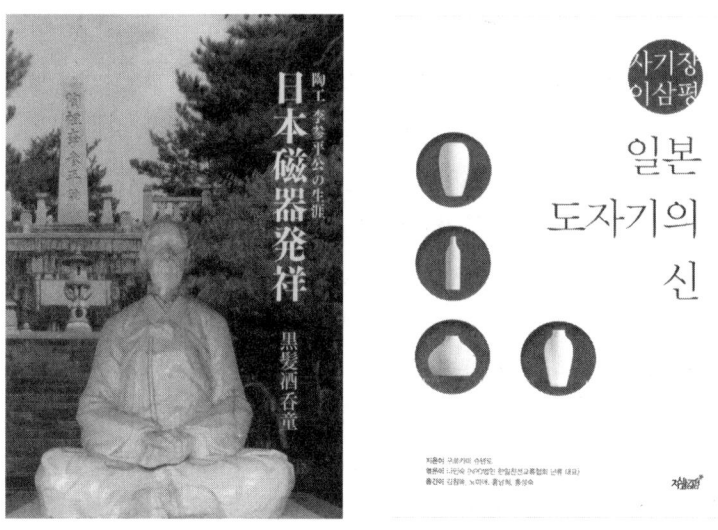

이삼평 소설과 번역본(『사기장 이삼평, 일본 도자기의 신)의 표지

27) 윤용혁 「아리타의 도조 이삼평과 공주」 『공주, 역사문화론집』 서경문화사, 2005

박동진 기념 판소리대회

    이삼평과 관련하여, 이삼평을 주제로 한 다큐소설이 일본 아리타에서 출간되었다. 쿠로카미(黑髮酒吞童)의 『도공 이삼평공의 생애, 일본 자기 발상(發祥)』(日文, 2011)이 그것이다. '공주 출신' 이삼평이 나베시마(鍋島) 군에 의하여 붙들려가 아리타에서 백자 생산에 성공한 경과를 정리한 소설이다. 곤지에 대해서는 정재수의 소설 『곤지대왕』이 출판된 바 있다.[28]

    『일동장유가』의 작가 김인겸의 기념비는 1989년 7월에 '김인겸 가비(歌碑)'라는 이름으로 건립한 것인데, 처음 태어난 마을 무릉동 강가에 세워진 것을 지금은 금강교 부근에 옮겨 세웠다. 최강현이 쓴 비문과 함께 『일동장유가』의 마지막 구절이 기념비에 새겨져 있다. 현대 인물이기는 하지만 판소리로 유명한 박동진(1916-2003)을 기념하는 박동진 판소리전수관도 '박동진'이라

---

28) 정재수 『곤지대왕』 상, 하, 서울출판미디어, 2001

는 콘텐츠를 활용한 것이다. 매년 〈박동진 추모 판소리대회〉가 열리고 있다. 위에서 언급한 이삼평, 김인겸 두 인물 기념비에서의 공통점은 공주 사람들에 의하여 기념비의 건립이 추진된 것이 아니라는 점이다.

풍부한 인물 콘텐츠에 비하여 이를 다양하게 활용하는 활용성은 퍽 미흡한 단계이다. 활용 잠재성이 높지만, 거의 활용 되지 않은 인물 콘텐츠로서는 홍길동, 김갑순 등을 들 수 있다. 홍길동은 공주 무성산이 활동지로 전해진다. 무성산성은 홍길동이 활동한 '홍길동성'이라는 전설이 있다. 장성에서 홍길동 콘텐츠를 만들 때도 장성은 홍길동의 출생지, 공주는 홍길동의 활동지라고 인정 되었다.[29]

마곡사에서의 김구(金九)는 공주에서 비교적 성공적인 인물 콘텐츠 활용 사례로 꼽힐 수 있다. 김구 선생이 식재했다는 향나무를 보존하고, 스님이 되기 위하여 삭발한 곳이라는 천변(川邊)의 장소를 중심으로 '김구 명상길'을 개발한 것이 그 예이다. 2014년 6월에는 김구 선생 65주기를 맞아 김구 선생의 사진과 휘호 전시회를 함께 개최하였다.

일제시기 꼽히는 재산가였던 김갑순은 공주를 대표하는 근대 인물 콘텐츠이다. 훼손이 많이 진행되었지만 살던 가옥도 남아 있고, 많은 이야기들이 남겨져 있다. 그러나 이 자료를 체계적으로 수집 정리하거나 활용하는 단계로 진행되고 있지 못하다. 활용의 문제는 기다릴 필요가 있다 하더라도 관련 자료를 체계적으로 수집 정리하는 작업은 매우 긴요한 현안이다.

근년의 인물 콘텐츠 활용 사례의 하나가 백제문화제에서의 '인절미 축제'이다.[30] 이는 인조 콘텐츠를 활용한 것으로서, 공

---

29) 설성경 「홍길동전 모델의 비밀」『홍길동전의 비밀』서울대출판부, 2004, pp.84-86

주의 이야기를 축제로 만든 사례이다. 고려 현종의 이야기를 '1천년 기념비'에 실어, 2011년 공주 한옥마을에 건립한 것도 기억할만한 사안이다. 콘텐츠는 때에 따라서는 만들어가는 지혜도 필요한 것이다.

역사 인물을 기념하기 위해 만들어진 시민단체에 대해서도 소개한다. 무령왕국제네트워크협의회, 이삼평연구회, 허임기념사업회, 초려기념사업회 등이 그것이다. 무령왕국제네트워크협의회(회장 정영일)는 2006년 무령왕 기념비를 건립하고, 매년 6월 초 일본 가카라시마에서 거행되는 무령왕 축제에 시민을 모집하여 참가하고 있다. 아메미야의 문화재 기증, '무령왕' 별의 명명도 이러한 교류의 성과였다. 2013년 창립된 이삼평연구회(회장 이종태)는 이삼평이 갖는 콘텐츠로서의 유용성에 주목하여 만들어진 단체이다. 무령왕네트워크에서 착안하여 오사카-송파(서울)를 지역 배경으로 최근 만들어진 '곤지왕국제네트워크'도 무령왕과 관련이 있는 단체이다. 2013년, 2014년 곤지네트워크는 오사카부 가시와라시와 하비키노시에서 각각 학술문화 행사를 개최하였고, 무령왕국제네트워크협의회는 공동 주최단체로 이에 참여하였다. 곤지는 무령왕의 아버지로 기록되어 있는 인물이기도 하고, 공주로 천도한 직후 귀국하여 공주에서 생을 마친 인물이다.[31]

무령왕 관련의 시민단체로서 처음 결성된 것은 무령왕의 출생지로 알려진 일본 사가현 친제이정(鎭西町)의 무령왕실행위원회이다. 지자체 통폐합 조치에 의하여 친제이정은 가라츠시(唐津

---

30) 신용희「백제문화제와 공주인절미」『백제, 세계를 만나다 -백제문화제 60년』서경문화사, 2014
31) 곤지왕국제네트워크에서는 곤지에 대한 다양한 자료와 경험을 토대로, 최근(2014)『존재, 곤지왕을 말하다(存在, 昆支王を語る)』(한, 일문 병기)를 출간하였다.

市)에 병합되어, 단체명도 현재의 무령왕교류당진시실행위원회 가 된다.32) 금년(2014) 4월 후쿠오카 현의 야메시(八女市)에서 는 '무령왕을 생각하는 모임(百濟武寧王を考える会)'이 결성되었 다. 공주의 무령왕국제네트워크협의회가 이들 단체의 교류 파트 너이다. 무령왕 콘텐츠는 공주를 넘어서 국제적 성격의 콘텐츠 로서 자리잡아가고 있다는 점이 주목된다.

3. 인물 콘텐츠로서의 무령왕

공주에서는 역시 무령왕이 최대의 인물 콘텐츠 원천 자료이 다. 어떤 의미에서 공주는 '무령왕의 나라'라고 표현할만하다. 무령왕릉 출토 자료에 대한 다양한 분석과 자료에 비한다면 왕 릉의 주인공인 무령왕의 인물에 대한 주목은 매우 빈약하다.

공주를 대표하는 백제 인물은 역시 무령왕이다. 그러나 무령 왕에 대해서는 인물 연구가 많지 않고 학술 작업의 대부분이 무 령왕릉과 출토 유물에 대한 고고학, 미술사, 혹은 보존과학적 연구에 집중되어 있다. 문경현을 위시하여 정재윤, 윤용혁 등의 논고가 있지만,33) 인물 자체에 대한 연구는 매우 미흡하다. 무 령왕을 콘텐츠로 활용하는 일은 더욱 미흡하다. 그러한 가운데 한일고대사 연구자인 장팔현은 무령왕을 주인공으로 하는 〈소설

---

32) 武寧王交流唐津市實行委員會〈百濟武寧王日韓交流8年のあゆみ〉2007
33) 문경현「백제 무령왕의 출자에 대하여」『사학연구』60, 2000; 정재윤「 동성왕 23년 정변과 무령왕」『웅진시대 백제 정치사의 전개와 그 특성』 1999; 윤용혁「무령왕 '출생전승'에 대한 논의」『백제문화』32, 2003; 윤 용혁「무령왕의 왕위 계승에 대하여」『공주, 역사문화론집』서경문화사, 2005; 오계화「백제 무령왕의 출자와 왕위계승」『한국고대사연구』33, 2004

무령왕>(상, 하 2권)을 출간하였다. 이 소설에는 무령왕의 초상이 첨부되어 있다.34)

2002년 6월 무령왕탄생제가 가카라시마에서 마련되었다. 이후 축제 행사는 매년 이어져, 2014년 6월 7일에는 제13회 탄생제가 치러졌다. 무령왕탄생제를 주관하는 중심 단체는 가라츠무령왕실행위원회이다.(구 진서정무령왕실행위원회) 이 단체는 2014년에 '마츠로・백제무령왕국제네트워크협의회'로 이름을 개칭하였다.

공주에서는 교류의 필요에 의하여 2004년에 무령왕국제네트워크협의회가 조직되어 무령왕탄생제와 백제문화제 상호 방문의 중심 역할을 담당하고 있다.

무령왕의 유물은 국립공주박물관 전시품의 중심이다. 공주박물관(당시 관장 김영원)에서는 1999년 조각가 임영호에 의뢰, 높이 88cm 크기의 흉상을 제작하였다. 흉상에서의 무령왕은 재위 12년인 52세의 나이를 기준으로 하였다고 한다.35) 왕릉이 발굴된 지 40여 년이 흘렀지만 실질적으로 공주에 무령왕을 소재로 한 기념물은 거의 만들어지지 않은 셈이다. 대신 2006년에 무령왕국제네트워크협의회(회장 정영일)와 가라츠무령왕실행위원회(당시 회장 浦丸 護)가 중심이 되어 무령왕탄생지로 기록되어 있는 사가현 가라츠시의 가카라시마(加唐島)에 무령왕기념비를 건립하였다. 기념비는 높이 3.4m 크기로 김정헌 교수(당시 공주대 미술교육과)의 설계에 의하여 만들어진 것이다. 무령왕 관련의 두 나라 지역민이 중심이 되어 시민 모금을 기반으로 기념물을 건립하였다는 점에서 의미가 있다.36) 무령왕국제네트

---

34) 장팔현『소설 무령왕』어문학사, 2007
35) 〈조선일보〉1999.6.21
36) 윤용혁「무령왕에의 길 - 무령왕기념비의 건립」『웅진문화』19, 2006 및 윤용혁「백제문화를 통한 21세기의 국제교류」『가루베지온의 백제연구』서경문화사, 2010, pp.175-177 참조.

무령왕 초상(김영화 그림)

가카라시마에 건립된 무령왕 기념비

워크에서는 2014년에는 무령왕의 초상을 만드는 작업의 추진을 모색하고 있다.

공주에 있어서 그동안 무령왕의 콘텐츠 활용에 매우 소홀했다는 자책은 피하기 어렵다. 단적인 사례를 들면 10여 년 전 2001년은 무령왕의 즉위 1500년이 되는 해였다. 그럼에도 '즉위 1500년'을 기억하는 아무런 일도 이루어지지 않았다. 2001년은 마침 왕릉 발굴 30주년이 되는 해이기도 해서, '발굴 30년'을 기념하는 학술행사로 그치고 말았던 것이다. 무령왕릉에 대한 이같은 '유물' 위주의 시각은 아직도 너무 견고한 상태이다. 무령왕릉에 대한 많은 학술 행사에도 불구하고, 역사적 관점에서 무령왕과 그 시대를 논의하는 기회가 매우 드물었다는 점을 지적하지 않을 수 없다. 이 때문에 무령왕에 대한 스토리텔링의 빈곤함을 면하지 못하였다. 그동안 무령왕에 대한 콘텐츠로서의 활용이 미흡했던 것도, 생각해보면 바로 무령왕에 대한 역사적 내지 인물 콘텐츠 관점에서의 논의와 관심이 부족했기 때문이라 할 수 있다.[37]

현재 무령왕 콘텐츠의 활용이 이루어지는 주무대는 역시 백제문화제라 할 수 있다. 백제문화제는 2014년 9월에 제60회를 기록하게 된다. 무령왕에 대한 가장 큰 이벤트는 2010년 세계대백제전 때, 금강변 수상무대에서 공연된 작품 '사마왕 이야기'이다.[38] 규모와 작품성 등에 있어서 이를 능가하는 작품의 공연은

---

37) 공주박물관 주최의 무령왕릉 발굴30주년 특별전에서 〈백제 사마왕 -무령왕릉 발굴, 그후 30년의 발자취〉이라는 주제를 잡았던 것은 콘텐츠로서의 무령왕을 의식한 것이라 할 수 있다. 그러나 실제 내용에 있어서는 이 같은 의도가 반영되어 있지는 않다. 비교적 무령왕에 초점이 맞추어진 학술세미나로서는 공주대 백제문화연구소 주관의 왕릉 발굴40주년 기념학술회의 〈백제의 국제성과 무령왕〉을 들 수 있다.
38) 최석원·서은성 「백제문화제 프로그램」『백제, 세계를 만나다 -백제문화제 60년』서경문화사, 2014

당분간 쉽지 않을 것이다. 세계대백제전을 기회로 만화『무령』이 제작된 것도 기록하여 둔다.39)

무령왕 선발대회는 매년 이루어지는 백제문화제의 중요 행사이다. 2012년과 2013년의 무령왕 선발대회는 KBS대전방송국(김애란 피디)에서 주관하여 진행하였다. 왕, 왕비 이외에 왕자와 공주를 선발한 이 대회는 공산성 혹은 무령왕릉 등 백제 유적지에서 예선을 실시하고 선발과정을 편집하여 프로그램으로 제작, 방영 하였다. 본 심사에서는 무령왕네트워크 회원들이 '시민심사단'으로서 심사의 일부를 담당하였다.

무령왕 콘텐츠와 관련하여 '무령왕' 별의 탄생에 대해서도 소개하고자 한다. 가라츠시와 관련 있는 3개 소행성의 이름이 '국제천문학연합(IAU) 소천체명명위원회'에 의하여 인정되어, 공식 등록되었다. 일본의 아마추어 천문학자 사토 나오토(佐藤直人)는 사이타마현 지치부시(秩父市) 교외에 있는 자신의 천체관측소에서 발견한 별(소혹성) 하나에 대해 '무령왕'이라는 이름을 붙여 국제적인 관련 단체로부터 승인을 받았다. 사토 씨의 친구 도미타(富田滿博)는 퇴직 후 고향 가라츠에 귀향하여 봉사활동으로 소일하고 있는데, 무령왕축제에 참가한 것이 인연이 되어 '무령왕' 별 명명을 사토 씨에게 주선하였던 것이다. 소행성 '무령왕'은 5년에 걸쳐 태양을 일주하고, 밝기는 19.0 등급이라고 한다. 지구에서의 거리는 4.1억 km, 육안으로는 보이지 않지만 밤 8시 경 목성 방향의 서쪽 하늘에 위치하며 태양을 5년 3개월 만에 한 번씩 공전(公轉) 한다.40)

---

39) 이남수 글, 류금철 그림으로 대원씨아이에서 출판
40) '무령왕' 별에 대해서는 윤용혁 「백제 무령왕, 별이 되다」〈공주시정〉207, 2012(4.25)를 참고. 한편 무령왕네트워크는 공주 명예시민 사토 나오토 씨의 협조를 얻어 2014년 5월, '공주(GONGJU)' 라는 이름의 소행성을 등록하였다. 이 이름은 백제포럼과 무령왕국제네트워크가 중심이

무령왕, 별과 노래와 시(2015)

   무령왕의 출생에 대한 내용을 담은 무령왕 노래 '니리므세마 (임금님의 섬)'는 수년 전 가라츠에서 만들어졌으나 공주에서는 정식으로 불려진 적이 없었다. 후루카와 하루오(古川治生) 작곡의 무령왕 노래는 하야시노우에 기미마로(林之上 公麿)가 가사를 붙인 곡이다.41) 별, 노래 등 이같은 무령왕 콘텐츠를 기반으

   되어 시청홈페이지를 통한 여론을 수렴한 결과에 의하여 정리된 것으로서, 백제문화제 60주년을 기념하는 이벤트였다.
41) 무령왕의 탄생과 관련하여 지은 가사의 전문 내용은 다음과 같다.
   1. 바람을 등에 지고 왜국 땅으로 / 기이한 인연인가 바다 섬에서 / 가카라의 동백꽃 기뻐 반기며 / 왕자님 탄생했네 오비야우라 / 푸르른 바닷바람 가슴속 깊이 / 오! 아름다운 왕의 섬 니리무세마
   2. 왕자는 어머니와 나라 땅에서 / 정해진 운명 따라 잘도 자라서 / 여덟 척 훤칠한 키 하늘 찌르고 / 홍안의 빛난 얼굴 멋진 미소년 / 나라의 서울에서 불던 바람이 / 정겹게 떠오르네 니리무세마
   3. 시대의 운명인가 백제 기우니 / 아버님 크신 뜻을 가슴에 품고 / 백제의 25대 임금이 되어 / 지용을 겸비해서 정사 돌보신 / 대백제 큰 나라의

로 한 '무령왕 별과 노래'는 2013년 제58회 백제문화제 오프닝으로 무령왕국제네트워크에서 주관한 행사이다. 2012년 명명된 '무령왕' 별의 탄생을 기념하는 행사로서, 사토 나오토(佐藤直人) 씨가 무령왕 별 특강을 하고, 마침 개막식 식전 공연에서 무령왕 노래(니리므세마)를 부른 가수 와지마 시즈요(和嶋靜代)가 참석자들과 함께 노래하였다.42)

무령왕은 501년부터 23년간을 공주에서 재위하였다. 꼭 1500년 전에 왕위에 있었던 인물인 셈이다. 521년 11월 무령왕은 중국 남조의 양에 사신을 보내 백제가 이제 '다시 강국이 되었다(갱위강국)'고 선언하고 있다. '백제 중흥'의 선언이었던 셈이다. 왕이 세상을 뜨기 2년 전의 일이다. '즉위 1500년'에 하지 못하였던 무령왕의 사업을 다시 시도할 수 있는 가장 적절한 시점은 백제가 '갱위강국'을 선언한 2021년이 된다. 2021년에는 무령왕을 위하여 공주 사람들이 뜻을 모아 의미 있는 사업을 구상하여 추진하였으면 한다. 2010년의 세계대백제전을 재현하는 '신 대백제전'의 적절한 시점 역시 2021년이라 할 수 있다. 또 '갱위강국' 선언 1500년을 기념하는 기념물을 조성하고, 무령왕에 대한 다양한 프로그램을 만드는 일도 구상이 필요한 시점이 되었다.

4. 활용의 활성화를 위하여

'지역의 인물'도 역사 유적, 문화유산, 혹은 자연 자원과 마찬

무령왕이여 / 오! 나의 고향이여 니리무세마 / 왕자는 어머니와 나라(奈良) 땅에서 / 정해진 운명 따라 잘도 자라서 / 여덟 척 훤칠한 키, 하늘 찌르고 / 홍안의 빛난 얼굴 멋진 미소년
42) 윤용혁 「'별에서 온' 무령왕, 그리고 백제문화제」『백제, 세계를 만나다 -백제문화제 60년』서경문화사, 2014

가지로 지역 발전 자원으로서의 효용을 갖는다. 바로 이같은 자원으로서의 특성을 인식하여 지역의 인물 콘텐츠를 잘 정리하고 다양하게 활용하는 것이 필요하다. 지역 인물 콘텐츠의 정리와 활용에 있어서 유의할 몇 가지 점을 제안하고자 한다.

첫째, 지역인물에 대한 자료와 내용을 가능한 범위 안에서 최대한 자료를 집적하고, 내용을 분석 정리하는 작업의 중요성을 인식하는 일이다. 좋은 음식을 만들기 위한 필수적 전제가 좋은 재료를 준비해야 하는 일인 것처럼, 지역인물 콘텐츠를 발전적으로 활용하기 위한 첫 걸음은 관련 자료의 수집, 정리부터 시작되어야 한다는 것이다. 콘텐츠의 내용을 풍부하게 확보하는 작업이야말로 활용 가능성을 확산하는 요체인 것이다.

둘째, 인물 콘텐츠의 정리 작업은 시기적 완급을 고려할 필요가 있다. 특히 근대의 인물은 지금도 자료가 멸실되어 가고 있는 과정에 있으므로, 인물 콘텐츠 자료는 근대 인물에 대한 자료 정리 작업을 가장 우선적 과제로 서두를 필요가 있다.

셋째, 지역 인물의 교육적 활용에 보다 적극적인 관심이 두어져야 한다. 이를 위해서는 대상을 고려한 적절한 지역 인물 교재의 개발이 이루어져야 한다. 그리고 그 범주에서 교육적 효과를 고려한 인물 선정 및 개발이 뒤따라야 한다. 인물에 대한 접근을 용이하게 하는, 쉽게 이용할 수 있는 적정한 교재 혹은 자료집이 우선 필요한 것이다.

넷째, 인물 콘텐츠의 다양한 활용을 위해서는 지역의 연고성에 지나치게 집착하는 것을 경계해야 한다. 인물 콘텐츠의 활용과 확산을 억제하는 여러 요소가 있다. 그 가운데 특히 지적하고 싶은 것은, 가령 공주에서 태어난 인물인가, 공주에서 학교를 졸업했는가, 공주에서 얼마나 오래 살았던 인물인가 하는 등

등의, 마치 기관에서 신원 조사를 하는듯한 인물 '검속'이 그 예이다. 인물 콘텐츠는 '활용'에 초점이 있는 것이기 때문에, 그 인물의 활용성이 더 중요하다. 때문에 필요하다면, 지역과의 작은 인연을 클로즈업 하여 활용할 수도 있는 것이다. 마곡사의 김구 명상의 길, 한옥마을의 현종 기념비 등이 그 예에 속한다.

백제문화제 주제관에 활용된 '무령왕' 별과 '공주' 별(2014)

다섯째, 공주와 인연을 가진 외국인물에 대해서도 보다 적극적으로 접근할 필요가 있다. 근대 혹은 일제 강점기의 천주교, 기독교 등 종교 관련 인물, 일제 강점기의 일인 관련 자료에 대해서는 민족주의라는 인식의 한계를 넘어서서 지역 콘텐츠의 관점에서의 관심이 요구된다. 영명학교의 선교사 유적, 근대 최초 공주 거주의 일인 무덤 등이 그 예에 속한다.[43]

---

43) 영명학교 설립과 공주에서의 초기 기독교 전교에 공헌한 샤프 선교사와 사애리시 부부, 윌리암스 목사 등이 그 예이다. 지수걸 「공주의 '청라언덕'과 미국인 선교사들」『웅진문화』 26, 2013 참조.

여섯째, 도덕적 교훈적 가치관 문제이다. 도덕적 교훈적 측면에서 인물콘텐츠가 활용된 것은 우리나라에서 오랜 역사를 가지고 있다. 그러나 도덕적 교훈적 관점이 콘텐츠의 다양한 활용을 억제하는 요소가 될 수도 있다. 이점에서 특정 이념의 틀로부터 좀 더 자유로울 필요가 있다. 자유로운 분위기에서 보다 다양하고 흥미 있는 콘텐츠 개발이 가능할 것이다. 김갑순 콘텐츠가 활용되지 못하고 자료의 정리가 잘 이루어지지 않은 것도 인물 평가에 대한 이같은 도덕주의적 가치관의 틀과 관련이 없지 않다. 소정방의 경우조차 지역 콘텐츠로서의 가치가 인식될 필요가 있다는 생각이다.

일곱째, 실증에 대한 지나친 집착이다. 자료에 대한 실증과 분석은 중요하다. 그러나 실증의 테두리에 갇히면 콘텐츠 개발은 한계에 부닥친다. 뿐만 아니라 어떠한 콘텐츠도 모든 내용이 실증으로 증명되지는 않는다는 점이다. 때문에 실증을 기본으로 하되, 이와 함께 창의적 발상과 활용을 폭넓게 허용하는 분위기가 필요하다. 홍길동의 콘텐츠로서의 활용도 보다 적극적으로 모색할 필요가 있다.

여덟째, 활용의 집중화를 고려할 필요가 있다. 다양한 콘텐츠를 개발하고 활용하는 것은 바람직한 일이지만, 그 가운데 효용성 높은 인물에 대한 전략적 집중이 필요하다. 공주의 경우 인물콘텐츠로서는 단연 무령왕이다. 인물 콘텐츠로서의 무령왕에 대한 다양한 스토리텔링 작업과 활용이 필요하다고 할 수 있는 것이다.[44] 그러나 무령왕만이 아니고 제2, 제3의 핵심 인물도

---

44) '무령왕'을 문화산업에 활용할 수 있는 중요한 콘텐츠로서 주목한 것은 정재윤이다. 무령왕에 대한 스토리텔링, 그리고 출토 유물의 활용에 대한 문제를 지적한 바 있다. 정재윤 「무령왕의 문화산업적 활용」『백제문화』 45, 2011

모색해야 한다.

아홉째, 공주의 풍부한 문화유산을 인물 콘텐츠에 접목함으로써 문화유산 콘텐츠를 심화 확장하는 작업도 유용한 일이 될 것이다. 문화재로 지정된 순교성지 황새바위에 순교자 이존창, 혹은 노르베르트 베버 신부 등의 유명 인물 콘텐츠를 활용하는 것이 그 예이다. 이존창은 '내포의 사도'로 불려지는 충남 지역의 대표적 초기 전교자로서 1801년 신유박해시에 공주 황새바위에서 참수된 순교자이다. 노르베르트 베버 신부(1870-1956)는 공주 황새바위와 공주 향옥의 순교지로서의 중요성을 일찍이 간파하여, 100년 전 공주를 방문하고 기록을 남긴 인물이다.45)

본고에서는 공주에 있어서 인물 콘텐츠 자료 정리와 활용의 실태를 중심으로 정리한 것이다. 아울러 향후 인물 콘텐츠의 정리 및 활용에서 유의할 만한 사항에 대해서도 간략히 언급하였다.

공주는 다른 어느 지역보다도 풍부한 인물 콘텐츠의 자료를 가지고 있고, 또 이를 개발하고 정리하는 작업이 꾸준히 진행되어 왔다. 그러나 이러한 작업이 체계적으로 진행된 것은 아니며, 또 활용의 측면에서 아쉬운 점이 적지 않다. 향후 보다 체계적, 전략적으로 접근할 필요성이 제기되는 것이다.

본고에서는 특히 근대 인물 콘텐츠 자료 수집의 시급성, 교육적 활용의 중요성을 강조하였고, 또 인물 콘텐츠의 활용을 제한하고 있는 인식의 틀을 뛰어 넘는 개방성과 창의성의 중요성을 지적하였다. 무령왕 콘텐츠의 적극적 개발과 함께 무령왕에 이

---

45) 일제의 강제병합 직후인 1911년 한국을 방문한 베버 신부는 1915년 『조용한 아침의 나라, 한국에 대한 여행회상록』을 간행하였다. 2012년 분도출판사에서 번역본이 출판되었다. 베버 신부의 공주 방문에 대해서는 윤용혁 「충청감영의 공주옥에 대하여」 『공주, 역사문화론집』 서경문화사, 2005 및 송충기 「노르베르트 베버(Norbert Weber) 신부의 공주 여행기: 선교사에서 순례자로」 『웅진문화』 26, 2013 참조.

은 제2, 제3의 인물에 대해서도 전략적 개발이 필요하다는 점을 논의 하였다.

　공주에 있어서 백제, 혹은 무령왕에 이은 제2의 전략적 인물 콘텐츠는 무엇일까. 이에 대한 필자의 의견은 '이삼평'이다. 공주는 '백제'의 고장이지만, 활용성 높은 공주 콘텐츠의 또 다른 영역은 철화분청의 도자기이다. 무령왕이 공주의 '백제' 콘텐츠의 '코어'(핵)라고 한다면, '철화분청'의 '코어'는 이삼평이기 때문이다. '백제'는 동아시아에서 통하는 콘텐츠이지만, 철화분청이라는 도자기는 더 넓은 세계에서 통하는 콘텐츠가 될 수 있다. 백제는 역사적 축적이 중심이지만, 철화분청은 역사성에 기반하여 새로 만들어가야 하는 영역이 훨씬 크다는 점에서 이삼평 인물 콘텐츠의 활용의 가능성을 예측하게 된다. '이삼평 도자 공원'의 조성을 이야기 하는 것도 이같은 인식에서이다.

　인물 콘텐츠를 지역사회에서 활용하는 작업에는 무엇보다 시민들의 공감대 확산이 중요하다. 공감은 교육과 참여에 의하여 형성되고 확산되어 가는 것이다. 인물 콘텐츠 가운데 특정 요소를 시정(市政)에 연결하여, 지역 발전의 전략으로 추진하는 적극성과 창의성이 아울러 요구된다.

도조 이삼평, 그리고 아리타와 공주

일제하인 1927년 공주 학봉리의 분청사기 가마가 발굴되었다. 이는 우리나라에서 최초의 도요지 발굴이라 할 수 있는 것으로서, 말하자면 학봉리 분청사기 요지의 도자사적 의미를 반영하고 있다. 그럼에도 불구하고 이 유적에 대한 관심은 지속되지 못한 채, 거의 방기된 상태로 오랜 시간이 지났다. 1990년에 이르러서야 학봉리 요지는 비로소 문화재로서 지정되었다. 그 사이 유적은 크게 훼손되고, 도로 개설, 관광지 개발 등으로 유적은 만신창이가 되었다.

학봉리 도요지가 국가 사적으로 지정된 바로 그 해 1990년에 인근 온천리의 박정자 삼거리에는 일본 아리타의 도조 이삼평의 기념비가 건립되었다. 아리타의 유지들이 사업비를 모금하여 한국도자문화협회의 도움으로 기념비를 세우게 된 것이다. 아리타의 도조로 추앙받는 이삼평의 기념비가 이곳에 자리하게 된 데에는 그가 '금강(金江)' 출신이라는 기록과 함께, 국내외적으로 유명도가 있는 학봉리 유적의 존재가 크게 작용하였다.

공주의 이삼평기념비는 건립 이후 비문의 문구가 문제되어 오랜 기간 갈등의 표적이 되었고, 이 때문에 이삼평의 존재는 25년이 지난 지금까지 공주에서 자리를 잡지 못하고 있다. 2016년은 이삼평이 아리타에서 백자를 생산한 지 400년이 되는 의미 깊은 해이다. 한편 공주에서는 분청사기를 중심으로 한 도자문화를 새로운 지역 활성화의 자원으로 삼아야 한다는 생각이 점차 공감을 얻어가고 있다. 이삼평 기념비의 존재는 도예문화 도시로서의 공주의 활력을 고취하는 데 소중한 자산적 가치를 갖는다.

이같은 시점에서 본고는 이삼평과 공주와의 관계, 그리고 비문을 둘러싸고 전개되었던 이삼평 기념비 문제 등에 대하여 객관적인 정리를 필요로 하게 되었다. 그동안의 논의가 객관성을 충분히 담보하지 못한 채 진행되어 온 감이 있기 때문이다.[1]

1. 이삼평 출신지에 대한 논란 —공주설과 김해설

임진왜란 때 많은 조선의 도공들이 왜군의 포로로 잡혀가 일본에서 도자 생산을 새로 시작하게 된다. 야마구치현의 하기(萩)를 제외하면 당시 조선계 도공의 활동지역은 모두 큐슈지역으로 되어 있다.[2] 임진전쟁에 가담하여 조선에 침입, 도공들을 붙들어간 왜군 장수들이 거의 큐슈지역 출신이기 때문이다. 이삼평의 경우 역시 이러한 피랍 도공의 1인이었다고 할 수 있다. 임란 이후 이러한 일본 내 조선계 도자기 제작의 전반적 개황을 정리하면 다음과 같다.

---

1) 논자에 따라 이삼평을 '이참평'으로 적는 경우가 있다. 李參平의 '參'을 '참'으로 읽은 것인데, 그러나 '李參平'을 '李三平'으로도 기록한 것을 보면, 이는 '이삼평'으로 읽는 것이 옳다. 이에 대해서는 윤용혁 「아리타의 도조 이삼평과 공주」『공주, 역사문화론집』서경문화사, 2005, pp.198-199 참고.
2) 임진왜란 이후 큐슈 지역 도자문화의 전반적 상황에 대해서는 우관호·천종엽 「肥前陶磁器硏究」『홍대논총』30, 홍익대학교, 1997이 참고된다.

일본내의 조선계 가마 일람 3)

가마이름	소재지	주 생산품	陶祖
唐津燒	佐賀의 鍋島藩	귀얄, 상감분청, 鐵繪장식의 繪唐津,壺,甕,鉢	
伊万里燒	佐賀의 鍋島藩	청화백자. 완, 접시, 식기. 대량생산, 수출	李參平
高取燒	福岡의 黑田藩	짚재유, 鐵釉 등 다기 중심. 어용요, 도기	八山
上野燒	豊田의 細川藩	다완. 백토상감. 분청계 도기	尊楷
薩摩燒	薩摩의 島津藩	白薩摩(卵白色). 黑薩摩(철유, 회유)	金海, 朴平意
波佐見燒	肥前의 大村藩	도기와 청자. 백자 초기는 수출. 국내식기	李佑慶
中野燒	平戶의 松浦藩	天草 陶石 사용. 다도구	巨關
三河內燒	平戶의 松浦藩	1656. 회유. 청자, 분청사기 후 청화백자 생산	今村
萩燒	長門의 毛利藩	도기. 분청계 다완. 회유 짚재유	李敬, 李勺光

위 표에서 이마리야키(伊万里燒)라 한 것은 아리타 도자기를 지칭한다. 아리타의 도조 이삼평(1579-1656)은 이들 여러 조선의 도공 중에서도 가장 저명한 인물이지만 그의 출신지가 어디인지는 확정되어 있지 않다. 기록에 의하면 그는 '金江(금강)'[4], 혹은 '金江島(금강도)' 출신이다.[5] 이삼평이 공주 출신이라는 견해는 바로 이 금강(金江)이 공주의 금강(錦江)이라는 데서 출발한다. 이삼평의 일본식 성(姓) 가네가에(金ヶ江)는 출신지인 金江(금강)에서 따온 것으로 되어 있다. 그러나 이 금강(金江)은 공주의 금강이 아니라 경상남도의 '김해(金海)'를 지칭하는 것이라는 상반된 견해가 함께 제출되어 있는 것이다.

---

3) 방병선 「조선 도자의 일본 전파와 이삼평」『백제문화』32, 2003, p.266에서 옮김.
4) 〈乍恐某先祖之由緒以御訴訟申上口上覺〉(『金ヶ江三兵衛由緒書』)에는 이삼평의 출신지가 '金江'이라 기록되어 있다.
5) 『口達覺』 및 1805년 藩의 자문에 대한 답변서로 제출된 『金ヶ江三兵衛有諸之事』 등에는 '金江島'라 하였다.

석장리 구석기박물관에서 바라본 금강(이삼평은 조선의 '금강(金江)' 출신이다)

　이삼평을 공주에 처음 연결한 것은 1955년 나카지마(中島浩氣)였다.6) 철화분청사기의 유명한 도요지가 있는 학봉리를 이삼평 출신지와 연계한 것이다. 계룡산 기슭 공주 학봉리 도요지는 일찍부터 알려진 데다, 금강에서 가까운 위치이고, 당시 왜군이 산 길에서 이삼평을 만났다는 것과도 연결된다는 점에서, 일단 흥미 있는 가설이다. 이러한 견해는 아리타 역사(『有田町史』)에 반영되었고7), 이미숙의 경우도 이삼평을 공주 출신으로 일단 정리하고 있다.8)

　이삼평의 금강, 혹은 공주 출신설에 대해서는 이후 반론이 끊

---

6) 中島浩氣『肥田陶磁史』1936, p.413
7) 『有田町史』1985
8) 이미숙 「조선 사기장 李參平의 피납과정과 활동에 관한 연구」『인문과학연구』 26, 강원대 인문과학연구소, 2010, pp.233-234

이지 않았다. 이같은 반론을 노성환 교수는 두 가지 점으로 정리하고 있다. 金江(금강)과 錦江(금강)은 글자가 다르므로 같은 지명으로 볼 수 없다, 나베시마 군은 경상 전라도에서만 활동하였고 충청도의 금강 지역에는 침입한 적이 없다는 것이다. 이는 이삼평의 금강 출신설을 부정하는 입장의 근거라고 할 수 있다.9)

이삼평이 공주 출신이 아니라면, 이삼평 출신지는 어디인가. 노성환 교수는 이삼평이 경남 김해 사람일 것이라고 주장한다. 김해 출신설 역시 오랜 역사를 가지고 있다. 1937년에 이미 마와다리(馬渡八太郞)의 주장이 있었고, 해방 후에도 미카미(三上次男) 등이 이를 주장하였다. '금강(金江)'이 사실은 '김해(金海)'를 지칭한 것이라는 것이다.10) 여기에는 나베시마가 정유재란 때 김해(죽도성)에 거점을 두고 있었다는 점과 함께 정유재란 피로 도공의 대부분이 경상도, 혹은 전라도인이었다는 연구 결과도 한 몫을 하고 있다. 피로 도공의 출신지 정리를 여기에 옮기면 다음과 같다.

이에 의하면 피로 도공의 출신지는 명확한 경우가 많지 않지만, 거의 경상남도의 김해, 웅천 출신이 많은 것으로 추측되고 있음을 알 수 있다. 이삼평의 경우는 충청남도와 경상도를 병기해 두고 있음이 눈에 뜨이지만, 이

백자로 제작된 이삼평 상

---

9) 노성환 「일본 사가현 아리타의 조선도공에 관한 일고찰」『일어일문학』 42, 2009, pp.312-314 및 노성환 「일본 아리타의 도공 이참평에 관한 연구」 『일어일문학』 62, 2014, pp.299-300 참조.
10) 노성환, 위의 「일본 아리타의 도공 이참평에 관한 연구」 p.300 참조.

삼평 이외에 '충청도'는 보이지 않는다. 피로 도공의 출신지 문제 이외에 도자기의 기술적 측면에서 공주에 대하여 부정적 의견도 있다. 아리타의 초기 도자기는 청화백자 계의 백자이고 내화토빚음받침이 특징의 하나이다. 내화토빚음받침이라는 기술은 전라도 경상도와 같은 남부지역에서 보이고, 공주 등 충남지방에서는 주로 굵은 모래받침이 사용되었다는 것이다.11)

이삼평의 출신지는 공주이지만, 포로가 된 지역을 별도로 설정하는 견해도 있다. 공주에 나베시마 군이 경유한 적이 없다는 전제 때문에 공주(혹은 충청도 금강) 출신지를 전제로 하여 피로지를 다르게 설정함으로써 두 가지 문제의 모순을 해결하려 하고 있는 것이다. 윤용이 교수는 이삼평이 공주 출신으로서, 아마도 광주(廣州)의 관요에 근무하던 인물일 것이라는 추정을 제기 하였다. "금강 출신으로 전하는 이삼평은 사기장으로서 경기도 광주에 있던 관영공장에서 백자·청화백자·청자 등을 제작하다가 임진왜란 때 일본으로 끌려갔다"는 결론인 것이다.12) 아리타 다큐 소설에서는 공주 학봉리 출신 이삼평이 나베시마 군에 의하여 포로로 잡히게 된 지역을 남원으로 설정하고 있다.13) 그러나 이같은 주장은 성립하기 어렵다. 광주와 남원은 정유재란 때 나베시마와는 무관한 지역이기 때문이다.

최근 필자는 이삼평의 출신지 문제에 대한 핵심적 키워드인 '금강(金江)'은 공주의 '금강(錦江)'으로 보아야 할 것이라는 점과 함께, 정유재란시 나베시마 군이 공주에 침입한 적이 없다는 일반적 견해를 반박한 바 있다.14) 현재로서 이삼평의 출신지에 대

---

11) 本田 마비 『임진왜란 전후의 한일도자 비교 연구』 서울대 대학원 고고미술사학과 박사논문, 2003, p.194
12) 윤용이 「이삼평과 아리타자기」 『아름다운 우리도자기』 pp.323-324
13) 黑髮酒吞童 『日本陶磁器發祥 -陶工李參平公の生涯』 2011, pp.95-102
14) 윤용혁 「이삼평은 공주사람인가」 『이삼평공과 분청사기에 관하여』 (2014

해서는 공주와 함께 김해설이 있는 셈이고, 다수는 이 두 가지 주장을 놓고 관망하는 입장이라 할 수 있다.

피랍된 조선사기장의 출신지[15]

이 름	일본에서의 활동지역	출신지
이삼평	佐賀縣 有田町	충청남도 계룡산의 금강부근, 충청도 또는 경상도
宗傳	佐賀縣 有田町	경상남도 김해
百婆仙	佐賀縣 有田町	경상남도 김해
又七	佐賀縣 唐津市	조선북부 또는 조선남부, 김해, 웅천
尹角淸	佐賀縣 唐津市	조선북부 또는 조선남부, 김해, 웅천
彌作	佐賀縣 唐津市	조선북부 또는 조선남부, 김해, 웅천
金海	鹿兒島縣 鹿兒島	경북 고령군 성산, 경상도 웅천, 김해, 전라도
申武信	鹿兒島縣 鹿兒島	경상도 웅천, 김해, 전라도
申主植	鹿兒島縣 鹿兒島	경상도 웅천, 김해, 전라도
朴平意	鹿兒島縣 美山	전라북도 남원, 경상도 웅천, 김해, 전라도
沈當吉	鹿兒島縣 美山	경상도 웅천, 김해, 전라도
卞芳仲	鹿兒島縣 加治木	경상도 웅천, 김해, 전라도
何芳珍	鹿兒島縣 加治木	경상도 웅천, 김해, 전라도
張一六	沖繩縣 那覇市	경상도 웅천, 김해, 전라도
安一官	沖繩縣 那覇市	경상도 웅천, 김해, 전라도
安二官	沖繩縣 那覇市	경상도 웅천, 김해, 전라도
八山	福岡縣 直方市	경상남도 葦土
尊楷	福岡縣 赤池町	경상남도 사천시
巨關	長崎縣 三川內町	경상도 웅천
從次貫	長崎縣 三川內町	경상도 웅천
에이	長崎縣 三川內町	경상도 웅천
金久永	長崎縣 三川內町	경상도 웅천
李祐慶	長崎縣 三川內町	경상도
李勺光	山口縣 萩市	조선 남부
李敬	山口縣 萩市	조선 남부

도자학술세미나 자료집), 한국도자문화협회/이삼평연구회, 2014

15) 이미숙 「16세기 피로사기장의 출신지 연구」 『인문과학연구』 33, 강원원주대학교 인문과학연구소, 2012, pp.331-335의 표 1, 2를 발췌하여 필자가 재정리 보완한 것임.

2. 공주 학봉리의 분청사기 유적

 이삼평의 출신지를 처음 공주로 비정하는 데에는 '금강'이라는 지명 이외에, 공주에 소재한 학봉리 분청사기 가마의 존재도 적지 않은 영향을 미쳤다. 지리적으로 혹은 시기적으로 '금강'과 유명한 학봉리 분청사기가 서로 부합하는 듯 보였기 때문이다.
 학봉리의 가마에 대해서는 15세기 기록인 『세종실록지리지』 공주목조에 등장한다. "자기소가 2개 있다. 공주 북쪽 군지촌(軍知村)과 동쪽의 동학동(東鶴洞)이 그것이다. 품질은 중품이다." 라고 한, '동학동의 자기'이다. 분청사기 도요지는 학봉리 이외에도 인근 온천리, 하신리 등지에서도 확인된다.16)

반포면 용수천 주변(계룡산 지역에는 분청사기 유적이 널리 분포한다)

---

16) '군지촌'은 의당면 가산리로 추정된다. 말기 청자의 요소를 갖는 분청사기가 다수 출토하여, 15세기에 활발했던 도요지임을 알 수 있다.

공주시 반포면 학봉리의 철화분청 가마터가 처음 발굴된 것은 1927년의 일이었다.[17] 한국에서는 최초의 가마터 발굴이었다. 왕릉을 비롯한 백제 유적조차 거의 조사된 바가 없는 것이 일제 하의 공주의 사정이었기 때문에 학봉리 요지가 얼마나 일찍 주목을 받았는지 잘 알 수 있다. 당시 이 가마터는 도굴꾼들에 의하여 무차별적으로 파헤쳐져 도기편들이 유출되고 있었다.[18] 일인들은 이 분청사기를 '미시마(三島)'라는 명칭으로 지칭하였는데, 전문가에 의하여 처음 현장 답사가 이루어진 것은 이미 1918, 9년 경의 일이었다. 당시 이왕가박물관의 야기(八木庄三郞)와 총독부박물관의 오바(小場恒吉)가 현장을 답사하여 계룡산 도요지의 가치를 공식 확인한 것이다.

1927년 총독부에서는 노모리(野守 健)와 간다(神田忽藏) 등의 책임 하에 9월 29일부터 10월 11일까지 13일간 학봉리 도요지를 발굴하였다. 이어 인근 대전군 진잠면 고려 청자도요지, 10월 13일 옥룡리의 분청도요지, 14일에는 무릉리의 추정고분을 간단히 조사한 후 15일부터 23일까지 9일 간은 송산리 고분군을 조사하였다. 짧은 기간이지만 이것이 공주에서 처음으로 이루어진 유적조사였다. 이러한 점에서 학봉리 도요지는 공식적인 도자기 유적에 대한 조사로서, 혹은 공주에서 이루어진 최초의 유적조사였던 셈이다.

보고서에 의하면 당시 학봉리와 그 주변(온천리)에는 하천을 중심으로 6개소의 도요지가 확인되어 있다. 조사된 가마는 분청사기 가마 5개, 백자 가마 1개 도합 6개였다. 여기에서 '성화

---

17) 朝鮮總督府『鷄龍山麓陶窯址調査報告』昭和二年度古蹟調査報告 第1冊, 1929
18) "그 계곡의 산록에 다수의 도요지가 유존하고 있다. 이번 조사 때에는 이미 박씨 소유의 일부를 제외하고서는 거의 전부 도굴되어 참담한 광경을 드러내고 있었다." (조선총독부, 위의 보고서, pp.2-3)

23년명'(1487) 묘지, '홍치 3년'(1490), '가정 15년명'(1536) 묘지 등이 출토하여 철화분청의 편년을 파악하는 데 중요한 기준이 되었다. 이에 의하여 학봉리 철화분청의 연대는 15세기 후반에서 16세기 전반이라는 것이 정리되었기 때문이다.[19]

발굴 조사에 의하여 계룡산 도요지의 가치와 의미는 확인되었지만, 후속적 보존 조치 등은 미흡하였고, 이것은 도리어 골동품가의 도굴이 성행하는 계기가 되었다. 여기에서 채집한 도기와 도기편은 서울에서 인기리에 매각되었다. 당시 이케우치(池內)라는 골동품상은 도요지의 밭을 아예 매입하여 유적을 뒤질 정도였다. 이에 뒤이어 경성구락부의 회원 동업자들이 다투어 밭을 사들여 도기편을 채취하여 반출하였다는 것이다.[20] 이같은 한심한 사정은 다음과 같이 전해진다. "계룡산 자기에 대한 도굴은 기업적 성격을 띠고 진행되었다. 당시 계룡산 골 안에는 수많은 골동상들이 모여들었는데 조선 자기 도굴자와 골동 상인 간의 매매 행위가 그칠 사이가 없었다. 일본의 한 출판물까지도 '20원에 산 이조진사국화문병이 얼마 후에는 1만 4천 원으로 매매 되었다'는 사실을 밝혔다"는 것이다.[21]

당시 학봉리 요지에서 반출된 명품 자료를 소장하고 있는 인물들로서는 스미이(住井辰男), 고시다(越田常太郞), 아사이가와(淺川伯敎), 스스키(鈴木武司), 노자키(野崎朝吉), 와타나베(渡邊定一郞), 다카키(高木) 테이 등의 이름이 남겨져 있다. 이들 자

---

19) 김영원 「계룡산 분청사기에 대한 재조명」『계룡산』국립공주박물관, 2007 ; 김영원 「분청사기의 보고, 계룡산 학봉리 가마」『계룡산 분청사기』국립공주박물관, 2008
20) 이에 대해서는 정규홍 『우리 문화재 수난사 -일제기 문화재 약탈과 유린』학연문화사, 2005, pp.416-417 참고.
21) 박현종 『조선공예사』조선미술출판사, 1991 (정규홍, 위의 책, p.417에서 참고함)

료의 일부는 발굴조사보고서에서 사진으로 소개되고 있는데, 적지 않은 명품들이 포함되어 있다.[22] 위의 인물중 노자키는 공주읍회 의원(議員)으로 있던 자로, 전문적 골동품 수집가 이외에 당시 지역의 '일인 유지'들 역시 이러한 자료를 수집한 집단이었음을 말해준다. 일례로 아메미야 기증품 가운데도 여러 점의 분청사기가 포함되어 있다. 기증품 목록의 14-32, 55가 그에 해당한다. 여기에는 철화 이외에 인화문, 귀얄문 등의 분청사기와 그 파편까지 포함되어 있어서, 이것이 대개 학봉리에서 반출된 것임을 뒷받침하고 있다.[23]

해방 이후로 학봉리 유적은 아무도 돌아보지 않는, 거의 버려진 유적이었다. 그 사이 유적의 파괴는 물론, 주변 환경 역시 관광 개발로 인하여 극도로 악화되어 버렸다. 해방 후 거의 반세기가 지난 1990년에 이르러서야 학봉리 유적은 사적(제333호)으로 지정되고, 1992년 유적의 일부가 다시 발굴 조사되었다.

학봉리 요지에서는 특별히 철화분청이 유명하다. 전면을 귀얄로 백토 분장하고 짙은 철화 안료를 사용하여 그린 그림은 강하고 특색 있는 느낌을 주고 있다. 학봉리에는 철화 분청 이외에 다양한 분청사기의 종류가 확인되었다. 고려청자의 느낌이 남아 있는 상감분청사기로부터 시작하여, 인화분청사기, 박지분청사기, 귀얄분청사기 등이 그것이다. 철화분청은 분청사기가 상감청자의 영향으로부터 벗어나 독자적인 도자기 유형으로서 자리를 잡았음을 말해준다.

철화분청의 무늬는 연꽃과 여의두문, 당초문, 모란문, 초문

---

22) 朝鮮總督府 『鷄龍山麓陶窯址調査報告』 昭和二年度古蹟調査報告 第1冊, 1929; 정규홍, 위의 책, pp.419-422 참조.
23) 충청남도 역사문화연구원 『63년만의 귀향, 아메미야 히로스케 기증유물 특별전』 2008, pp.25-39

(풀무늬) 등이 있지만, 가장 상징적인 것은 역시 물고기 문양이다. 철화의 물고기는 '궐어(鱖魚)'라고 불리는 쏘가리 류로 알려져 있다. 『신증동국여지승람』(공주목 토산)에서는 '누치(訥魚)'가 공주의 토산이라 기록되어 있는데, 바로 이 궐어를 지칭하는 것으로 생각된다.24) 누치는 생김새가 잉어와 비슷하여, 입가에 한 쌍의 수염이 있고 몸에는 옆줄 위에 6-9개의 점이 있다고 한다.25) 물고기는 철화 분청에서만이 아니라 인화분청, 박지분청 등 여타의 유형, 여타 지역에서도 이미 즐겨 채용된 소재이다. 그것이 특별히 철화분청에서 강렬한 느낌을 주는 누치가 즐겨 채용된 것이다.

철화분청사기전(이재황)

---

24) 김영원 『계룡산 분청사기』 2007, pp.44-45; 김영원 「분청사기의 보고, 계룡산 학봉리 가마」 『계룡산 분청사기 -백토에 핀 철화의 향연』 2008, pp.164-165
25) 김영원, 위의 「분청사기의 보고, 계룡산 학봉리 가마」 p.164

분청사기의 복원(이재황)

학봉리 요지에서와 같은 철화분청은 우리나라 다른 도요지에서는 잘 확인되어 있지 않은 종류이다. 분청사기는 인화문이나 귀얄문 등이 주류를 이루고 있지만, 철화분청의 예는 다른 지역에서 발견된 사례가 많지 않다. 가령 강경숙 교수의 저서에서는 각 지역별로 19개 지역의 1백 건에 가까운 분청 도요지에 대하여 언급하고 있다. 그러나 그 가운데 학봉리 철화분청과 같은 사례는 확인되지 않는다. 이 때문에 강경숙 교수는 학봉리와 같은 귀얄철화와 유사한 제품을 생산한 가마는 다른 지역에서는 발견된 적이 없다고 강조하고 있다. 그리하여 15세기 후반-16세기 전반, 학봉리 유적의 특성을 귀얄철화문의 '대량적 생산'에서 찾고 있는 것이다.26)

철화분청 사기가 어떤 이유로 특별히 학봉리가마에서 시작되고 발달하였는지에 대해서는 잘 밝혀져 있지 않다. 당시 광주분원의 우수한 청화 백자의 영향을 받아 인화기법의 분청사기에 대신하여 철화 안료를 도입한 것이라는 추측 정도이다.27) 분청사기의 연대관에서는 고려 청자의 풍취기 많이 남아 있는 상감분청에서부터, 상감 기법의 공정을 단순화 한 인화문으로 옮겨지고, 그림을 그리는 철화는 그 다음 단계에 해당한다.28) 따라

---

26) 강경숙 『분청사기 연구』 일지사, 1986, pp.186-187
27) 구일회·이애령「공주지역의 도자문화」『공주의 역사와 문화』 공주대박물관, 1995, p.305
28) 윤용이「조선분청자의 세계」『아름다운 우리 도자기』 학고재, 1996, pp.88-90

철화 안료의 채취에 의하여 형성된 것으로
추정되는 동굴(서고청굴)

서 학봉리의 경우도 처음 상감 혹은 인화분청사기의 생산으로부터 나중에 철화기법이 등장하여 특성화한 것이라 할 수 있다. 이 학봉리 도요지에서의 철화문은 철화 안료가 중요한 키이다. 학봉리 요에서 많은 양의 철화분청이 생산되기 위해서는 철화 안료의 공급이 쉽게 이루어지지 않으면 안 된다.

근년 공주시 상신리, 도예촌의 이재황은 학봉리에서 사용된 이 안료가 바로 주변지역에서 채취된 재료라는 점을 논증하고 있다. 즉 철화 안료의 자철석은 학봉리의 구무동굴, 공암리의 '서고청굴(공암굴)'이라 불리는 곳에서 채취된 것이며, 귀얄에 사용된 백토는 학봉리의 분토골에서 지금도 채취가 가능하다는 것이다. 공주-대전 간 국도상에서 바라다 보이는 서고청굴(공암굴)의 조성은 철화 안료인 자철석 채취 작업으로 인하여 형성된 인공동굴이라는 주장도 포함되어 있다.[29]

공암리의 '서고청굴'이라는 이름은 이 굴에서 조선조 유학자 고청 서기(1523-1592)가 출생했다는 전설에 연유한다고 전한

---

29) 이재황 「계룡산 분청사기 제작방법 연구」 『웅진문화』 19, 2006; 이재황 「철화분청사기 전통안료 복원 연구」 『이삼평공과 분청사기에 관하여』 (2014 도자학술세미나 자료집), 한국도자문화협회/이삼평연구회, 2014

다.30) 분청사기의 제작 하한이 16세기 전반인 점을 감안할 때 서기가 태어나거나 성장할 때에 이미 동굴이 존재했을 가능성은 많다. 분청사기가 생산되는 학봉리 요지 주변에서 철화 안료가 발견됨으로써, 철화분청은 학봉리 가마를 대표하는 브랜드로서의 자리를 차지하게 된 것이 아닐까. 학봉리 철화분청의 발생에는 철화 안료와의 관계가 극히 중요한 열쇠가 된다. 학봉리에서의 철화 도자의 제작과 발달 역시 지근거리에서의 안료의 공급에 의하여 가능하였던 것으로 생각된다. 지역 자원의 활용과 특성화, 그것이 학봉리 철화분청의 요점인 것이다. 과학적 분석에 의한 입증이 아직 충분히 이루어진 것은 아니지만, 일단 '서고청굴(공암굴)'은 철화의 안료 공급처의 가능성을 가지고 있다는 점에서 주목받을 만한 가치가 있다.

학봉리도요지에 대해서는 2007년 발굴조사보고서가 간행되었고, 이후 학봉리의 분청사기는 다시 무대 위로 복귀하였다. 2007년 국립중앙박물관의 〈분청사기〉 특별전, 2008년 국립공주박물관의 〈계룡산 분청사기〉 특별전 등이 그것이다. 근년에 이르러서야 학봉리 유적은 비로소 사람들의 시선을 다시 끌고 있는 것이다. 그러나 이에 대한 연구는 여전히 미흡한 단계라 할 수 있다.

학봉리 유적과 관련하여, 학봉리 인근 온천리 혹은 하신리 등지에도 비슷한 시기, 유사한 분청사기의 생산이 있었다는 사실도 유의해야 할 점이다. 하신리 요지에서는 인화문과 귀얄문의 분청이 주로 확인된다.31) 청화백자 계열의 이삼평 도자는 학봉리 요와는 관련을 짓기 어렵지만, 이삼평 기념비가 그 인근에 자리 잡게 된 데에는 학봉리 도요지의 존재가 영향을 준 것임은 부정할 수 없다.

---

30) 국립공주박물관, 『계룡산』 2007, pp.172-173
31) 구일회·이애령, 앞의 「공주지역의 도자문화」 pp.302-304

3. 공주의 이삼평 기념비

공주시 반포면 온천리 박정자의 조각공원에는 이삼평(1579 – 1656)의 기념비가 세워져 있다. 일본 자기의 고향 사가현 아리타(有田)에서 성금을 모아, 학봉리 도요지가 바라다 보이는 박정자 언덕에 7.5미터 높이의 기념비를 1990년에 건립한 것이다. 1990년은 마침 학봉리 도요지가 국가사적으로 지정된 시점이다.

이삼평 기념비는 원래 이삼평 백자 생산 300주년인 1916년에 아리타 도산신사(陶山神社)의 산정에 건립한 바 있다. 아리타의 읍민들이 이삼평의 공덕에 감사하는 뜻에서 이루어진 것인데, 비가 완공된 것은 이듬해 1917년. '도조 이삼평비'라는 글씨를 새긴 석주 형태의 기념비이다. 이 기념비 앞에서 매년 5월 초, 아리타의 도조제가 거행된다. 공주의 기념비는 바로 이 기념비의 뜻을 계승하여, 고향에 결코 돌아가지 못했던 이삼평의 '고향'에 건립한 것이다.

백자를 상징하는 하얀색 기념비의 중앙에는 검은 바탕 돌에 '일본 자기시조 이삼평공 기념비'라고 한자로 적혀 있다. 아리타(有田)의 유지(有志)들이 한국도자문화진흥협회의 협조를 받아 세운 이삼평의 기념비의 건립에 의하여 아리타와 공주 간의 활발한 도자 문화 교류가 기대 되었으나, 이러한 기대와는 달리 비문의 문구를 둘러싼 문제가 제기되어 많은 우여곡절을 겪지 않으면 안되었다. 비문은 일문과 국문 두 개를 검은 오석판에 새겨 나란히 부착하였는데, 원래의 비문은 다음과 같다.

李參平公은 壬辰丁酉의 亂에 日本에 건너가 여러 陶工들과 逆境을 같이한 끝에 1616년 九州 有田 泉山 陶石의 活用으로 日本 最初의 白磁器 生産에 成功하여 日本 磁器産業 隆盛의 元祖가 되었고 1655년 8月 11日 有田 上白川에 逝去하였다. 李公의 遺德을 追慕하는 後裔들이

九州 有田에서 每年 李參平祭를 擧行한 지도 八十星霜이라고 한다.
　今般 社團法人 韓國陶磁器文化振興協會는 日本側의 李公에 對한 報恩과 感謝의 뜻이 담긴 記念事業 提議에 따라 李公 出身地로 전해지는 이곳에 李參平公 記念碑를 協同하여 建立하게 되었다.
　이 記念碑는 李公의 故國에 對한 望鄕의 마음을 달래고 李公의 훌륭한 技術革新 情神을 되새기며 國際親善과 文化交流의 象徵이 되기를 바라마지 않는 바이다.
1990年 10月
社團法人 韓國陶磁器文化振興協會

　李參平公は文祿慶長の役に際して來日され1616年九州有田泉山で磁石鑛を發見,最初の白磁燒成に成功して日本磁器隆盛の始祖となられました。公は有田燒發展にその生涯を捧げられ明曆元年(1665)乙未8月11日有田で逝去されました。我々有田町民はその遺德を追慕し心を合わせて每年泉山を眼下にする蓮花石山で李參平公祭を催し既に八十星霜に及んであります。
　今般社團法人韓國陶磁器文化振興協會のご協力を得てそのゆかりの地に記念事業として李參平公記念碑を建立し御靈の里歸りを果すことになりました。
　この碑が我々の李公に對する報恩と感謝の誠意を表し國際親善と文化交流の象徵として永遠に殘ることを祈念するものです。
1990年 10月
陶祖 李參平公記念碑建設委員會

　비문에서 문제가 된 것은 '임진 정유의 란에 일본에 건너가'라는 문구였다. 포로로 붙잡혀 간 사람을 왜 '일본에 건너간' 것으로 표현했는가, 그리고 '왜란'이란 단어를 고의적으로 회피하였다는 두 가지 건에 관한 것이었다. 이로써 임진왜란이 갖는 역사적 사실을 왜곡하였다는 것이다. 1993년 조치원에 본부를 둔

'이삼평도공 기념비문 정정 추진위원회'는 초기의 이러한 시민여론을 주도하였다. 1994년 3월의 한 신문보도에 의하면, '건너가'는 '붙잡혀가' 또는 '끌려가'로 정정되어야 한다는 이 단체의 주장이 소개되고 있다.32) 그후 일본의 역사교과서 왜곡 기술 문제가 뜨겁게 논란 되었던 2001년 기념비 앞에는 각 시민단체 등의 이름으로 〈이삼평 도조비 안내문〉이라 하여 또 하나의 안내판이 세워졌다. 이후에도 기념비문을 둘러싼 문제는 계속 논란을 거듭하였고, 아리타 현지에 가서 문제 제기를 하고, 법원에 제소하는 등의 극단적 방법들이 취해졌다. 2006년 5월 '이삼평도공 제전위원회'의 명의로 또다른 비석이 세워졌는데, 앞서의 문제된 문구를 수정하는 내용으로 비문을 제작한 것이었다. 이같은 우여곡절을 거쳐 근년 이삼평기념비의 비문은 문제의 문구가 수정되기에 이른다. 수정된 앞 부분만을 인용하면 다음과 같다.

공주 이삼평 기념비(보수 이전)

32) 〈한국일보〉 1994.3.2

李參平公은 <u>朝鮮의 도공으로서 壬辰丁酉의 倭亂에 日本에 건너가게 되어</u> 여러 陶工들과 逆境을 같이한 끝에 1616年 九州 有田 泉山 陶石의 活用으로 日本 最初의 白磁器 生産에 成功하여 日本 磁器産業 隆盛의 元祖가 되었고 1655年 8月 11日 有田 上白川에 逝去하였다.

이에 의하여 20년 전부터 제기되었던 두 가지 문제, '왜란'의 명기(明記)와 이삼평이 자의적으로 일본에 갔다는 표현 문제를 해결한 셈이다. 이후 오래 끌었던 비문의 문제는 일단 논란이 종식 되었다. 필자는 앞으로 더 이상 비문의 문제를 거론하는 것은 바람직하지 않다고 생각한다. 기념비의 건립 의도가 어디까지나 이삼평에 대한 '보은과 감사의 표시'이고, 공의 '고국에 대한 망향의 마음을 달래는' 것, 그리고 이에 의하여 '국제 친선과 문화교류'의 계기를 조성하려는 것이었기 때문이다. 그럼에도 불구하고, 이삼평 기념비의 비문 정정의 과정을 돌아보면, 아쉬운 점이 없지 않다. 논의의 과정에서 건립 주체들과 시민, 전문가, 공무원, 이들 당사자 간의 상호 소통이 보다 충분하게, 그리고 공개적으로 이루어졌더라면 하는 것이 그 하나이고, 다른 하나는 비문을 정정하는 것이라면 문구를 더 명확히 하는 것이 좋았겠다는 생각 때문이다.

갈등이 반드시 관계의 파탄으로 이어지는 것은 아니다. 갈등을 적절한 방법으로 해결해 나갈 경우에는, '비온 후에 땅이 굳는다'는 말처럼 더욱 관계가 공고해질 수 있기 때문이다. 이삼평 기념비의 문구를 둘러싼 논란은 이러한 점에서 앞으로 아리타와 공주, 두 도시 간의 관계에 귀중한 교훈으로, 그리고 생산적 밑거름의 역할로 자리잡을 수 있도록 가꾸어나가야 하는 과제를 가지고 있다. 동시에 공주에 있어서는 이삼평 기념비가 공주에서 갖는 가치와 의미가 보다 적극적으로 인식될 필요가 있다는 점을 특별히 강조하고 싶다.

4. 도예 도시로서의 아리타와 공주

아리타는 '도도(陶都)'로 불린다. '도도 아리타'가 성립할 수 있었던 것은, 도조 이삼평이 있었기 때문이다.

이삼평은 정유재란 때에(1598) 나베시마군이 철수하면서 휘하의 다쿠(多久) 군에 의하여 일본으로 이송되었다. 그는 처음 다쿠(多久)에 거주하다가 질 좋은 도토를 찾아 아리타의 미다레바시(亂橋)에 옮겼는데, 1616년 우연히 아리타의 이즈미야마(泉山)에서 자기 제작의 원료가 되는 백자광(白磁鑛)을 발견한다.[33] 이후 부근 가미시로가와(上白川)에 주거를 옮겨 가마(天狗谷窯)를 열었고, 이를 기점으로 아리타는 일본 도자기의 가장 중요한 거점으로서 번영하게 된다. 이 무렵에 대한 이삼평의 사정은 후대의 자료(문화 5년 9월, 1808)에 다음과 같이 기록되어 있다.

"저는 명하신대로 찾아본 결과 지금의 이즈미야마(泉山)에서 도석(陶石)을 발견했습니다. 무엇보다 물과 나무가 좋아서 처음에 시로가와 텐구다니(白川天狗谷)에 요(窯)를 만들고 화공(畵工)의 자손을 가르쳐 가면서 점차로 번성하게 되므로, 태자(太子)께서 기뻐하시고 노고를 위로해 주셨습니다. 그후 영주(長州樣)께서 숙박소에 있던 여성을 구해 주셔서 부부가 되었습니다."[34]

---

33) 이삼평이 발견한 泉山磁石場의 백자광은 통상의 고령토와는 달리 '陶石'으로 불리는 것으로, 絹雲母와 石英이 주성분이며, 현재는 비슷한 재료가 天草에서 생산되고 있다. 아리타 도자기의 태토는 철분이 0.58%로서 도자기의 백색도가 특별히 높다. 선동리, 번천리 등 조선의 관요 백자가 철분 성분이 모두 1.0%를 상회하는 것에 비교된다. 森淳「이삼평과 有田白磁의 발전」『미술사연구』 6, 1992, p.154; 이미숙 「조선 사기장 李參平의 피납과정과 활동에 관한 연구」『인문과학연구』 26, 강원대 인문과학연구소, 2010, pp.238-239 참고. 이미숙의 글은 『400년 전의 도자기전쟁 -임진왜란과 조선사기장』 명경사, 2013에 정리되어 있다.
34) 森淳「이삼평과 有田白磁의 발전」『미술사연구』 6, 1992, p.157에서 재인용

아리타 텐구다니 가마

 이 무렵 아리타와 주변지역에 엄청난 수의 조선 도공이 활동하였다. 아리타의 이삼평은 120명의 도공을 거느리고 있었다 하며35), 나베시마에 의하여 피로된 종전(宗傳, 일본명 深海新太郎)과 백파선(百婆仙)은 조선의 부부 도공으로서 1618년 종전(宗傳)의 사망 이후 부인 백파선이 9백명이 넘는 사기장(沙器匠)과 함께 아리타의 히에코바(稗古場)에 옮겨왔다. 일본에서 처음 아카에(赤繪)를 만들었다는 사카이다카키에몬(酒井田柿右衛門)의 탄원서에 의하면 그 조상은 나베시마(鍋島直茂)가 조선 남천원(南川原)이라는 곳에서 연행해온 인물이며, 그때 나고야(名護屋) 성 아래에서 150명의 사기장(沙器匠)이 자기를 구웠다는 것이다.36) 아리타 백자 도석을 채취했던 이즈미야마 자석장(泉山磁

---

35) 이삼평 가계의 문서 〈覺〉
36) 혼다마비『임진왜란 전후의 한일도자 비교연구』서울대 박사학위논문,

石場) 입구에는 한국의 성곽을 모티브로 하여 제작한 '무명도공의 비'가 있다. 이 '무명 도공'이야말로 아리타에서 활동하였던 많은 조선 출신의 이름을 알 수 없는 도공의 위업을 기린 것이다.

1637년 3월 20일 아리타에서는 '요장정리령(窯場整理令)'이 내린다. 조선 장인의 요청으로 일본 장인의 가마를 폐쇄하고 이들을 추방하는 조치이다. 이에 의하여 아리타에서 7개소, 이마리에서 4개소, 합계 11개소에서 826명의 남녀 공인(남 532인, 여 294인)이 폐업, 제도소의 수가 150호, 녹로 155대, 도업지는 13개소로 지정되었다.

이들 도업 관계자는 모두 이삼평에 의하여 총괄되었다고 한다.37)

이후 아리타에서는 중국식의 색깔을 화려하게 놓는 무늬(色繪)가 등장하고, 적, 황, 녹 등 컬러풀한 색채가 놓여지고 자기는 점점 화려하게 된다. 이러한 채색 비법을 처음 완성한 것이 바로 아리타의 초대 가키에몽(柿右衛門)이라고 한다. '내화토빚음받침' 대신 '하리'(원

매년 5월 초에 열리는
아리타의 이삼평 도조제(2014)

2003, pp.152-156에 의함.
37) 森淳「이삼평과 有田白磁의 발전」『미술사연구』6, 1992, p.158

뿔모양받침)라고 하는 핀으로 받쳐 굽는 새로운 방법도 등장한다. 17세기 전반 명의 멸망(1644)과 함께 이후 중국(명)으로부터의 자기 수입은 감소하고, 이를 계기로 아리타 지역 백자가 일본의 도기 시장을 장악한다. 아리타는 처음 청화백자에서 시작하지만, 3, 40년 후부터는 중국에서 색채 안료가 유입되어 에도시대에 전국적 인기를 끌었고, 네델란드를 통해 해외까지 명성을 얻게 되었던 것이다.38)

아리타 도자기는 흔히 이마리야키(伊万里燒), 혹은 고이마리야키(古伊万里燒)로 불리웠다. 아리타 도자기가 이웃 이마리 항구를 통하여 외부로 수출되었기 때문이다. 당시 나베시마번은 도자기 제작 기술이 외부로 유출되지 않도록 상인 등의 아리타 출입을 막았으며, 상업행위를 이마리항에 한정하였다는 것이다.

이삼평 14대손 가네가에 쇼헤이(金江省平)(왼쪽에서 두 번째)

---

38) 吉英陽三 「日本磁器の故鄕有田」『日本遺産』 48, 朝日新聞社, 2003; 深川 正「有田-白磁の原點」『探訪日本陶藝』 3, 小學館, 1979 참조

도자기의 유럽 수출은 1641년부터 나가사키 항을 통하여 이루어졌다. 네델란드의 동인도회사(VOC)에 의한 것이다.

1655년 이삼평은 세상을 떴지만, 이후 동인도회사에 의한 유럽에의 자기 수출은 본궤도에 올라 1658년부터 1682년까지 25년 간 자기 수출량은 19만 개에 이른다. 독일의 마이센 도자기의 발전에도 영향을 주었다고 일컬어진다. 이같은 아리타 도예의 성업과 국제화는 중국 명말 청초의 정치적 불안 및 경덕진요의 쇠퇴에 의하여 동인도회사가 교역주체를 경덕진에서 아리타로 전환한 것이 중요한 요인이 되었다. 이에 의하여 아리타의 도자기는 수요자의 기호에 부응하여 전혀 새로운 도자기의 길을 걸었던 것이다.

아리타에 옮겨 이삼평이 가마를 새로 열었던 텐구다니요(天狗谷窯)는 그후 5대째에 이르러 가운이 기울자 인척에게 이를 양도

공주 상신리 계룡산 도예촌

하고 히에코바(稗古場)로 이주하여 가마를 운영한다. 조선에서 피랍된 도공들에 의하여 도자기가 생산된 지역은 적지 않다. 그러나 그 가운데 아리타는 지금도 '일본자기의 고향'으로, 이삼평은 '도조(陶祖)'라는 칭호를 가지고 있다. 이는 아리타의 경우 도기가 아닌 자기, 백자 생산이 시작된 점과 17세기 이후 아리타의 도자기 산업의 발전에 토대를 두고 있다. 매년 5월 초에 열리는 도자기 시장과 도조제는 아리타의 명성을 지금도 상징하고 있다.

학봉리의 철화분청사기로 공주는 도자기를 지역 발전의 새로운 소재로서 개발해야 한다는 필요성을 절감하고 있다. 또한 공주는 백제 역사의 특성상 일본과의 특별한 관계를 유지하고 있다. 이러한 점에서 아리타와의 특별한 인연을 상징하는 이삼평 기념비는 공주의 도자 문화, 도자 산업 진흥에 있어서 매우 유용한 매체라고 할 수 있다. 이삼평 기념비를 보다 소중한 지역 자원으로 인식하고, 이를 도자문화 발전의 계기로 활용하는 방안과 인식이 필요한 것이다. 이삼평 기념비는 도로 건설과 관련하여, 앞으로 이전이 불가피한 상황에 있다고 한다. 지역에서의 관심, 시에서의 적극적 대응이 필요한 시점인 것 같다. '도도 공주(陶都公州)'에의 길, 공주에서의 도자 문화의 진흥은 이삼평기념비 문제로부터 출발해야 한다는 사실을 다시 한번 강조한다.

순교유적으로서의 공주 향옥과 그 위치

| 머 리 말 |

공주 향옥(鄕獄)은 조선조 충청감영 산하의 감옥 시설이다. 조선지의 지리지 혹은 읍지에 전혀 언급되어 있지 않은데, 유독 철종조 1872년에 제작된 공주지도 〈공주목지도〉에 그 위치가 그림으로 표시되어 있다. 개략적 위치는 일제시대 공주형무소의 위치에서 크게 멀지 않은 지점이다. 이 향옥 시설은 감옥제도가 개편된 근대까지 시설이 개축되면서 사용되었기 때문에 한말 이후 일제시기의 몇 가지 자료가 남게 되었다.

필자는 이러한 자료의 단편을 모아 공주 향옥에 대한 내용을 『웅진문화』에 처음 소개한 바 있다.[1] 그 후 『공주, 역사문화론집』을 출간하면서 이를 보완하게 되었는데, 이러한 과정을 통하여 공주 향옥이 가진 다양한 의미를 인식하게 되었다. 즉 단순한 형사 집행의 공간으로서만이 아니라 구한말 의병들의 한이 서리고, 박해시대 천주교 순교자의 피가 적셔진 특별한 의미를 가진 장소라는 역사성을 주목하게 된 것이다.[2]

이러한 단계에서 2008년 황새바위가 천주교 순교사적으로 도 문화재(충청남도 기념물 178호)로 지정되고, 2014년에는 프란치

---

1) 윤용혁 「충청감영시대의 공주감옥」 『웅진문화』 4집, 1991 및 「한말의 공주 옥에 대하여」 『웅진문화』 5집, 1992
2) 윤용혁 「충청감영의 공주옥에 대하여」 『공주, 역사문화론집』 서경문화사, 2005

스코 교황께서 대전교구의 여러 순교지역을 방문하면서 황새바위 유적의 중요성이 부각되었다. 다른 한편 황새바위에 대한 학술적 검토도 일정하게 진전되었다. 2002년에 개최된 〈순교성지 공주의 황새바위와 그 순교자들〉은 황새바위의 역사성을 체계적으로 정리한 대표적 작업이었다.[3] 2009년에는 〈공주지역 천주교 순교지와 그 의미〉라는 주제의 웍샵이 충청남도역사문화연구원 주최로 이루어졌다.[4] 2013년에는 금강문화포럼에서 『순교성지 황새바위』라는 제목의 사진자료집이 간행되고, 2014년에는 제7회 충남향토사대회의 제2부 프로그램이 〈공주의 천주교 역사와 순교유적 활용〉이라는 주제로 마련되었다.[5]

황새바위에 뒤이어 향옥에 대한 관심도 기울여졌는데, 2011년 공주황새바위성당 주관의 세미나 〈천주교 순교사적으로서의 공주향옥〉이 그것이다.[6] 이에 의하여 천주교 순교사적으로서의 공주향옥의 성격과 의미에 대한 큰 의문을 정리하는 기회가 되었다.

---

[3] 2002년 11월 19일 양업교회사연구소와 대전 가톨릭대학부설 한국교회사연구소 주관으로 황새바위에서 개최된 이 세미나에서는 「충청도지역의 순교터와 황새바위 성지」(서종태), 「공주 황새바위 순교자와 거주지 조사 연구」(차기진), 황새바위 순교자 이존창의 신앙과 순교(이한영), 「공주(황새바위 순교자들)의 치명사적」(유한영) 등의 발표가 이루어졌다.

[4] 2009.4.30. 황새바위순교성지 대강당에서 개최된 이 워크샵에서는 「충남지역 천주교의 흐름과 공주 천주교회의 위치」(차기진), 「한말 일제강점기 공주지역의 천주교」(김수태), 「공주지역 천주교 사적과 활용」(김정환) 등이 발표되었다.

[5] 2014.9.16. 「초기 천주교사와 공주」(김수태), 「공주의 천주교 순교유적, 황새바위와 향옥」(이상원), 「내포지역 초기 천주교 유적의 활용」(김성태) 등의 발표가 있었고 제3부는 회원들의 충남 각 지역 천주교 유적에 대한 발표가 이어졌다.

[6] 2011.10.18. 공주시·공주대 지역개발연구소 주최로 황새바위성당에서 개최된 이 세미나에서는 「천주교 순교지로서의 공주 향옥」(서종태), 「공주 향옥과 향옥의 위치에 대한 검토」(윤용혁), 「공주향옥의 건축양식 분석 및 복원 방안」(김문수), 「공주 천주교유적의 활용 방안」(유기준) 등의 발표가 있었다.

본고는 공주 향옥에 대한 기왕의 논의를 바탕으로, 특히 그 위치를 좀 더 구체적으로 확정하고자 하는 목적에서 작성되었다.[7]

1. 공주 향옥의 재인식

조선시대에는 서울에 전옥서가 설치되어 형옥을 집행하였는데, 지방의 관아에는 옥이 반드시 수반되었다. 공주 향옥은 충청감영의 사법 관련 시설의 하나였다. 천주교도에 대한 박해로 인하여 제민천변의 황새바위 일대는 그 처형장이 되었지만, 다른 한편 향옥은 처형 이전 단계에 천주교도가 갇혀 있던 공간이기도 하고, 신도의 일부는 이 감옥에서 죽음을 맞기도 하였다. 이러한 점에서 순교사적 황새바위와 공주 향옥은 서로 밀접히 연관되어 있는 순교의 사적지라 할 수 있는 것이다.[8]

공주 향옥에 천주교도의 수감이 이루어지는 것은 천주교에 대한 박해가 특히 광범하게 이루어졌던 대원군 집권 초기인 1866년(고종 3) 병인박해 이후의 일이라 할 수 있다. 그러나 당시 향옥의 상황을 직접 살필 수 있는 자료가 없기 때문에 이후 시기 향옥에 대한 자료를 검토할 필요가 있다.

이후 향옥 자료는 구한말 의병운동과 관련한 자료, 그리고 일

---

7) 본고와 관련, 2014년에 이상원이 발표한 「공주의 천주교 순교유적, 황새바위와 향옥」(공주향토문화연구회 『웅진문화』 27, 2014)은 매우 중요한 자료적 가치를 갖는다. 향옥의 위치를 정리하는데 본고에서 이를 많이 참고 하였다.
8) 인근 홍주의 경우도 1866-1868년 교수형 100명, 옥사 13명 등 113명이 옥중이나 그 인근에서 순교하였다고 한다. 이 때문에 홍주에서 '최대의 순교터'는 홍주옥이었다. 홍주에서의 참수터는 북문 밖 월계천변이었다고 한다. 이에 대해서는 차기진 「홍성지역의 천주교와 순교사 연구」, 『홍성지역 천주교순교지 조사보고서』 충청남도역사문화원, 2005, pp.102-105 참조.

제시대 공주감옥에 대한 자료가 있다. 1896년 초 홍주(홍성)에서 일제의 침략정책에 대항하여 거병한 의병운동이 일어났다. 1894년 동학농민전쟁, 청일전쟁, 갑오개혁 등의 걷잡을 수 없는 새로운 상황의 전개에 뒤이어 1895년 10월 7일 밤에 진행된 민비시해 사건은 일제의 침략의도를 더욱 노골화한 사건이었다. 이에 뒤이어 11월 15일에는 상투머리를 자르도록 하는 단발령이 발포됨으로써 전국이 격동하게 되었던 것이다. 단발령의 시행은 서울에서 곧 지방으로 파급되어 공주 관찰사 이종원은 금강을 막고 행인의 머리를 강제로 깎아 지역민의 인심을 극도로 자극시켰다고 한다.

홍주에서의 의병은 1896년 1월에 봉기하였는데, 여기에는 일반유생과 농민들 이외에 인근 지역의 수령 등 관리들이 가담함으로써 기세를 올렸다. 이들은 김복한(金福漢)을 대장으로 추대하고 청양군수 정인희(鄭寅羲)를 선봉장으로 삼아 이봉학(李鳳學), 이병승 등과 함께 홍주에 이미 집결한 병력을 우선 호서중심지인 공주로 투입하는 작전을 세웠다. 선봉장 정인희가 홍주에 집결된 병력을 이끌고 먼저 공주공격에 나서자 이들 의병군에 협조하는 듯 하였던 홍주 관찰사 이승우(李勝宇)가 순검을 동원하여 대장 김복한을 비롯한 의병지휘부를 전격 체포하였다. 이로 인하여 각처에서 홍주로 집결 중이던 의병들은 구심점을 상실한 채 흩어지게 되었고 공주 공격전에 먼저 투입되었던 정인희의 부대 또한 공주부의 영관 주완희의 계략에 넘어가 공격 시기를 놓치고 말았다. 그 후 홍주의병은 이병승의 선발대가 공주 부근의 공서원에서 구완희의 공주부 관군에게 패퇴하였다. 그리고 이에 따라 소모장 이종소, 이상천 등이 사로잡히고 부대는 해산되고 말았다.

홍주에서 의병운동이 재기한 것은 1905년 을사조약의 강제 체결 이후였다. 1906년 3월 민종식은 예산군 광시 장터에서 의병을 일으켜 한때 홍주성을 점령하고 일본군을 체포, 처형하는 등 전과를 올렸다. 일본군의 대대적 반격으로 수 백 명이 전사함으로써 기세가 꺾이고 말았지만, 이후 의병운동은 홍성, 서산, 당진, 청양 등 충남 서부지역에서 지속적으로 전개되었다.[9]

병인박해 이후 공주에서는 많은 순교자가 발생하였다. 충남 일대에서 체포된 교도들이 공주 감영으로 이송되어 처리되었기 때문이다. 이 때문에 공주는 대표적 천주교 순교지로 꼽혔고, 그 구체적 현장은 황새바위와 함께 공주의 향옥이었다. 1911년 독일의 신부 노르베르트 베버(Norbert Weber)는 일제 식민치하에 들어간 한국을 방문하였는데[10] 그는 여행 도중 충청도의 중심도시이며 다수의 천주교도들이 처형되었던 순교성지, 공주를 방문하였다. 이때 그는 처형장인 황새바위 일대에서 순교자의 피를 회상하였으며 형장에서 그리 멀지 않은 공주옥을 특별한 관심을 가지고 방문하게 되었다. 베버 신부[11]는 그의 한국여행 경험을 글로 엮어 1915년 독일어로 출판하였고, 근년 한국에서

---

9) 김상기 「1895-1896년 홍주의병의 사상적 연원과 전개」 『윤병석교수화갑기념한국근대사논총』 지식산업사, 1990; 김상기 「1906년 홍주의병의 홍주성전투」 『한국근현대사연구』 37, 2006
10) 베버신부의 조선 방문은 처음 1911.2.21-6.24에 걸쳐 이루어졌고, 그후 1925.5.14-10.2에 재방문이 이루어졌다. 재방문시 한국 풍속을 활동사진으로 촬영한 자료가 남아 있으며, 편집된 자료 일부가 KBS에서 소개되었다. 베버 신부에 대해서는 다음과 같은 글들이 참고 된다. 이유재「노르베르트 베버 신부가 본 식민지 조선: 가톨릭 선교의 근대성」『서양사연구』 32, 2005; 이유선「독일인을 통해 구원된 한국 풍물지리와 예술품: 노르베르트 베버 신부의 여행기를 중심으로」『카프카연구』 23, 2010
11) 상트 오틸리엔 수도원의 베버 '신부'의 직책은 정확히는 '총 아빠스'라고 한다. '총 아빠스'는 수도회의 책임자에게 주어지는 주교급의 직무적 칭호이다. (김문수 신부에 의함)

도 번역 출판되었다.12) 베버 신부 일행이 공주에서 향옥을 방문한 것은 1911년 4월 25일의 일이었다.13)

베버 신부의 책에서는 천주교도의 주순교지가 바로 제민천변이었음을 언급하고 있다. 아울러 이 순교 현장에서 바라보이는 공산성의 모습이 삽도로 게재되어 있다. 이들 자료를 근거로 한다면 당시 천주교도의 정확한 순교지는 황새바위의 야산보다는 황새바위 야산의 남측 제민천변 일대였던 것으로 보인다. 1801년 황새바위로 알려진 이존창의 순교지가 보다 정확히는 '금강의 사장(沙場)'(『盧尙樞日記』)이라 한 것도 바로 이점을 암시한다.14) 물론 이것이 황새바위의 순교지로서의 의미를 감소하는 것은 아니다. 그러나 이 사실을 지적하는 것은 순교지의 실제 범위가 황새바위를 포함하여 보다 넓게 인식되어야 한다는 점을 강조하기 위한 것이다. 순교지에 대한 공주향옥에 대한 문제도 순교 사적의 공간적 인식을 새롭게 하기 위한 기초 작업이라고 할 수 있다.15)

---

12) 『IM LANDE DER MORGENSTILLE - REISE_ERINNERUNGEN an KOREA)』 Missionsverlag St. Ottilien, Oberbayern, 1915(1923 재판); 박일영·장정란 역 『고요한 아침의 나라』 분도출판사, 2012
13) 베버 신부의 공주 방문을 중점적으로 검토한 것으로는 송충기 「노르베르트 베버 신부의 공주여행기: 선교사에서 순례자로」 『웅진문화』 26, 2013 참고.
14) 서종태 「천주교 순교지로서의 공주 향옥」 『천주교 순교사적으로서의 공주 향옥』(세미나 자료집), 공주황새바위성당, 2011, p.4 참조.
15) 조선시대의 공주감옥과 관련하여 1987년 서문당에서 간행한 사진자료집에 흥미로운 자료가 실려 있다. 1872년 「공주목지도」에 그려진 '향옥'이 사진으로 제시되어 있기 때문이다. 한말 혹은 일제시기의 촬영으로 보이는 공주감옥의 관련 사진 자료는 수 매에 이르고 있다 서문당 『사진으로 본 조선시대 생활과 풍속』 1987 및 『사진으로 보는 독립운동(상)』1987, p.123

공주의 천주교도 순교지, 황새바위 (신용희 사진)

2. 순교성지로서의 공주 향옥

서종태에 의하면 박해시대 공주에서 순교한 281명의 순교자 중 참수형 36명에 대해, 교수형이 193명에 달한다.16) 참수형의 현장이 황새바위인데 대하여, 교수형은 옥에서 이루어졌다.17) 실제 순교의 현장으로서의 감옥의 압도적 비중을 말해주는 것이다. 그밖에 옥에서 순교한 자 4명, 돌에 맞아 순교한 자 2명, 독약을 받아 순교한 자 3명, 매맞아 순교한 자 1명, 순교방식이 불분명한 자 42명으로 집계되어, 실제 향옥에서의 순교 비중은

---

16) 근년 이상원은 공주지역 순교자 337명의 명단을 정리하면서, 공주지역에서의 순교자의 규모를 대략 1,500명으로 추산하였다. 이상원 「황새바위 치명자 명단」『웅진문화』24, 2011, pp.155-193.
17) 옥에서 교수형이 집행된 사실은 1866년 공주에서 교수형을 당한 金明集의 시신을 아들 金光植이 수습하는 과정에서 확인된다. 서종태, 앞의 논문, p.4 참조.

더욱 늘어난다.[18] 그리고 공주 순교자의 절대 비중을 차지하는 옥은 바로 공주 향옥이다. 서종태는 공주 순교자의 순교현장을 분류하여 황새바위 36명, 향옥 197명, 진영 뜰 3명, 감영 뜰 2명, 진영 또는 감영 뜰 1명 등으로 집계한 바 있다.[19]

앞에서 언급한 바와 같이 1911년 노르베르트 신부가 공주 향옥을 찾아 묘사한 공주 감옥의 모습은 다음과 같다.

직경 30미터의 둥근 마당 한복판에 초라한 옥사가 있고, 그 앞에 지금은 일본인 간수들의 숙소로 쓰는 양철지붕집이 보였다.
밖에서 잠시 짬을 내어 옥문의 구조를 관찰했다. 가로 70cm, 세로 120cm의 무거운 판자문이 두 짝이다. 양쪽 날개가 만나는 지점 상단, 즉 각 날개 모서리를 손바닥 크기로 파서 작은 구멍을 내놓았다. 옥졸은 적당한 거리를 두고 그 구멍을 통해 바깥을 살폈다. 문 옆으로도 벽을 뚫어 구멍을 내고 대나무를 꽂아두었다. 그것은 일종의 송수신기로, 간수와 외부세계를 연결하는 창구 역할을 했다.[20]

한편 향옥 주변은 순교자들의 시신이 버려진 곳으로 추정되고 있다. 1866년 2월 16일 공주에서 교수형으로 순교한 송루시아에 대한 증언에서 "죽은 후 10일 만에 죄인의 형제가 가서 보니 수풀 속에 시체가 많아 찾을 수 없더니, 섶을 이고 나무 속에서 나오는 한 여인을 만나 자세히 묻고 가 보매, 시체가 늠름하여 생시와 같고 얼굴이 빛나고, 몸을 만져보니 오히려 온기 있는 듯 부드럽고 냄새가 없더라"[21]고 하였는데, 실제 향옥 주변 밭이나 숲 속에 내

---

18) 연도별로는 1866년 123명, 1867년 81명, 1868년 39명으로, 1866-1868년에 집중되어 있다. 이에 대한 상세한 내용은 서종태, 앞의 「천주교 순교지로서의 공주 향옥」 pp.2-3 참조.
19) 서종태, 위 논문, pp.6-7
20) 박일영·장정란 역 『고요한 아침의 나라』 분도출판사, 2012
21) 『병인치명사적』 24, pp.91-93 (서종태 논문에서 재인용)

100년 전, 공주향옥의 원경

다버린 순교자의 시신은 매우 많았다는 것이다.22) 이러한 사실은 순교지로서의 공주 향옥과 그 주변 공간의 의미를 재인식하게 한다.

일제시대 공주형무소의 시대에도 한동안 구감옥이 존치되었다. 1930년대 이 구감옥에 대한 자료가 남아 있다. 이는 향옥이 부분 개수된 것이지만, 기본적으로는 향옥의 모습을 전하는 것이라 할 수 있기 때문에 그 내용을 그대로 옮기면 다음과 같다.

원형옥이 최근까지 보존되어 있는 것은 공주군감옥이라 칭하는 것으로, 현재 공주감옥의 신축 이전까지 이 감옥의 분금장(分禁場)으로 사용되었던 것이다. 이 원형옥은 직경 15칸, 바깥담의 두께는 약 3자, 높이 약 1장이고, 율석(栗石, 동글동글한 돌)으로 쌓은 상단은 기와를 길게 이어 덮고 1개의 잠문(潛門)을 가설했는데, 문 앞에는 간수소(看守所)를 두고 있었다. 내부의 옥사는 극히 조잡하게 만들었는데 근년에 만든 것인 듯하고, 옛날 구조와는 달리 안이 들여다보이는 견잔식(堅棧式)으로 만든 새로운 것이다. 건물은 방이 두개, 10평 정도의 면적을 가지고 있다. 감방은 낮에는 개방하고, 수감자의 구내에 있는 감방 출입은 자유로웠다. 당시 수감자는 2, 30인이 있었던 듯하지만 여기에서 약 10정(町) 떨어진 곳에, 본소에서 파견된 1인의 간수가 담 밖에 있으면서 계호(戒護)하고 있는 것이다.23)

---

22) 서종태, 앞 논문, pp.7-8

1908년 통계에 의하면 서울 835인(기결, 미결 총수, 이하 같음)에 비하여, 대구 252인, 공주감옥은 248명이었다.24) 신제도에 의한 8감옥 수용인원은 서울을 제외하면 지방에서는 공주가 대구와 함께 수용인원이 가장 많았다. 248명중 '강도'가 146명으로 거의 절반에 가깝고, '내란'에 해당되는 자가 12명, '폭동' 26명, '반역' 1명 등으로 집계되어 있다. 1908년(융희 2년)이라면 일제의 식민지 강점 직전의 일로서, 군대 해산이 자행된 바와 같이 사실상 일제에 의한 지배가 실현된 시점이다. 이 해에는 군대 해산과 동시에 감옥제도에 대해서도 크게 제도를 바꾸어 서울의 경성 감옥과 함께 공주, 함흥, 평양, 해주, 대구, 진주,광주 등 8개 감옥을 두어 업무를 담당하도록 하였다. 따라서 '내란', '폭동'. '반역'은 일제에 대하여 저항한 정치 사건이었다고 보아야 한다.

3. 다른 지역 향옥의 사례

조선시대 '향옥(鄕獄)'이라는 용어는, 경옥(京獄) 즉 중앙의 감옥에 대한 상대어인 것 같다. 지방감옥이라는 말로서, 말하자면 지방 교육기관을 '향교'라 칭한 것과 비슷한 것으로 생각된다. 구한말 1894년 갑오개혁에 의하여 감옥제도도 개편된다. 서울에서는 포도청을 폐지하고 대신 경무청이 창설되었으며 전옥서(典獄署)는 감옥서(監獄署)로 개칭된다. 지방 감옥에 대해서는 이듬해 1895년 각 지방에도 감옥서를 설치하도록 하고 종래의 옥사를 그대로 사용하는 것으로 하였다. 이후 식민지로 옮겨지는 국

---

23) 中橋政吉 『朝鮮舊時の刑政』朝鮮總督府, 1936, pp.122-123
24) 1908년 수감 인원 통계는 함흥 80, 평양 178, 해주 133, 진주 132, 광주 132인 등으로 되어 있다. 中橋政吉 『朝鮮舊時の刑政』朝鮮總督府, 1936, pp.164-165

가 정세의 변동과 함께 제도 개편이 이루어지면서 감옥도 근대적인 법제에 의하여 운영되게 된다. 공주옥의 명칭도 1895년 이후로는 '공주감옥'으로 이름이 바뀐 것이라 할 수 있다.[25)]

공주 이외 다른 지역의 향옥, 혹은 감옥 사례도 공주 향옥을 고찰하는 데 일정한 도움을 줄 것으로 생각 한다.

경주는 고지도상에 향옥이 표시되어 있고, 근년 그 유적이 발굴되어 객관적 자료를 남기고 있다. 1997년 국립주문화재연구소에서 조사한 조선시대의 경주 옥터는 '경주 서부동 19번지 유적'의 일부이다. 여기에서는 신라시대로부터 조선조에 이르는 여러 유적(건물지, 옥터, 우물, 도로 등)이 확인되었다. 이곳은 원래 경주 문화중고교가 위치해 있다가 학교의 이전에 따라 아파트 건립을 위한 사전 문화재조사 과정에서 유적이 확인된 것이다. 조선조 경주옥은 공주옥과 같은 둥근 형태의 원옥(圓獄)으로서, 조선조 감옥의 실제 자료로서 매우 중요한 자료로 생각된다.[26)]

조선조(1798) 「경주읍내지도」에 나타난 경주옥의 경우는 성 안 서쪽, 민가가 없는 전지(田地)의 가운데 위치하며 둥근 원형의 담 안에 2동의 옥사가 병렬되어 있으며 정면에 옥의 정문이 그려져 있다. 관아와 다소 떨어진 한적한 곳에 원형옥으로 지어진 것이 공통적이다. 감옥을 둥근 평면의 원옥(환옥)으로 시설한 것은 고대 이래 매우 유서 깊은 전통을 가진 듯하다. 병렬형 옥사 구조를 가진 경주옥의 경우를 참고하면, 경주옥은 동서 2동의 옥사를 갖추었는데, 동편 옥사(건물지 2)는 동서 11×남북 15m, 서편옥사(건물지 1)는 동서 8×남북 12.5m의 평면넓이였다.[27)] 옥사 건물이 서로 대소간 약간의 차이가 있는 것이 주목

---

25) 中橋政吉 『朝鮮舊時の刑政』 朝鮮總督府, 1936, pp.95-110
26) 국립경주문화재연구소 『경주 서부동 19번지 유적 발굴조사보고서』 2003 참조.
27) 국립경주문화재연구소 『경주서부동 19번지유적 발굴조사보고서』 2003, p.72. 한편 임재표의 자료는 발굴조사보고서와는 약간 수치가 다른데,

되며, 남녀간의 성별에 따른 용도로 추정되었다. 28)

참고로 1997년 경주문화재연구소에 의해 발굴 조사된 경주의 원옥은 내부 평면의 지름(담장 기단 내측의 지름)이 동서 33.5m, 남북 23.5m로서, 대략 공주옥의 경우와 큰 차이가 없는 규모였다. 경주옥의 조사보고서에는 옥지의 규모 등에 대한 자세한 수치가 제시되어 있지 않다. 임재표는 조사보고서 출판 이전에 경주의 발굴자료를 토대로 개인적으로 경주옥의 조사 내용을 정리 소개하였는데, 이에 의하면 경주옥은 평면의 바깥지름이 35.2m(또는 37.8m), 안지름 30.1m(또는 34.7m), 담장의 기초석 너비가 2.8-2.9m, 담장의 너비 1-1.1m, 원옥의 내부 공간 면적은 254평이었는데, 이 수치는 대략 발굴보고서의 제시보다 약간 큰 규모로 파악된 것 같다. 29)

공주 인근지역의 경우, 홍주와 청주는 성 안에 감옥이 설치되어 있었고, 충주는 성 남문 밖에 옥이 만들어져 있었다. 30) 지역에 따라 성안에 설치되기도 성 밖에 설치되기도 하였음을 알 수 있다. 공주는 다른 지역과는 달리 읍성이 만들어져 있지 않았지만, 향옥의 위치는 관이에서 멀리 떨어진 고립지역이라는 점에서 개념상으로는 성 밖에 해당한다고 할 수 있다. 여타 지역의

   동편 옥사는 기초석 외측 기준 50평(옥사 벽 기준 35평), 서편 옥사는 기초석 외측 기준 30평(옥사 벽 기준 19평의 규모가 이라 하였다. 아울러 경주옥의 옥사가 단층건물인데도 기초석의 너비(폭)가 무려 2m에 이르고 있는 것은 破獄 도주를 우려한 감옥 건물의 특성을 반영하고 있다고 보았다. 임재표, 위의 논문, pp.32-39.
28) 국립경주문화재연구소 『경주서부동 19번지유적 발굴조사보고서』 2003, pp.258-259 참조. 이는 조선시대 典獄署의 구조에 근거한 추정으로 보이는데, 그러나 만일 그렇다면, 공주옥이나 여타의 향옥에서도 2동 옥사의 병렬형이 일반적이었을 것이나, 그렇지 않다는 점에서 남녀별 옥사라는 의견은 검토의 여지가 있다.
29) 임재표「조선시대 경주 원형옥에 관한 연구-발굴현장 조사를 중심으로」『矯正』 264호, 1998년 4월호, pp.27-28 참조.
30) 서울대 규장각 소장의 홍주지도, 청주목지도, 충주목지도 참조.

경우 감옥은 지도상에 둥근 담 안에 와가의 건물 1동을 그려서 옥을 표시 하였다. 치소의 감옥을 둥근 담으로 두른 것은 모든 지역에 공통하였던 것으로 보인다.31)

1908년 당시 지방 감옥의 실태에 대해서는 당시 '신관제(新官制)'에 의하여 일본으로부터 부임한 형무관이 감옥의 실태를 법부에 제출한 보고서에 다음과 같이 묘사되어 있다.

임재표의 전통 감옥 연구

재감자는 종일 방안에 유폐되어 운동을 하지 못함은 물론 방밖에 나가는 기회도 주지 않는다. 그 많은 자들에는 지금도 여전히 칼(首枷), 족쇄 등 불합리한 기구를 사용하고, 전혀 산체의 자유를 구속하여 운동은 물론이고 누워서 자지도 못하게 한다. 감방은 온돌식으로

---

31) 임재표는 경상도와 충청도 지역의 전통 옥터를 조사 답사하고 그 결과를 『영남지역 전통 옥터 조사 및 답사 기록』(대구지방교정청, 2013) 및 『충청지역 전통 옥터 및 형벌문화 답사 기록』(대전지방교정청, 2014)으로 간행한 바 있다. 2014년 대전교정청장 재직시 제7회 충남향토사대회에 토론자로 참여하기도 하였는데, 2015년 갑작스러운 부음을 들었다.

하여 좁고 창문도 없고 거의 땅속의 움(土窨)이라고 할 선택의 여지가 없는 구조이기 때문에, 음울하여 광선은 물론 공기의 유통도 없어 악취가 충만하여 잠깐 동안의 시찰에서도 구토를 일으키는 자도 있을 정도이다. 게다가 청소와 그 외의 청결법을 행하지도 않아 목욕은 커녕 세면, 세수, 모발이나 수염을 깎는 일도 하지 않으므로 온몸이 더러운 때로 덮여 있다. 게다가 흡혈충 때문에 피부가 제대로 남아있지 않다. 영양은 극도로 불량해지고 질병이 있어도 약조차 주지 않기 때문에 모든 수인들이 안색이 창백하고 모습은 매말라 그 처참함이 참으로 눈으로 보기 어려운 모습을 보이고 있다. 이러한 사정이어서 날마다 사망자가 나와 그 수는 참으로 놀라지 않을 수가 없다. 또 징역수에게는 일정한 의류와 와구(臥具)를 착용시키는 규정이 있으나 그 방식 등에 대해서는 아무 것도 정해진 것이 없고, 또 실제 착용시킨 사실이 없다. 심지어 벌거벗은 채로 입감(入監)하는 자가 있어도 의복을 주지 않는 채 그대로 구금해둔다. 식량에 관해서도 하루당 8전(錢)이라는 규정이 있으나 모든 수인들에 대한 예산을 배부하지 않기 때문에 두루 돌아가지 않아 며칠은 먹지 못해 굶주리는 경우가 적지 않다. 영(令)을 내려 급여할 때가 있어도 종래의 관습에 따라서 하루 2번을 넘지 못한다. 이 처럼 음식의 지급을 제대로 하지 못한 결과 돈을 가진 자는 자유롭게 구매하고 또 임의로 작업을 해서 그 제품을 팔아 얻은 금전으로 음식을 얻어 잠시 굶주림을 모면하는 자도 있다. 역형(役刑)에 처한 자는 정역(定役)에 복무하도록 규정되어 있지만 아직까지 취업시킨 사실이 없고 하루 종일 방 안에 빈손으로 그냥 있게 한다. 다만 소지금이 있는 자는 임의로 물건을 매입하고 감방 안에서 신발 등을 제작하여 그것을 순검이 곁에서 감시하면서 시장에 가지고 가서 팔아 그 돈으로 음식 구매의 자금으로 충당하는 것을 허가한다. 또 수감자 소유의 금전이나 물품은 모두 그대로 본인에게 교부, 영치(領置)하고 수감 중에 그 사용처분은 자유롭기 때문에 그 결과 흡연, 음주, 도박, 뇌물 등의 폐해가 백출한다.[32]

일제 초기의 사정이라서 19세기 공주 향옥과는 시기적 차이가 있지만, 비인간적 처우, 극도로 불결한 위생상태, 굶주림 등 옥사 내부의 사정은 유사하였을 것이다. 아사, 전염병과 같은 질병의 빈발 등에 의한 사망자가 속출하였을 것은 충분히 짐작할 수 있다.

4. 공주향옥의 위치에 대한 고증

이제 마지막으로 조선조 공주 향옥의 위치에 대하여 검토하고자 한다. 간접적 자료이기는 하지만 공주옥에 대한 가장 이른 시기의 자료는 영조대에 작성된 『여지도서』이다. 공주의 주치(州治) 내에 '옥거리'라는 마을이름이 등장하여 조선시대 공주감옥에 대한 단편적인 암시를 하고 있다.[33] 지명조사에 의하면 "옥터거리 : 아래봉산(하봉산)에 있는 마을. 현 공주군청 앞이 되는데, 전 공주감옥이 있었음"이라 하여[34] 조선시대의 감옥이 '옥거리', 즉 구 공주군청 앞에 위치하고 있음을 밝히고 있다.

고종 9년(1872) 제작의 「공주목지도」에는 '향옥(鄕獄)'이라는 이름으로 조선조 말의 공주감옥이 기재되어 있고 아울러 감옥의 모양이 그림으로 그려져 있다.[35] 이는 공주 향옥에 대한 거의 유일한 기록일 뿐 아니라, 간략하지만 그림으로 표시되어 있다는 점에서 중요하다. 그 위치는 지도상으로 볼 때 향교보다 아래(동편)이고, 제민천의 위(서편)이며 하고개로부터 옥룡동 방향으로 나가는 길 바깥(북편)에 위치하는 것으로 되어 있어, 앞에

---

32) 中橋政吉, 『朝鮮舊時の刑政』 朝鮮總督府, 1936, pp.161-162
33) "獄巨里 : 州內 編戶二十五 男三十五口 女三十三口"(『여지도서』 공주목 坊里條)
34) 한글학회 『한국지명총람』 충남편, 1974, p.42
35) 윤용혁 「공주목지도에 대하여」 『웅진문화』 1, 1988 및 「공주목지도에 나타난 공주 문화유적」 『백제문화』 24, 1995

서 언급한 바 있는 '옥거리' 즉 구 공주군청 앞과 일치한다. 이는 한말 고종년간「공주목지도」에 나타난 공주향옥이 조선시대의 공주감옥과 같은 것임을 의미하는 것이다.

이 공주감옥에 대해서는 1957년도에 간행된『공주군지』에 "당시의 내감옥은 공주군 남부면 하봉촌(현 전매서 동단)에 설치되었고, 외감옥은 환옥(圜獄) 구지(舊址)(현재 군청전)에 부설하였다."라고 하고 있다. 이로써 보면 조선조 공주감옥은 내외 2개의 감옥이 있었으며 내감옥의 위치는 감영에 근접 한 위치에, 그리고 외감옥은 구 공주군청 앞 일대에 위치하고 있었던 것이다. 성격상 내감옥은 일종의 유치장이나 구치소와 같이 관아의 판결 전후 임시 수감하던 곳이며, 형이 확정된 후 외감옥으로 이송되었던 것으로 생각된다. 또한 외감옥을 '환옥'이라 한 것을 보면 이것이 바로 「공주목지도」에 표시된 '향옥'임을 알 수 있다. 조선시대 고지도의 기록, 구한말의 사진자료, 그리고 지적도의 자료는 향옥의 옛터를 개략적으로 확인할 수 있는 자료들이다.

충청감영시기 조선조 공주 향옥에 대해서는 요행히도 구한말에 촬영된 사진자료가 남겨져 있다. 지금은 주변 환경이 크게 바뀌었기 때문에 이에 의하여 정확하게 부지를 확정하기

2014년 제7회 충남향토사대회 발표 자료집

는 어렵지만 제민천, 신작로 등의 주변 지형의 인식이 가능하여 개략적 위치를 가늠할 수 있다. 이를 보다 구체적으로 확인할 수 있는 것은 일제 초에 제작된 〈공산성 부근 지형도〉이다.36) 이 지도에는 향옥이 '감옥서 작업장'이라고 표시되어 있어 그 위치를 거의 확정할 수 있는 자료가 된다.

최근 이상원은 공주 향옥에 대한 기초적 자료를 수집하는 과정에서 향옥 추정지역 일대에 대한 대정 2년도(1913년) 지적도를 확인하였다. 여기에는 향옥의 위치를 더 구체적으로 확정할 수 있는 정보가 남겨져 있다. 향옥의 구지로 추정되는 위치에, 비교적 넓은 면적이 한 필지의 '대지'로 등재되어 있는데 이것이 바로 옛 향옥의 대지임에 틀림이 없다고 생각된다. 그 상태가 토지대장 등록시에 옮겨지고 지금까지 한 필지의 '대지'로 그 흔적을 남기고 있는 것이다.

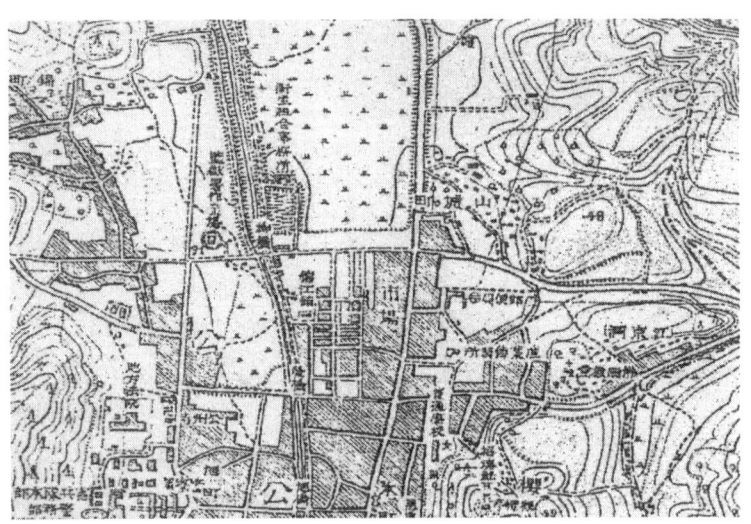

1910년대 지도에 표시된 공주향옥('감옥서 작업장')

---

36) 朝鮮總督府 『朝鮮古蹟圖譜』 3, 1916

확인된 향옥의 위치는 시청별관과 제민천 사이에 형성된 공간이다.(지번 114-1, 2 坐)37) 지금은 이곳에 주택과 교회와 아파트 등의 건물이 밀집되어 있다. 이 공간과 시청 별관과의 사이에 도로로 만들어진 것은 일제시기 형무소를 다시 만들고 주변 지역이 개발되면서 조성한 도로인 것 같다. 다행한 것은 이 향옥의 공간에 근접하여 바로 이 길 하나 사이로 교동 성당이 자리 잡고 있다는 사실이다.

공주옥의 터 일대에는 지금은 근년에 새로 건축한 콘크리트제의 각종 건물들이 들어서 있어 원래의 환경과는 크게 달라져 있지만 그 대지 일부에는 오래 전에 지은 노후한 가옥이 일부 남겨져 있다. 많은 것을 할 수는 없지만 그러나 공주향옥 터의 부지 일부를 확보하여 이를 순교성지의 공간의 일부로 활용할 수는 있을 것이다.

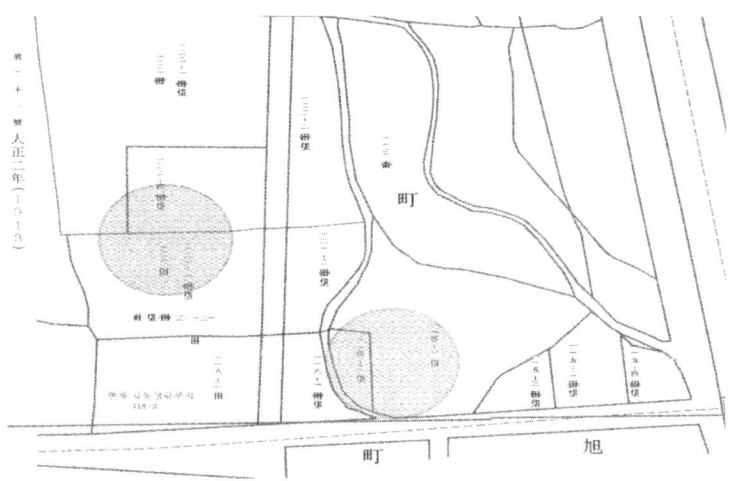

공주향옥 주변의 1913년도 지적도와 향옥 추정지(114-1, 2 坐)(이상원)

---

37) 이상원 「공주의 천주교 순교유적, 황새바위와 향옥」 『웅진문화』 27, 2014, pp.16-19

| 맺 는 말 |

본고는 조선시대 말 피체되어 이감된 천주교도들이 주로 수용되었던 공주 향옥에 대하여 그 역사적 성격과 더불어, 특히 그 위치를 구체적으로 확정하는 목적으로 집필된 것이다.

공주향옥은 원래 충청감영에 부속 설치된 감옥이었지만, 한말 의병운동, 혹은 병인박해 이후 충남 각처에서 피체된 천주교도를 수감한 장소가 되었다. 특히 황새바위에서의 순교자들은 대개 향옥에서의 수감을 거쳐 순교한 것으로 생각되며, 특히 순교자의 절대 다수가 향옥에서 교수형에 처해진 것으로 추정된다. 이러한 이유로 1911년 한국을 방문한 베버 신부는 황새바위와 함께 이 공주옥을 일부러 방문하였다. 따라서 향옥은 황새바위와 함께 순교의 피와 고통이 스며들어 있는 생생한 역사의 현장이라 할 수 있다.

공주향옥의 현장에 대해서는 향후 보다 적극적인 보존과 정비를 위한 노력이 절실히 필요하다. 향옥의 현장이 확보되면 황새바위와 향옥을 연계하는 순교유적의 활용이 가능해질 것이다.

제 3 장

백제문화제 60년

1. 백제문화제의 역사, 60년
백제·백제문화, 백제문화제의 정체성 / 부여에서 백제문화제가 시작되다 (1955-1965) / 공주에서도 백제문화제를 개최하다(1966-1978) / 공주와 부여에서 번갈아 개최하다 (1979-2006) / '7백년 대백제의 부활' 백제문화제의 세계화(2007-2009) / '2010 대백제'의 역사 / 백제 부흥의 기치를 올리다(2011-2014) / 백제문화제, 앞으로

2. 2010 대백제전 세계화의 과제
왜 '2010 대백제전'인가 / 백제문화제 추진 과정과 외적 여건에서 파악되는 시사점 / 일본을 목표로 한 여건에 대한 검토 / 시민 혹은 지자체 레벨 교류의 지속적 강화 / 새로운 백제 콘텐츠의 개발 / 여건 변화에 부응하는 새로운 아이템 개발

3. 백제문화제 60년, 그리고 앞으로
백제문화제, 한국에서 가장 오랜 지역 축제 / '백제대제'에서 '세계대백제전'까지 / '충남인의 축제'로서의 백제문화제 / 백제문화제, 21세기의 백제 부흥운동

백제문화제의 역사, 60년*

1. 백제·백제문화, 백제문화제의 정체성

백제문화제의 정체성과 근거는 1천 5백 년 전 고대왕국 백제에 있다.

백제는 기원을 전후한 시기 한성, 즉 오늘의 서울 강남지역에 자리를 잡으며 성립하였다. 475년 공주로 도읍을 옮기고 538년 부여로 도읍을 옮겨 663년까지 지속하였다. 7백년 백제 가운데 서울에 도읍한 기간은 5백 년이나 된다. 그럼에도 불구하고 백제라고 하면, 충남의 공주와 부여를 사람들은 이야기 한다. 백제가 자랑하는 문화적 발전, 대외적 영향력이 바로 공주와 부여 도읍 시기에 발휘되었기 때문이다.

부여, 공주에 백제의 왕도가 자리하다

충남지역에서의 백제왕도의 기간은 475-660년에 이르는 2백 년 미만의 기간이다. 663년까지 새로운 왕을 중심으로 부흥전쟁이 이어졌기 때문에, 백제의 존속기간은 663년까지로 보는 것이 옳을 것이다. 그렇게 계산하면 188년이 된다.

고구려의 공격으로 한성이 함락되면서 개로왕을 비롯한 왕족, 귀족들이 거의 희생을 당한 상태에서 문주왕이 한강 이후 새로

---

* 본고는 최석원과의 공동 집필 원고로서『백제, 축제로 부활하다』(서경문화사, 2014)에 수록된 것이다. 공동 집필자의 양해를 얻어 이 책에 포함하였다.

운 거점으로 공주를 택한 이유는 첫 번째는 방어상의 이점이고, 둘째는 내륙수로를 이용한 교통의 편의성이다. 거기에 공주는 육로 교통에 있어서도 남북을 연결하는 요충이며 인접 지역에 넓은 평야가 분포하여 생산성 높은 지역을 배후로 하고 있다는 점에서 퍽 유리한 곳이기도 하였다. 방어와 교통과 생산성이라는 세 가지 요소가 만나는 공간인 것이다. 최근 수촌리 유적의 발굴은 천도 이전 공주 지역에 상당한 정도의 지방 세력이 실재하였다는 사실을 입증해주고 있는데, 천도 초기 왕실 유지와 도시 건설에는 이같은 공주지역 토착 세력의 도움이 필수적이었을 것이다.

475년 공주로 천도한 백제는 초기에 문주왕과 삼근왕이 비명에, 혹은 단명으로 사망하는 등 내분이 끊이지 않았다. 그러나 동성왕과 무령왕대에 이르러 국세를 회복하고 안정 기반을 구축하는데 성공한다. 특히 무령왕은 고구려에 대한 공세적 선제공격을 취하면서 방위를 공고히 하면서, 대규모 간척과 수리시설 건설에 의한 농지를 확대하는 등 경제적 안정 기반을 확보하였다. 남조 혹은 일본과의 활발한 교류에 의하여 백제 중심의 동아시아 세계를 구축할 수 있었던 것도 이같은 국내외 여건의 안정화를 기반으로 하는 것이었다. 1971년에 발견된 무령왕릉은 6세기 초 백제의 발전과 국제적 위상의 회복을 여실히 보여주는 생생한 자료이다. 538년(성왕 16) 성왕은 백제의 국호를 '남부여'로 칭하면서 부여로 천도하여 백제의 새로운 도약과 발전을 추구하게 된다.

475년 웅진천도는 본격적 공주 역사의 출발이다(공주 전경)

동아시아 고대문화가 꽃피다

공주와 부여가 백제의 도읍이 됨으로써 충남지역은 백제 문화 발전의 터전이 되었다. 백제문화는 기본적으로는 토착문화와 외래문화의 결합이라 할 수 있다. 백제 지배층의 주류가 고구려 계통이었다는 점, 백제문화의 발전에 중국의 선진 문화가 크게 기여하였다는 점을 부정할 수 없기 때문이다. 토착문화의 고유성, 외래문화의 보편성을 결합하여 새로운 문화발전을 이룩한 것이 백제문화였다고 할 수 있다.

백제문화의 발전에는 불교의 영향이 매우 컸다. 대통사지, 정림사지, 왕흥사지, 군수리사지, 능사지 등 공주와 부여 시내 일대에서 발견되는 많은 백제시대 절터는 이 시기 백제의 불교문화와 선진 기술이 크게 발전되었던 사실을 입증한다. 또 무왕대 (600-640)에는 익산에 미륵사와 탑을 짓는 등, 기왕의 사원과 비교되지 않는 거대한 규모의 가람을 운영하였다. 백제문화의 중심에 있는 백제 미술은 '자연미'를 특징으로 하며, 부드럽고 섬세한 백제인, 충청인의 심성(心性)이 반영된 것이었다.

한 가지 유의해야 할 것은, 백제시대 금강 유역이 왕도로서 발전하였지만 충남의 서부지역도 뛰어난 백제문화의 유산을 남겼다는 점이다. 특히 예산, 서산, 태안에 남겨진 백제 불상은 왕도에서 볼 수 없는 백제문화의 정수라는 점에서 큰 의미가 있다. 이같은 기반이 있었기에 부여가 함락되자 내포지역에서 조직적인 부흥운동의 추진이 가능하였던 것이다.

충남권의 백제에서 꽃피운 고대문화는 신라에도 영향을 주었다. 신라의 대표적 사찰이었던 황룡사의 9층탑 건설을 백제의 기술자 아비지가 주관하였다는 사실은 이를 단적으로 입증한다. 백제의 불교와 문화 전반은 일본으로 전수되어 일본 고대문화 개화에 절대적 기반이 되었다는 것은 잘 알려져 있는 바와 같다. 538년 성왕 때 백제의 불교가 일본에 전해지고, 588년 아스카에 세워진 일본 최초의 사원 법흥사(法興寺; 飛鳥寺)가 백제의 후원에 의하여 조영되었다. 593년에 조영된 오사카의 사천왕사는 부여의 사원과 동일한 구도로 되어 있다. 불교라는 종교만이 아니라 이를 바탕으로 한 최신의 문화와 기술, 예술이 그대로 전달되었기 때문에 일본의 고대 문화에서는 백제의 기술적 예술적 미감을 엿볼 수 있는 것이다.

백제 부흥에의 한

660년 나당연합군의 공격으로 7월 13일 부여가 함락 당하고 의자왕은 공주에서 붙들려 종내 낙양 땅으로 끌려가고 말았다. 7백 년 백제가 종막을 고하게 된 것이다. 그러나 부여의 함락에도 불구하고 지방에서는 남은 군사력을 결집하여 백제 부흥을 도모하였다. 주류성과 임존성이 그 거점이었다.

임존성은 예산군 대흥면 일대로서, 부여 도성 함락 직후 흑치상지(黑齒常之)에 의하여 부흥운동의 봉화가 올려진 곳이다. 흑치상지가 봉기하여 임존성(예산)에 의거하자 10일 만에 3만 여 명이 모여들었다고 기록되어 있다. 소정방은 나당군을 동원하여 임존성을 공격 하였으나 실패하였다. 이에 소정방은 유인원으로 사비를 지키게 하고, 의자왕과 왕자들 및 대신 장사 88인, 백성 1만 2천 807인을 포로로 하여 뱃길로 귀국하였다.

661년 9월 왜에 머물던 왕자 풍이 귀국, 백제의 왕통을 이었다. 그러나 부흥군 내부에서는 복신이 도침을 살해하는 등 내분이 야기되었다. 복신과 풍왕의 갈등으로, 663년 6월 풍왕이 복신을 살해, 부흥군의 세력과 사기는 크게 떨어졌다. 풍왕은 고구려와 왜로부터의 원병을 요청하였다. 이때 임존성의 흑치상지는 풍의 복신 살해에 반발한 듯, 당(부여 륭)에 항복하고 말았다. 663년 7월, 신라는 문무왕이 직접 김유신 등 28장군을 거느리고 출발, 웅진에서 당의 유인원과 합세하였다. 당군과 문무왕의 신라군은 육군으로 진격하고, 유인궤, 부여 륭은 수군과 군량을 싣고 합세하였다. 한편 부흥운동을 지원하는 왜의 원병 1만은 '백강(백촌강)구'에 도달, 양측 수군이 백강구를 사이로 대치하였다.

8월 27, 8일 왜의 선공에 의한 백강구 싸움은 썰물을 타고 당 수군이 협공하여 4회에 걸친 싸움 끝에 왜 선단 400여 척이 궤멸되고, 이어 주류성이 함락되었다. 주류성을 함락한 나당군은 10월 22일(663)부터 임존성(예산군) 공격에 나섰다. 지수신(遲受信)의 부흥군이 이를 격퇴하였지만, 11월, 임존성은 마침내 흑치상지에게 함락되고 말았다.

백제문화제는 우리 시대의 '백제 부흥운동'이다. (신용희 사진)

'백제 부흥'이 다시 추진 것은 그로부터 240년이 지난 뒤의 일이었다. 경상도 문경 출신으로 전라도 서남해안에서 장교로 근무하던 견훤은 서기 900년 전주에 도읍하고 백제 부흥을 선언하였다. 백제를 부흥하여 "의자왕의 원한을 풀겠다"는 것이 그의 후백제 개창의 변이었다. 그러나 궁예를 무너뜨리고 정권을 장악한 고려 왕건과의 쟁패에서 밀려남으로써 견훤에 의한 백제 부흥은 수포로 돌아가고 말았다. 당시 후백제와 고려의 최후 전투 현장이 논산 개태사 일대였으며, 개태사는 태조 왕건이 후삼국통일의 기념으로서 사원을 창건한 것이었다. 아리러니칼하게도 견훤은 후백제 정벌전에 고려군의 앞잡이가 되어 참전하였으며, 후백제의 멸망에 울분을 참지 못한 견훤은 고려 통일 직후 바로 죽음을 맞게 된다. 견훤의 왕릉은 논산시 연무대, 멀리 전주를 바라보는 언덕 위에 만들어졌다.

백제문화제는 지역의 역사와 정신을 진작하면서 지역적 정체성을 유지하려는 지역인의 다짐이다. 현대의, 21세기의 백제 부흥운동이다.

2. 부여에서 백제문화제가 시작되다(1955-1965)

1955년 4월 18일 신맹선(辛孟善) 등 부여지역의 유지들이 뜻을 모아 부소산성에서 '백제대제'를 지냈다. 백마강변에서는 망국의 원혼을 위로하는 수륙재를 거행한다. 이것이 백제문화제의 출발이다. 1955년이라면 6.25 전쟁의 상처가 아직 아물지 않은 어려웠던 시기이다. 전쟁을 치르면서 고통에 대한 역사적 성찰이 가능했는지도 모른다.

1955년 '백제대제'에서 출발

부여의 주민들은 성금을 모아 부소산성에 제단을 설치하고 성충, 흥수, 계백, 백제의 3충신에 대하여 제사를 드렸다. 동시에 구드래 백마강 강변에서는 수륙재를 거행하였다. 사비성 함락 때 꽃잎처럼 물 속에 몸을 던져 죽음을 선택한 백제 여인들의 슬픈 영혼을 위로하는 것이었다. 수륙재를 거행할 때는 백마강을 운행하던 각종 선박이 함께 모여 특별한 풍경을 연출하였다. 백제 망국의 한을 달래는 제의 이외에 별다른 행사는 없었지만, 행사기간 전국 도처에서 몰려든 인파로 인산인해를 이루었다.

'백제 대제'를 시작하면서 3충신(계백, 흥수, 성충)에 대한 제사의 필요성 때문에 부소산성에 '삼충사'를 건축하게 된다. 1957년의 일이다. 삼충사가 건축된 부소산성 남록의 자리는 일제 말

부여신궁을 지으려했던 유서 있는 장소이다. 지금도 당시의 공사 흔적들이 남아 있다. 부소산성의 삼충사는 구드래 백마강변과 함께 백제문화제의 출발점이었다고 할 수 있는 것이다.

'백제대제'에서 출발한 백제문화제는 곧 종합문화축제로 확대되었다. 농악·그네·활쏘기·씨름 등의 민속축제가 더해졌고, 시조대회·백일장·백제공주선발대회·가장행렬 등이 프로그램으로 구성되었다. 개최 시기도 처음에는 4월이었으나, 1957년 제3회 '백제대제' 때부터는 10월 초로 변경되었다.

우리나라에서 근대 축제의 출발은 1949년 경남 진주에서 영남예술제를 개최한 것이 시초이다. 영남예술제는 1959년 개천예술제로 이름을 바꾸어 지금에 이르고 있으나 근년에는 진주 남강 유등축제가 중심이 되고 있다. 백제문화제의 전신인 1955년 '백제대제'의 시작은 두 번 째로 시작된 축제라 할 수 있다. 경주에서 신라문화제가 시작된 것은 5.16 이후인 1962년의 일이었다.

1965년 '백제문화제'로 이름을 바꾸다

'백제대제'라는 이름은 10년을 지속하였다. 처음 시작은 순수한 민간주도에 의한 것이었지만, 이를 보다 체계적으로 운영하기 위한 필요성에서 군(郡)에서 행사를 주관하고 프로그램을 확충하게 된다. 군(郡)에서 행사를 주관하게 되는 것은 1960년대 초의 일로 생각된다. 이같은 차원에서 1965년 10월 제11회부터는 '백제대제'보다 포괄적 내용을 담은 '백제문화제'라는 이름을 택하게 된다. 1962년 경주에서 시작된 신라문화제를 참고한 것인듯 하다. 특히 이 11회 대회에 박정희 대통령이 참석함으로써 '백제문화제'의 위상을 크게 높이게 되었다.

'백제문화제'라는 이름의 첫 번째 해였던 제11회 백제문화제는

1965년 10월 8일부터 3일 간 개최 되었다. 행사 종목은 19종목인데 제의(삼충제, 궁녀제, 별신굿)를 중심으로 하여, 민속놀이(농악, 그네, 궁도, 씨름, 관등선 띄우기, 불꽃놀이), 문화체육행사(시조대회, 백일장, 종합예술제, 체육대회), 기타(백제공주선발대회, 가장행렬, 등화행렬, 가로등 점화식)로 구분해 볼 수 있다. 동시에 이 기간 중 삼천궁녀 사당과 계백장군 동상 기공식을 거행함으로써 백제문화제의 의미를 강조하고 있다.

3. 공주에서도 백제문화제를 개최하다(1966-1978)

1966년 공주에서는 제12회 백제문화제가 부여와 동시에 진행되었다. 전야제에서는 서막식과 천도성화봉송식, 불꽃놀이와 함께 '백제중흥 5대왕 추모제'가 개최되었다. 이것이 공주 백제문화제의 출발이다. '백제중흥 5대왕'이란 공주에서 재위하였던 다섯 분의 임금을 말한다. 공주로 처음 천도한 문주왕, 다음 삼근왕, 그리고 24대 동성왕과 25대 무령왕과 26대 성왕을 포함하는 것이었다. 이 임금들은 나라가 패망하다시피 어려웠던 시기에 백제의 안정과 중흥을 위하여 고군분투했던 백제의 왕들이다. 그런데 '5대왕 추모제'는 1967년부터 '문주왕 추모제'를 지내는 것으로 대체 되었다.

공주에서도 백제문화제를

문주왕은 475년 10월(음력) 서울(한성) 함락 이후 공주로 천도한 백제 22대 임금이다. 공주시대, 그리고 금강백제 시대를 열었던 임금인 것이다. 그러나 문주왕은 2년 뒤인 477년 7월

병관좌평(국방부장관)으로 있던 해구라는 권신이 보낸 자객의 칼에 맞아 죽는다. 하극상 쿠데타에 의한 비극적 죽음이었던 것이다. '문주왕 추모제'는 웅진시대의 다섯 임금중 특별히 천도의 임금이며 비극적 죽음을 당한 문주왕의 혼을 위로한다는 추모제였던 것이다. 한편 12회 백제문화제에서는 '고흥박사 추모제'가 함께 지내졌는데, 고흥(高興)은 백제의 역사서인 〈서기(書記)〉를 편찬한 백제를 대표하는 학자이다. 문화 백제를 대표하는 인물로서 고흥이라는 인물에 대한 추모제를 거행함으로써 백제문화제의 역사문화적 의미를 기념하고자 했던 것이라 할 수 있다.

문주왕 추모제와 고흥박사 추모제는 1970년까지 진행되었다. 그러나 문주왕 추모제는 그렇다 하더라도, 고흥박사 추모제는 공주의 백제문화제 콘셉에 어색한 느낌이 있다. 이 때문에 1971년부터는 다시 '백제중흥 4왕추모제'라는 이름으로 공주시대 백제왕들을 추모하는 제사로 돌아갔다. 처음 '5왕'에서, 부여로 천도한 성왕을 빼고 '4왕추모제'로 정착하게 된 것이다. 성왕은 공주에서 16년 간 재위한 후 538년 부여로 천도하였는데, 아마 부여의 백제문화제를 고려하여 제외한 것으로 보인다. 요컨대 4왕(5왕)추모제는 공주 백제문화제의 출발점이었다고 할 수 있다.

12회 백제문화제의 공주 프로그램은 종합 문화체육축제와 같은 성격으로 구성되었다. 백일장, 가장행렬, 시조와 고전무용, 시서화전, 학술강연회, 씨름과 농악 이외에 궁도, 배구, 마라톤, 보디빌딩 등 스포츠 행사가 다수 포함된 것이 특징이다. 이렇게 하여 1966년부터는 공주/부여 동시 개최의 백제문화제가 재출발한 셈이 되는 것이다. 당시의 백제문화제 광경을 신문자료에서 찾아 볼 수 있다. 1973년 제 19회 백제문화제의 공주에서의 행사 광경이다.

공주의 백제문화제는 처음 공산성 쌍수정 광장에서 개최되었다

제19회 백제문화제 행사는 12일(10월) 오후 2시30분 제25대 무령왕 행차를 재현한 가장행렬로 절정에 도달했다. 이날 4만 여 군중이 운집한 가운데 공군 군악대를 선두로 거행된 무령왕 행차 가장 행렬은 공주여중고 1천 6백 여 명이 분장 했는데 왕릉 부장품 모형 행렬은 백제시대를 한 눈에 볼 수 있었다. 또한 밤 7시부터는 도로변에 마련한 1만 여개의 초롱이 점화되었고 금강 주위에서는 이 행사 기간중 제일 장관을 이룬 공주읍내 중고생 6천 여 명의 초롱등 행렬과 금강물 위에는 5색 찬란한 1천 여 개의 관등선이 흘러내리는 가운데 금강 백사장에서는 1천 6백 여 명이 낭자대 군무를 추었다.

공주의 백제문화제는 처음 '공주백제문화제 집행위원회'가 주관하여 행사가 이루어졌다. 그러나 1977년부터는 공주문화원에서 공주의 백제문화제를 주관하였다. 한편 1973년에는 '백제문화제 선양위원회'를 조례화하여 축제를 지방비에서 예산 지원할 수 있는 근거를 마련하였다. 또 1975년부터 4년 간 백제문화제는 공주.부여만이 아니라 대전에서도 동시 개최하였다. 백제문화제는 부여, 공주만이 아니라 충남의 역사적 정체성을 확보하는 것이라는 근거에 의한 것이었다.

동시 개최에 따른 부담감

행사를 군(郡)에서 주관함으로써 예산에 있어서 군비와 도비를 투입하게 됨에 따라 축제는 자리를 잡게 된다. 이 시기 백제문화제는 일종의 종합 문화예술 행사로 개최된 것이 특징이다. 공주에서 보는 것처럼 다양한 종목의 체육대회까지도 프로그램에 포함될 정도로 '종합적'인 문화 행사였는데, 이에 의하여 일단 종목들이 크게 늘었다. 70년대 후반이면 공주의 경우 40여 종까지 확대된다. 이에 의하여 규모상으로는 전국 규모의 성격을 갖게 된다.

초기 백제문화제의 예산은 1966년 공주의 경우 1-2백 만원에 불과하였다. 전체 예산중 지자체의 보조금은 20-30% 정도 수준이어서 행사비의 대부분을 지역주민의 찬조에 의존하였다. 1973년 이후 백제문화제 활성화 대책이 수립되면서 '백제문화선양위원회'를 조례화 하고, 아울러 도와 군의 보조금을 대폭 지원하여 예산의 80% 이상을 지방비에서 제도화할 수 있도록 제도화 하였다. 1977년(23회) 이후 공주는 백제문화제를 백제문화선양위원회 주최, 공주문화원 주관이라는 체제를 가지고 진행하였다.

그러나 이같은 양적 성장에도 불구하고 공주, 부여 동시 개최의 백제문화제는 행사의 많은 부분이 중복되거나 유사행사의 성격을 가지고 있었다. 거기에 매년 행사를 두 군데서 각각 준비하는 데 따른 부담이 있는 것도 사실이었다.

4. 공주와 부여에서 번갈아 개최하다(1979-2006)

1979년 제25회부터 백제문화제는 공주와 부여가 한 해 터울로 돌아가며 개최하는 것으로 변경되었다. 공주, 부여 두 지역 동시 개최에 따른 부담을 줄이고 예산을 집중 투입함으로써 프로그램의 질적 수준을 높인다는 전략인 셈이다.

대통령이 참석하다

제한된 예산을 보다 집중화 하여 체계 있는 행사를 준비한다는 것이 윤번 개최의 취지이다. 이에 따라 1979년부터 2006년까지 30년 가까운 기간 동안 홀수 년은 공주, 짝수 년은 부여에서 백제문화제를 개최하였다. 대신 백제문화제가 없는 해에는 각각 조촐한 행사를 가졌으며, 이에 따라 본행사를 '대제', 부속 행사를 '소제'라는 이름으로 구분하였다. 백제문화제를 격년으로 시행하는 기간에도 '소제'라는 이름의 작은 행사를 번갈아 준비함으로써, 백제문화제의 의미와 정신을 놓지 않으려 하였던 것이다.

1980년 10월 17일부터 부여에서 개최된 제26회 백제문화제에는 막 출범한 5공화국의 전두환 대통령 내외가 개막식에 참석하였다. 1965년 박대통령 이후의 두 번째 국가 원수의 참석이었다. 1980년은 광주에서의 민주항쟁이 일어나고 국민들의 민주 열기의 좌절 등으로 깊은 실망감이 팽배해 있던 시점이다. 이같은 배경에서 생각하면 대통령의 백제문화제 참석은 동요하는 민심을 다잡기 위한 정치적 의도가 있었을 것이다. 그러나 다른 한편으로는 백제문화제가 갖는 위상을 말해주는 것이기도 하다. 이후 세 번째 대통령 참석은 2010년 세계대백제전에서의 이명박 대통령의 참석이었다. '대통령의 참석'도 백제문화제의 한 콘텐츠로서 이용할 수 있는 소재임을 암시한다.

일본 속의 백제문화 콘텐츠

백제문화제 외국인 참가자들이 공식 참가하기 시작한 것은 공주에서는 1995년부터였다. 공주와 자매도시 관계에 있던 야마구치 방문단이 1995년 제41회 백제문화제에 참가하였다. 같은 해 부여에서는 '백제 성왕 후손 오우치(大內義隆) 금의환향 행사'가 이루어졌다. 백제는 정치적 문화적으로 일본과 밀접한 관련을 가지고 있기 때문에 백제문화제에 일본 콘텐츠를 활용하는 것은 매우 중요한 의미를 갖는다. 오우치 씨는 중세 야마구치를 거점으로 한 유력한 일본의 호족 세력이었다. 무역을 통하여 부를 축적하였는데, 그 선조는 백제 성왕의 아들인 임성태자(琳聖太子)로 전해오고 있다.

백제문화는 일본문화에 커다란 영향을 주었다. 따라서 백제문화제의 콘텐츠에 백제 관련의 일본 고대문화를 끌어들이는 것은 백제문화제의 활성화를 위해서도 바람직한 것이라 할 수 있다. 다만 이러한 콘텐츠는 보다 정확한 학술적 검토 작업을 필요로 하고, 이에 근거하여 사실과 상상력을 가감하는 노력이 수반되어야 한다. 임성태자 행사는 앞으로 다시 시도할 수 있는 백제문화제의 행사 소재라고 할 수 있다.

종합문화축제로서의 자리잡기

종합문화축제의 성격으로서 백제문화제는 자리를 잡았다. 이 시기 행사 종목은 시기에 따라서 차이가 있지만 100종에 가까운 행사가 치러졌다. 공주에서 개최된 1985년(제31회), 1987년

(제33회)에는 100종이 넘는 행사가 진행되었다. 전통문화와 예술 관련 행사가 그 대부분을 차지한다. 1985년의 경우, 행사 종목은 축제 4건, 제전 4건, 예술 35건, 전통문화 행사 61건 등의 분포를 보여준다.

1997년(제43회) 백제왕행렬(1,200명 참가), 백제낭자 대군무 한마당(600명), 1999년(제45회) 공산성 서문 근무병 교대 의식(50명), 감영 공주관찰사 대행차(900명), 2001년(제47회) 무령왕즉위 1500년 기념 무령왕즉위식 재현, 공산성 상설무대 공연이 이루어졌다. 2003년(제49회)에는 무령왕 어검천룡(御劍天龍), 백제 혼불 채화의식, 추억의 금강나룻배 재현, 공산성 및 금강교 조명 점등식 등이 행해졌다. 2001년 공산성 상설무대 주변에 체험장이 설치되어 백제 체험(백제 복식 및 어가), 민속체험(엽전 치기, 제기차기, 널뛰기, 윷놀이), 백제문양체험, 백제음식체험, 바디페인팅 등 체험장이 설치되었고, 이같은 체험 활동은 다소의 변화를 거치면서 이후에도 개최되었다.

1990년대 백제문화제

이 기간 백제문화제는 규모가 확대되어 전국적인 축제 행사로 일단 부각하였다. 1986년 아시안게임과 1988년 서울 올림픽의 문화상품으로 선정된 것도 그 일단이다. 공주에서는 이 기간 내내 문화원이 중심이 되어 행사를 조직하여 운영하였다. 행사에는 부족한 예산 등의 여건에 의하여 관내 학생들의 참여가 많았다. 학생들의 참여는 축제의 비전문성의 측면을 갖는 것이기는 하지만, 학생들에 대한 체험활동으로서의 교육적 측면 등 긍정적인 효과가 있었다.

백제문화제 행사가 보다 조직화되고 확대됨에 따라 백제문화제의 내실을 기하기 위한 노력이 끊임없이 시도되었다. 1991년 백제문화제 개선을 위한 연구 용역을 실시하여, 관주도에 따른 지역민의 자발성 결여, 과도한 행사 종목의 문제, 행사의 고증 미흡, 백제문화와 일본문화와의 관계 형상화 미흡, 백제의 해양문화 조명의 부족 등이 지적되었다. 1996년에는 충남발전연구원에 의뢰하여 백제문화제의 특성화와 전국 규모 축제로의 발전을 위한 연구를 시행하였다. 이에 의하여 백제문화제에 부합한 이벤트 개발 부족, 전문가의 고증 부족, 행사의 지나친 난립, 국내외 관광 자원화 방안 미흡 등이 문제점으로 지적되었다.

5. '7백년 대백제의 부활', 백제문화제의 세계화 (2007-2009)

2007년 재단법인 백제문화제추진위원회가 설치되고, 부여, 공주 통합 개최가 실현된다. 백제문화제의 새로운 단계의 진입이었다. 이완구 지사가 도정 역점 사업의 하나로 이를 적극 추진하였고, 공동개최의 추진 기관인 백제문화제추진위원회는 공주대학교 총장을 역임한 최석원 위원장이 맡았다.

백제문화제의 획기적 재출발

이완구 지사는 취임 초기 백제문화 유적을 순방하면서 백제문화제를 충남의 대표적 축제로서 국제화하는 구상을 가지고 도정 중점사업의 하나로 적극 뒷받침하였다. 따라서 2007년 제53회 대회는 백제문화제의 새로운 출발의 기점으로서 주목될 만하다. 대전일보에서는 2007년 제53회 백제문화제의 성공을 충남의 10대 뉴스의 하나에 포함하였다. 그만큼 파격적인 백제문화제의 재출발이었다.

2007년 이후 백제문화제는 공주 부여 '통합 개최'라는 또 다른 형식의 구조를 갖는다. 1966년부터 10여 년 간 공주와 부여에서 '동시 개최'한 것는 차이가 있다. '동시 개최'가 두 지역에서 통일성 없이 각각 백제문화제를 개최한 것이었다고 한다면, '통합개최'는 통일적 구도를 가지고 두 지역에서 동시에 개최하는 것이라는 점에서 차이가 있다.

'통합 개최'를 위해서는 이를 주관하는 조직이 우선되어야 한다. 이에 의하여 새로 구성된 것이 '백제문화제 추진위원회'이다. 백제문화제 추진위원회는 공주와 부여에서 개최되는 행사를 전체적으로 총괄하며, 예산을 배분하는 등 백제문화제의 중심 기구 역할을 수행한다. 공주 부여에서 공통으로 이루어지는 프로그램의 진행도 추진위원회의 몫이다. 여기에 기존의 공주 및 부여의 백제문화제 조직이 그대로 유지되면서 역할 분담을 하게 된다. 공주 및 부여에서는 지역 특성의 프로그램을 그대로 집행하면서 추진위원회와 유기적 관계를 가지면서 공통 프로그램을 뒷받침하는 것이다.

추진위원회의 사무실은 공주와 부여를 2년 단위로 번갈아 옮긴다. 예산의 규모는 대폭 상향 조정되었다. 2007년 제53회에 바로 53억의 예산이 투입되었다. 이에 의하여 대형의 전문성 있는 이벤트가 가능해진 것이다.

대형 프로그램이 제작되다

2007년 53회 백제문화제 이후 가장 눈에 뜨인 변화는 많은 재정이 요구되는 전문성 높은 프로그램이 제작되어 연출하게 된 점이다. 기간도 종래의 3일에서 5일 혹은 1주일 이상으로 증가하였다. 지역의 축제가 아니라, 관광을 활성화하고 지역발전을 견인할 수 있는 핵심 이벤트로서 축제를 전적으로 활용한다는 전략적 목표를 가지고 이루어지는 것이다.

53회 백제문화제에서는 퍼레이드 〈백제문화 판타지〉, 체험활동 〈백제향〉, 백제문양 패션쇼, 백제기마군단 행렬, 황산벌전투 재현 등이 백제를 콘텐츠로 한 중요 프로그램으로 진행되었다.

백제문화제 홍보 포스터

제53회에서의 슬로건은 '7백 년 대백제의 꿈'이었다. 백제문화제의 새로운 꿈과 개념, 변화를 담은 슬로건이었다.

체험활동을 전문화한 '백제향'은 일종의 백제 체험마을을 조성한 것이다. 생활체험 9종(주거문화, 연꽃 등만들기, 짚풀문화 체험, 수막새 찍기, 백제복식 처험, 민속놀이, 대장간, 솟대깎기, 크로마키), 예술체험 4종(탁본, 문양, 백제 탈, 백제 왕관), 역사 과학체험 5종(책으로 보는 백제역사, 전시 퍼즐 체험, 정림사지 5층탑 만들기, 사마왕 백제선 만들기) 등이다. 공주는 공산성 공북루 앞에, 부여는 구드래 둔치에 각각 부스를 설치하여 운영하였다.

대규모 백제 프로그램의 추진위 주관의 행사 이외에 공주와 부여, 지역별 대표 프로그램을 확정하였다. 공주에서는 백제 웅진성 퍼레이드, 무령왕 이야기 등이었고, 부여는 백제역사문화행렬, 사비천도 페스티벌 등이었다. 제53회 백제문화제 기간은 10월 11일(목)부터 15일(월)까지 5일동안 진행되었다. 공주에서는 금강에 부교가 설치되고, 공주의 콘텐츠로서 700미터 인절미 만들기를 개최하였다.

제53회 이후 백제문화제에는 많은 예산이 투자 되었으며, 기간이 크게 늘었다. 2007년 제 53회 백제문화제는 시군비 23.5억, 도비 23.5억, 기타 5억 등 52억 예산이 투입되었다. 종래의 백제문화제와는 비교될 수 없는 규모가 되었다. 이듬해 2008년 제54회에서는 시군비 40억, 도비 40억, 기타 3억 등 83억을 투입하였다. 기간도 5일에서 다시 10일로 늘려 10월 3일(금)부터 12일(일)까지 진행하고 야간 행사를 확대하였다. 이에 의하여 백제문화제는 지역의 자긍심을 진작하고 지역발전을 견인하는 주요 행사로 부각되었다.

다양한 프로그램

2007년에 이어, 2008년 제54회 백제문화제는 신개념 백제문화제의 개념을 정착 시킨 것이었다는 점에서 그 의미가 컸다. 10월 3일(금)부터 12일(일)까지 무려 10일 간을 진행하는 장기간 축제로 전환하였다.

제54회 백제문화제는 '교류왕국 대백제'가 주제였다. '교류왕국 대백제'는 백제왕국이 가지고 있는 국가적 혹은 문화적 성격을 간명하게 부각한 것이다. 이러한 주제를 대표하는 프로그램이 야간 행사인 '교류왕국 대백제 퍼레이드'였다. 백제와의 교류가 있던 교류국의 사신들이 진기한 선물을 가지고 백제왕을 알현하는 행렬을 재현하는 것이다. 중국, 캄보디아, 일본, 필리핀, 인도와 백제가 차례로 행렬을 이루었다. 행렬의 길이는 약 2km, 참여인원은 댄서, 단순 연기자를 포함하여 140명 규모였다. 백제의 교류국가를 일본, 중국 이외에 동남아의 여러나라까지 확대한 것은 한국전통문화대학교 이도학 교수의 학술적 작업에 근거한 것이었다.

제54회 백제문화제는 질적으로는 두가지 줄거리가 더 분명하게 추구 되었다. 백제콘텐츠를 중점 개발하여 백제문화제의 특성화를 추구하는 문제, 그리고 백제문화제의 국제화가 그것이다.

급증한 외국인 방문객

백제문화제의 획기적 개선의 결과는 외국인 방문객의 급증으로 나타났다. 2007년도 제53회 백제문화제 5일간의 행사 기간 중 공주 부여에 대한 내외국인 방문객 126만, 경제효과 353억을 기록하였으며, 외국인 방문객은 국내 거주 외국인 수를 포함하여 일본 5만3천, 중국 3만, 기타 1만9천, 도합 10만2천 명으로 추산되었다. 단체 방문객으로서는 야마구치, 모리야마, 구마모토 등 자매도시와 오사카, 나라 등지에서 왓소축제위원회, 평성경(헤이죠쿄)천도 기념사업회 등이 단체 참가 하였다.

2008 백제문화제는 개최기간 10일동안 153만 8천명(내국인 142만 8천, 외국인 11만)의 방문객을 기록하였고, 해외 37개국 사람의 관람과 외교사절 76명 (대사 16명)이 개막식에 참관하는 기회가 주어졌다. 한편 외국인 방문객의 증가에 따라 그에 대응하는 통역 서비스의 필요에 의하여 '한국 BBB운동'과 업무협의를 체결, 전화를 이용하여 간단한 통역의 도움을 받는 시스템을 도입하였다. 이에 의하여 16개국의 언어 서비스가 가능해졌다. 다만 이용자 혹은 관계자들의 이해 부족으로 충분한 성과를 거두지는 못하였다.

2008년 54회 백제문화제에서 대규모 단체 방문한 시가현 시민 방문단(126명)에 대한 조사에 의하면 참가자들은 한국 방문 경험이 매우 높은 분포를 보이면서도 충청지역 방문 경험은 거의 전무한 것으로 확인되었다. 이같은 사실은 백제문화제를 상품으로 하여 충청지역, 백제문화권에의 방문을 유도할 수 있는 넓은 시장이 있다는 사실을 확인케 하는 것이다.

기존 박람회의 결과 분석에 의하면 국내 외래 관람객 대비 참여 비율은 평균 8.8%, 경주 엑스포에서 외국인 입장객 106,516로서, 외국인입장객 비율은 3.5%를 기록하였다. 프로그램 내용의 문제는 별도로 하고, 백제문화제가 국제화, 세계화의 개념으로 자리잡고 있음을 확인할 수 있다.

2009년 제55회 백제문화제는 '세계대백제전'의 예비 행사로 108억의 예산을 투입할 예정이었다. 그러나 마침 백제문화제를 앞두고 신종플루가 전국적으로 확산되고 있었다. 이에 의하여 개최 불과 1주일을 앞두고 백제문화제가 취소되는 초유의 일이 벌어진다. 그러나 제53회 이후 2년 간의 새로운 실험 과정을 바탕으로 하여 2010년에 '세계대백제전'을 성공적으로 개최할 수 있게 되었다.

6. '2010 대백제'의 역사 (2010)

60년 백제문화제의 클라이막스는 2010년의 '대백제전'이었다. 마침 2010년 같은 해에 일본에서는 헤이죠쿄(평성경) 천도 1300 주년 축제, 그리고 중국에서는 상하이엑스포가 예정되어 있었다. 이같은 여건 속에서 '2010 대백제전'은 한국을 대표하는 문화축전으로서 자리매김하는 귀중한 기회가 되었다.

'2010 대백제전'을 기회로 하여, 특기할 것은 백제문화권개발사업의 결정물이라 할 '백제문화단지'가 부여 규암면에 조성되었던 사실이다. 세계대백제전 개최를 기하여 개장한 백제문화단지는 17년의 대역사를 통하여 완성된 것이었다.

백제문화단지를 완공하다

백제문화단지는 부여군 규암면 합정리 일원에 1994년부터 17년간의 작업 끝에 완공하는 것이다. 1978년 이후 백제문화권 개발 사업이 진행되면서 백제문화를 보여주고 체험할 수 있는 대규모 단지 조성의 필요성이 제기되었다. 그러나 그 작업은 쉽지 않았다. 예산의 문제만은 아니었다. 역사적 고증도 기초부터 하지 않으면 안되었다. 이러한 의미에서 백제문화단지의 조성은 백제권 개발사업의 꽃과도 같은 결정물이었다.

백제문화단지는 30만평 규모의 역사재현촌(백제촌), 연구교육촌(20만평)으로 구성되며 나머지 50만평은 녹지지역으로 남긴다는 계획이었다. 가장 핵심적 사업이라 할 백제촌의 건설은 기능별 역사촌을 구성하였다. 개국촌(백제 건국초의 생활상), 왕궁촌(사비 왕궁 및 도성 재현), 전통민속촌(백제시대의 마을 및 생활상), 산업교육촌(백제의 산업생활), 군사통신촌(백제시대의 군사시설 재현), 장제묘지촌(백제시대 장제, 묘제) 등이다. 그 가운데 가장 관심을 끄는 것은 백제 왕궁의 재현 및 백제금동향로가 출토된 능사의 복원이었다. 능사 복원에는 백제 5층탑이 목탑으로 재현되었다. 1천 5백 년만의 대역사라 할 수 있다.

부여 백제문화단지

백제문화단지의 사업과 연동하여 바로 주변에 숙박시설로서 롯데리조트가 완공되었다. 백제문화제 때 항상 문제되었던 고급 숙박시설의 문제를, 이에 의하여 일정 부분 해소할 수 있게 된 것이다.

세계적 축제로서의 발돋음

2010 세계대백제전은 2007년부터 발걸음을 시작한 백제문화제의 혁신 작업이었다. 예산과 기간 모두가 획기적이었다. 세계대백제전의 주제는 '1400년 전 백제의 부활'이었다. 9월 17일 부여 백제문화단지에서의 개막식을 시작으로 10월 17일까지 1개월이라는 기간을 진행하였다. 백제문화제 초유의 기록이라 할 수 있다.

대백제전 개막식에는 이명박 대통령을 비롯하여 다수의 주한 외교사절들이 참석하였다. 주한 외교 사절의 초청은 교류왕국으로서의 백제의 특성을 살린 것이었다. 대통령은 축사를 통하여 "충남 도민과 공주 부여 주민 모두가 힘을 모아 세계적 축제가 되기를 기대한다"고 당부하였다. 개막식은 안희정 지사의 개회사를 시작으로 백제왕국의 현대적 복원을 천신에게 고하는 '사비왕궁 개문의식'을 거행하였다.

공주와 부여의 금강을 이용한 수상 공연은 세계대백제전의 가장 주목되는 공연이었다. 공주에서는 '사마 이야기', 부여에서는 '사비미르'라는 제목이었다. '사마 이야기'는 출연배우 150명이 동원된 대규모 수상공연으로 금강 이야기와 백제의 개국신화, 무령왕의 일대기를 연결하여 백제의 역사와 정신을 창의적으로 표현한 작품이다. 총 7부로 구성되었는데, 제1부 '한성의 아침', 제2부 고구려의 침공을 그린 '국난', 제3부 공주로 천도하는 '웅진으로', 제4부 '빛과 어둠'은 고마에게 사랑을 고백하는 사마, 제5부 '제천'에서는 무령왕이 즉위하고 고마가 왕비가 된다. 제6부 등극낙화는 화려한 무령왕의 즉위식과 고마의 죽음, 제7부 '북으로 서해로'는 희망과 결의에 찬 무령왕과 백제군의 출정을 묘사하였다. 마지막 에필로그 '그리고 미래로'는 백제 부활의 정신으로 힘찬 새출발을 다짐하는 충남의 미래상을 담았다. 공연 시간 70분, 금강변의 특설 수상 무대를 장소로 하여 도합 15회 공연을 진행하였다. 출연 배우 약 150명(전문연기자 60명, 현지 인력 90명), 관람인원은 18,126명으로 집계되었다.

부여에서 공연된 '사비미르'는 백마강과 낙화암의 실경(實景)을 배경으로 연출된 대작품이다. 13회 공연에 출연 배우 150명(전문 연기자 50명, 현지 인력 100명)이 동원되었다. 1400년 전 신라, 당 등 백제를 둘러싼 국제관계와 구국의지, 염원과 신화를 혼합하여 스토리를 구성하였다. 공주수상공연은 '기억나는 프로그램' 1위(13.7%), 부여 수상공연은 '흥미로운 프로그램' 1위를 각각 기록하였다.

사마왕 이야기, 고마나루 수상공연

사마이야기와 사비미르의 추억

공주의 대표 프로그램인 '웅진성 퍼레이드'는 퍼레이드와 시민들의 거리공연 퍼포먼스를 가미한 카니발형 야간 퍼레이드로 관심을 끌었다. 백제 탈 2,800개, 횃불 1,400개, 백제 복식을 착용한 2천여 명의 참가하여 한국기네스에 기록된 행사를 연출하였다. 이에 대응하는 부여의 역사 프로그램은 서동선화공주 나이트퍼레이드, 백제역사문화행렬이었다.

　백제의 문화유산을 디지털로 복원하는 '백제문화유산 디지털 상영', 세계역사도시연맹 회원국들의 역사문화를 비교 체험하는 '세계역사도시전' 등이 함께 준비되었다. 공주박물관과 부여박물관에서는 백제유물특별전이 열렸다. 공주에서는 백제의 금동관, 부여에서는 백제 와전이 집중 전시되었다. '대백제 기마군단 행렬'은 123필의 기마군단과 100명 병사가 백제인의 기상을 유감없이 표현하는 행사였다. 기마군단의 수를 123필로 조정한 것은 사비시대 123년 기간을 의미한다. 총 6막으로 구성된 기마군단 행렬은 대야성 공격을 위한 출정식을 시작으로 2막 척후마 보고 및 행렬, 3막 대야성 전투 재현, 4막 행렬 포퍼먼스, 5막 승전 보고 및 검무춤 등으로 꾸며졌다.

　논산에서는 '황산벌전투 재현'이 이루어졌다. 주제는 '계백장군 5천 결사대의 귀환', 10월 2, 3일 논산시 논산천 둔치에서 8막으로 구성된 재현행사에는 말 30필에 전문 연기자를 포함한 출연자 1,170명이 동원되었다. 황산벌 전투 재현은 오른쪽에 백제 군영, 왼쪽에 신라 군영을 배치하고 중앙에 메인 무대를 만들어 전투 장면을 재현하였다. 1막에서는 나당군의 침략에 맞서는 백제군의 전쟁 준비, 2막에서는 계백장군의 애국심, 3, 4, 5막에서는 오천 결사대의 처절한 항쟁, 6막 화랑 관창과의 전투, 그리고 7막에서는 기병, 궁수들이 총동원되어 대규모 전투가 화려하게 재현되었다.

공주와 부여, 금강을 이용한 부교와 유등은 인기 있는 프로그램으로 부각되었다. '백제음원' 개발은 백제의 음악, 소리, 악기를 발굴 복원하여 재현한 것이었다. 인절미 축제는 '2010 대백제전'을 기념하여 2,010m 길이의 인절미를 조성하였다.

예산은 국비 30억, 도.시.군비 170억 등 총 240억을 투입, 22개 대형 프로그램과 70개의 시군 프로그램으로 구성되었다. 공주 고마나루에 전해지는 금강에 얽힌 이야기와 무령왕의 일대기를 소재로 한 판타지 '사마이야기', 백제문화유산을 이미지화한 퍼포먼스 '사비미르'는 최대의 대형 기획이었다.

역사를 새로 쓰다

9월 중순에서 10월 중순에 이르는 긴 기간의 개최로 말미암아 개최 기간중 추석연휴(9.21-25)를 포함하는 것은 불가피하였다. 다만 추석 연휴기간의 방문객 추이가 어떤 결과로 나타날지는 매우 궁금한 사항이었다. 추이 통계에 의하면 추석 전 관광객의 방문은 저조한 상태였으나 연휴를 계기로 방문객 수가 크게 늘었고, 특히 연휴중의 일요일(9.25)은 22만 6천이라는 최대 수치를 보여주었다. 한편 축제 3주차(10.4-10)는 전국 각지에서 중점적으로 축제가 이어지는 시기였음에도 불구하고(남강유등축제, 천안흥타령축제, 광주7080충장축제, 수원화성문화제, 과천한마당축제, 연천진곡리구석기축제, 인천소래포구축제) 유료방문객 수치가 최대를 기록하였다.

행사기간 참가자는 370만, 140억의 순수익, 657명의 직접 고용 효과, 2,399억의 경제적 파급 효과가 있었던 것으로 평가되었다. 세계대백제전을 기회로 충청남도는 '2010 대충청방문의 해'를 설정, 관광객 유치에 힘을 기울였다. 그 결과 충청남도는 관광객 방문이 4,309만을 기록, 전년도에 비해 10.1%가 증가하는 결과를 가져왔다. 대백제전 방문객 370만은, 비슷한 시기 개최되었던 제천한방바이오엑스포(2010년, 136만), 고성공룡엑스포(2009년, 171만), 함평세계나비곤충엑스포(2008년, 126만)를 크게 상회하는 수치이다.

2010대백제전에서 눈길을 끄는 것은 첫째 유료관광객이 크게 증가한 점이다. 유료방문객 157만(방문객의 42.5%)은 고성공룡엑스포의 106만, 함평세계나비곤충엑스포의 102만에 비하여 훨씬 높은 수치를 기록한 것이다. 둘째 많은 일본 관광객을 유치한 점이다. 총 76편의 항공기로 7천 명에 이르는 일본관광객이 유치되었다. 임시였지만 청주공항을 이용하여 오사카와 후쿠오카를 정기선, 특별선으로 연결하였다. 세계대백제전 참여 해외 국가는 28개국에 이르렀다.

7. 백제 부흥의 기치를 올리다 (2011-2014)

2011년 이후 백제문화제는 예산, 규모 등에서 예년에 비하여 축소되었다. 동시에 자체역량의 비축에 중점을 두었다. 자생력을 가질 수 있는 축제로의 성장이 필요하였다. 50억 규모의 예산에 10일 내외의 개최 기간을 유지하였다. 기왕의 축제 가운데 일부 프로그램은 다시 연출하였다. 퍼레이드 교류왕국대백제, 공주의 웅진성 퍼레이드, 부여의 백제역사문화행렬 등이 그 예이다.

미마지를 교과서에 올리다

예산은 축소하여 투입되었지만 2011년 제57회 백제문화제는 관람객 149만, 경제 파급효과 920억의 효과를 올렸다. '4대강 살리기'와 연계하여 금강가의 가을 축제와 병행하여 진행하였다.

2012년 제58회 백제문화제는 미마지가 주제였다. '백제의 춤과 음악, 미마지의 부활'이라는 주제에서 보는 것처럼 미마지는 일본에 '기악(伎樂)'이라는 백제의 춤과 음악을 전수한 백제 인물이다.

2012년은 마침 미마지의 백제기악 전수 1400주년이 되는 해였다. 이에 의하여 미마지 국제학술회의, KBS 역사스페셜, 탈 제작 체험, 미마지 탈춤 공연 등 다양한 행사를 진행하였다.

미마지 특집을 계기로, 미마지 교과서수록 추진위원회를 구성하여 그 내용을 역사 교과서에 수록할 수 있도록 추진하였다. 2014년부터 사용되는 고등학교 한국사교과서에서는 비상교육과 교학사 2개 교과서가 미마지에 대한 내용을 교과서에 수록하였다. 그가운데 비상교육 한국사(도면회 외)는 '백제 미마지의 기악전수'라는 제목의 주를 달아 보다 상세한 설명을 부가하고 있다. "612년 백제인 미마지는 남중국에서 배운 기악을 왜에 전하였다. 기악은 불교와 관련이 깊은 가면극을 말한다. 당시 가면극에서 사용했다고 전해지는 가면과 악기가 일본의 국보로 지정되어 도쿄국립박물관과 도다이지(쇼소인)에 보관되어 있다."

2012년 제58회 백제문화

명장 유석근이 제작한 기악 탈

제 가운데 무령왕과 왕비 선발대회는 KBS(김애란 PD)가 담당하여 새로운 개념의 선발대회 모습을 보여주었다. 2013년에도 선발대회가 이루어져 한옥마을에서 이들 출연자의 공연이 이루어지는 등 다양한 프로그램 개발과 연결하면서 백제문화제 홍보를 겸하는 행사가 이루어졌다.

금동대향로의 비밀

2013년 제59회 백제문화제는 백제금동대향로를 주제로 열렸다. '다시 피어나는 향, 백제금동대향로 비밀의 문을 열다'가 그것이다. 이는 1993년 발굴된 금동대향로의 발굴 20주년을 기념한 것이다. 백마강 부교에는 향로를 중심으로 대향로에 새겨져 있는 5악사(피리, 비파, 배소, 현금, 북 연주자)와 20여 종의 동물들을 재현한 유등을 설치하여 주제를 강조하였다. 부여박물관에서는 금동대향로를 재조명하는 학술회의를 개최하고 아울러 아시아 각국의 향로를 관찰하는 특별전이 개최되었다. 연극 '백제금동대향로 천일간의 탄생 이야기'도 금동대향로 주제 행사의 하나였다.

백제문화제 공주개막식에는 공주에서 결성된 200명 규모 시민합창단이 출연, 참석자들에게 큰 감동을 주었다. 한화에서 지원한 금강변의 개막식 불꽃 축제는 '중부권 최대의 불꽃축제'로 꼽힐 정도의 성대한 장관을 보여주었다. 한화그룹 지원의 불꽃축제는 2010 세계대백제전 이래 지역 기업의 후원이라는 측면에서 이루어진 것이었다.

'무령왕 별과 노래'라는 프로그램을 공주 웅진백제역사관에서 시험 개최하였다. '무령왕' 별의 등재를 축하하는 이 행사는 별 등재에 협조한 사토 나오토(佐藤直人)씨의 특강, 그리고 일본에서 참가한 가수 와지마 시즈요(和島靜代)가 무령왕 노래를 참석자들과 함께 불러 축제 분위기를 돋우었으며, 가라츠 방문단 30여 명이 참석하여 국제적 교류 축제가 되었다. 금강을 활용한 프로그램으로 부교와 유등은 자리를 잡고 있다. 유등은 백제의 여러 가지 미술품과 문화유산을 형상화하였으며, 해상왕국을 상징하는 백제의 선박을 대량으로 조성하여 배치함으로써 장관을 연출하였다.

백제문화제, 갑년을 맞다

2014년으로 백제문화제는 제60회 갑년을 맞는다. 제60회 백제문화제는 백제문화제의 안정 기반 구축에 중점이 있다. 백제의 정체성을 확인하는 새로운 문화콘텐츠 창조의 장이 되고 국제적 축제의 장이 되기 위하여 준비 중에 있다. 공주 혹은 부여 시민들이 축제를 통하여 공감대를 확산하며, 역사관광 도시로서의 활성화를 도모하는 새로운 출발점이 된다.

제60회 백제문화제는 2014년 9월 26일(금)부터 10월 5일(일)까지 10일 간 개최된다. 주제는 '백제, 세계를 만나다', '백제의 류(流)·흥·멋'을 부제로 달았다. 대표 프로그램으로 퍼레이드 '해상 교류왕국 대백제'가 선보이고 부여에서는 백제 성왕의 이야기가 '대백제의 혼'으로 꾸며진다. 공주에서는 '한중일 문화교류전'이, 부여에서는 '삼국문화 교류전'이 계획되어 있다.

갑년을 맞는 백제문화제는 콘텐츠의 강화와 변화, 운영 방식의 개선을 비롯한 여러 현안을 안고 있는 것도 사실이다.

8. 백제문화제, 앞으로

　백제문화권 개발과 백제문화제의 세계화 등 일련의 백제사업은 우리 시대에 있어서 일종의 '백제부흥운동'에 해당한다. 흑치상지와 복신·도침에 의한 제1차 부흥운동, 견훤에 의한 제2차 부흥운동에 이은 3차 백제부흥운동에 해당하는 것이 오늘날에 있어서 '백제문화 사업'이다. 일본 고대 역사에 미친 백제의 영향력, 백제문화가 갖는 보편성과 국제성은 21세기에 복원되는 동아시아 세계에서 한국의 역할을 상징하기도 하고, 글로컬시대의 새로운 발전을 지향하는 충남의 정체성을 상징하기도 한다.

국제화를 지향한다

　백제축전의 성공적 진전을 위해서는 '백제' 브랜드가 갖는 일본에서의 영향력과 인지도를 적극 활용해야 한다. 일본은 지리적으로도 한국에서 가장 가까운 나라이고 지역이라는 점에서 국제화 상대의 일차적 대상이 된다.
　공주·부여의 국제교류는 일본 중심으로 편중되어 있다. 백제문화라는 개념을 살리는 의미에서 중국과의 교류를 보완하여 삼국을 연결하는 국제교류라는 특성을 강화하는 것이 필요하다. 백제문화와 밀접한 연관이 있는 남조의 수도가 남경이었던 만큼, 남경 혹은 강소성이나 절강성 등과의 교류를 활성화할 필요가 있다. 남경의 경우 시립박물관이 공주박물관과, 남경대학이 공주대와 각각 자매 결연 관계이고, 남경이 대전과도 자매도시 관계에 있으므로 이러한 기존 체계를 도시간 교류에 적극 이용하는 것이 좋겠다.

지속적인 백제 콘텐츠 개발의 필요성

대백제전, 혹은 앞으로의 백제문화제에서도 지속적으로 중점을 두어야 할 중요 사항의 하나는 역시 백제 콘텐츠의 지속적 개발과 활용이다. 이에 대한 노력이 지속되어야 할 것이다. 축전의 프로그램에서 백제콘텐츠를 어떻게 적용할 것인가하는 것이 우선적인 관건이지만, 연계 프로그램에서 '백제'의 특성을 보완하는 것도 필요한 일이다.

2007년 이후 백제문화제의 획기적 도약과 함께 추진된 것이 백제문화유산의 세계문화유산 등재 사업이었다. 처음 세계문화유산 등재 작업은 무령왕릉을 등재하려는 것이었다. 그리하여 그 전단계로서 무령왕릉을 문화재청의 잠정목록에 등재하였지만, 여러차례의 검토 결과 보다 넓은 범위에서 여러 문화재를 재구성하는 것이 필요하다는 결론이었다. 이에 의하여 무령왕릉 이외에 공산성 혹은 부여 나성, 정림사지 등 공주, 부여의 주요 백제문화재를 엮는 것으로 작업이 되었다가 범위를 더 확대하여 전북 익산의 미륵사지, 왕궁리 유적 등을 포함하는 것으로 2014년 신청서를 접수할 예정으로 있다. 백제 문화유산의 세계문화유산 등재는 백제문화제의 활성화를 위해서도 매우 중요한 관건이라 할 수 있다.

백제문화 축전이라 하여 이아템을 지나치게 백제에 한정할 필요는 없다. 이러한 점에서 유용한 다른 시대 유적에 주목해야 한다. 금강의 일제시대 도시 유적과 학봉리의 도요지 관련 유적이 그것이다. 공주, 부여와 금강 일대 일제시대 유적에 대한 적극적 개발과 활용이 필요하다. 공주·부여만이 아니라 인근 강경, 장항 등의 일제시기 유적을 개발하여 이를 공주·부여의 일본 관광객을 겨냥하여 연계함으로써, 백제 관광 코스의 다양성을 도모한다. 공주, 부여, 강경, 장항 등의 일제 유적은 금강을 맥락으로 발전한 도시 양상으로서, 금강을 근간으로 발전하였던 백제시대의 도시적 양상과 맥을 같이하는 것이다.

백제문화제는 충남의 자존심이다

백제문화제는 백제의 왕도였던 공주와 부여에서 열리고 있다. 그러나 백제문화제는 공주·부여만의 축제가 아니라 충남의 축제이다. 이점에 있어서 백제문화제의 세계화가 중요하다. 백제문화제의 세계화는 국내외 축제 참가자와 관광객을 모으는 효과를 기대할 수 있다. 그리고 이들 참가자들은 공주·부여만이 아니라 그 주변지역의 관광 활성화의 자원이 될 수 있다.

2015년에 개관한 공주대 공주학연구원
(공주시의 지원으로 건축되어, 지역 콘텐츠 자료의 수집과 생산의 산실이 되고 있다.)

백제문화제는 충남인의 자존심이다. 30여 년을 끌고 있는 백제문화권 개발을 일단락하고 새로운 시대를 준비하는 백제부흥운동의 정신이 이 시점에서 필요하다. 백제문화제 60년을 맞아 충남 발전을 새롭게 견인하는 축제의 장으로서의 백제문화제의 도약 발전을 기대한다.

2010년 대백제전 세계화의 과제

| 머 리 말 |

 2007년 제53회 백제문화제의 공주·부여 통합 개최를 시발로 하여 백제문화제는 새로운 탈바꿈을 하고 있다. 그것은 우선 종래 격년제로 시행되던 공주와 부여의 백제문화제를 매년 양 지역에서 동시에 통합적으로 개최한다는 것이 첫째이지만 예산 규모 등의 면에서 괄목할 만한 확대를 보여주었다. 이에 의하여 특히 예산이 많이 소요되는 대형 프로그램이 대거 채용되는 동시에, 문화제의 전문성을 제고하고 이를 국내의 한 행사가 아닌 국제적 행사로서 자리매김하려는 노력이 중점적으로 기울여졌다.[1]

 이같은 백제문화제의 추진은 단기적으로는 2009년 제55회 백제문화제를 거쳐 2010년의 '대백제전' 개최로 이어지게 된다. 특히 2010년은 일본 헤이죠쿄(平成京)천도 1300주년, 중국 상하이 엑스포 개최와 맞물리면서 부여의 백제재현단지가 완성되는 해이기도 하다. 이같은 시점에 맞추어 이미 2010년은 '충청권 방문의 해'로 공식 지정됨으로써 충남 관광산업의 새로운 전기를 맞게 될 전망이다.[2]

---

1) 윤용혁 「백제문화를 통한 21세기의 국제교류」 『대백제국의 국제교류사』(국제학술회의 자료집) 충청남도 역사문화연구원, 2008
2) 공주대 관광학부에서는 〈백제문화관광 활성화 방안〉이라는 심포지움을 통하여 여러 가지 제안을 논의한 바 있다. 발표문중 백제문화관광에 대해서는 유기준 「백제지역 문화마켓팅의 활성화 방안」, 지진호 「백제문화제의 차별화전략」, 함영덕 「백제문화관광의 발전방향」, 「문화관광 축제의 성

2010년의 이같은 여건과 관련하여, 백제문화제, 대백제전, '충청권 방문의 해' 등 제반 사업의 핵심이 국제적 위상을 자리 매김하는 것이 관건으로 부각됨에 따라 프로그램의 세계화 내지 국제화를 적극 지향해야하는 공통적인 과제를 안게 되었다. 특히 2010년 대백제전의 성공적 개최는 '충청권방문의 해' 사업에 직접 연동되어 그 시너지 효과를 극대화시켜야 한다는 점에서 상호 협조와 연계가 필수적인 것이라 할 수 있다.3) 이러한 배경에서 본고는 특히 2010년 백제문화제의 세계화를 위한 역사적 관점에서의 여러 가지 아이디어와 제안을 정리하여 제시하는 것을 목적으로 한다.

1. 왜 '2010 대백제전'인가

1) '백제문화권 개발' 30여 년의 성과

1978년부터 시작된 백제문화권 개발이 30년을 넘기고 있다. 향후 2년, 2010년에는 부여 백제문화단지라는 백제문화권 개발의 상징적 사업이 완공됨으로써 백제문화권 개발의 새로운 이정표를 기록하게 된다. 뿐만 아니라 2010년에는 백제문화유산의 세계문화유산 등재가 기대되고 있다.

공 요인과 백제문화제 발전방향』 등이 발표 되었다. 이에 대해서는 공주대 관광학부 『백제문화관광 활성화 방안』 (2008. 10. 9) 참고. 한편 충청남도는 근년의 백제문화 관련의 여러 사업들을 정리하고 제시하는 『700년 대백제 -어제와 오늘 그리고 내일』 (2008)이라는 종합보고서를 발간하여 관련 사업의 전반을 조망할 수 있도록 하였다.
3) 2010년 충청권 방문의 해 사업의 개요에 대해서는 양광호 「2010 충청권 방문의 해' 사업 계획 및 추진과제」 『충청권의 문화관광 발전을 위한 세미나』 (발표 자료집), 충남지역혁신협의회, 2008 참조

2) '백제부흥운동' 1350주년에 즈음한 충남의 정체성 확인

2010년은 백제의 사비도성 함락으로 일어난 백제 부흥운동 발발 1350주년이 된다는 점에서 또 다른 의미가 있다. 백제문화권 개발과 백제문화제의 세계화 등 일련의 백제사업은 우리 시대에 있어서 일종의 '백제부흥운동'에 해당한다. 흑치상지와 복신·도침에 의한 제1차 부흥운동, 견훤에 의한 제2차 부흥운동에 이은 3차 혹은 4차 백제부흥운동에 해당하는 것이 오늘날에 있어서 '백제문화 사업'이다.

3) 동아시아 역사문화 축제로서의 자리매김

2010년에 일본에서는 평성경 천도 1300주년 축제, 그리고 중국에서는 상하이엑스포가 예정되어 있다. '2010 대백제전'은 한국을 대표하는 문화축전으로서 '700년 대백제'가 한국을 대표하는 국제적 축제로서 자리매김 할 수 있는 절호의 기회라 할 수 있다.

2. 백제문화제 추진 과정과 외적 여건에서 파악되는 시사점

1) 높은 수치의 외국인 방문객

2007년도 제53회 백제문화제 5일간의 행사 기간중 공주 부여에 대한 내외국인 방문객 126만, 경제효과 353억을 기록하였으며, 외국인 방문객은 국내 거주 외국인 수를 포함하여 일본 53,000, 중국 30,000, 기타 19,000, 도합 102,000명으로 추산되었다. 단체 방문객으로서는 야마구치, 모리야마, 구마모토 등 자매도시와 오사카, 나라 등지에서 왓소축제위원회, 평성경(헤이죠쿄)천도 기념사업회 등이 단체 참가 하였다.

2008 백제문화제는 개최기간 10일 동안 153만 8천명(내국인 142만 8천, 외국인 11만)의 방문객을 기록하였고, 해외 37개국 사람의 관람과 외교사절 76명 (대사 16명)이 개막식에 참관하는 기회가 주어졌다.

기존 박람회의 결과 분석에 의하면 국내 외래 관람객 대비 참여 비율은 평균 8.8%, 경주 엑스포에서 외국인 입장객 106,516명으로서, 외국인입장객 비율은 3.5%를 기록하였다. 프로그램 내용의 문제는 별도로 하고, 백제문화제가 국제화, 세계화의 개념으로 자리 잡고 있음을 확인할 수 있다.

2) 백제문화 축제 '세계화'의 근거

21세기 흐름의 큰 방향 하나는 제국주의와 공산주의에 의하여 파괴되었던 동아시아 세계의 복원이다. 한중일 동아시아 3국의 교류와 협력 관계가 급속히 진전되는 시점에서, 21세기에는 동아시아 세계의 교량역을 담당하였던 백제사의 기능과 역할이 더욱 부각된다. 백제는 동아시아 3국을 상호 연결하는 중간 고리와 교량의 역할을 통하여 고대 동아시아 세계 형성의 주역을 담당하였기 때문이다.

일본 고대 역사에 미친 백제의 영향력, 백제문화가 갖는 보편성과 국제성은 21세기에 복원되는 동아시아 세계에서 한국의 역할을 상징하기도 하고, 글로컬시대의 새로운 발전을 지향하는 충남의 정체성을 상징하기도 한다.

2007년 새로 개정된 학교 교육과정에서 '국사' 과목이 '역사'로 대체되고, '동아시아'라는 과목이 신설된 사실도 주목할 점이다. 백제는 21세기 '동아시아 시대'에 그 가치가 더욱 확산되고 부각될 요소를 포함하고 있다는 점이 유의된다.

백제의 기본 컨셉은 '동아시아'이다(고등학교 〈동아시아〉 교과서)

3) 백제문화 축제 세계화의 단계

백제문화 축제의 성패는 이 축전의 세계화라는 특성의 달성도에 크게 달려 있다고 생각된다. 이 축전의 세계화는 우선적으로 동아시아 3국을 배경으로 설정할 필요가 있다. 단기 목표와 중장기 목표로 구분한다면 단기 목표는 역시 중국과 일본이고, 특히 첫째 목표는 일본이 된다. 두 번째가 중국이며 이후 중기 혹은 장기적 세계화의 확산을 그 이외 여러 나라로 한다는 중점 목표점의 단계적 목표점 설정이 필요하다.

3. 일본을 목표로 한 여건에 대한 검토

1) 일본 방문객을 겨냥한 구체적 관광 전략의 수립과 추진

백제축전의 성공적 진전을 위해서는 '백제' 브랜드가 갖는 일본에서의 영향력과 인지도를 적극 활용해야 한다. 일본은 지리적으로도 한국에서 가장 가까운 나라이고 지역이라는 점에서 국제화 상대의 일차적 대상이 된다.

백제문화 축전을 위해서는 도시의 내적 국제화를 도모하여 도시의 질적 수준을 제고해야 한다. 공주와 부여에 한한 것이지만, 이곳에서는 한자 또는 일본어 표지판을 보다 적극적으로 보급할 필요가 있다.

제54회 백제문화제에서 대규모 단체 방문한 시가현 시민 방문단(126명)에 대한 조사에 의하면 참가자들은 한국 방문 경험이 매우 높은 분포를 보이면서도 충청지역 방문 경험은 거의 전무한 것으로 확인되었다. 이같은 사실은 백제문화제를 상품으로 하여 충청지역, 백제문화권에의 방문을 유도할 수 있는 넓은 시장이 있다는 사실을 확인케 하는 것이다.

가라츠 시민들의 백제문화제 참여

2) 축제의 프로그램

외국 방문객의 백제문화제 행사 프로그램에 대한 만족도는 매우 높다. 그것은 특히 지난 2회에 걸친 백제문화제에서 프로그램과 이벤트 등 행사를 적극 개발한 결과이다. 제54회 백제문화제 평가 결과에 의하면 '우수'(very good)와 '극히 우수'(excellent)가 78.7%에 이르고 있다.[4]

그러나 이들의 재방문을 유도하기 위해서는 외국인을 배려한 참여형 프로그램의 확대가 요망된다. 가령 국제교류촌의 운영에 있어서 일본 현지민 그룹을 직접 참여케 하는 방법의 모색도 그 중의 하나이다. 대백제전의 기간이 길기 때문에 기간을 쪼개어 여러 팀의 참여가 가능하다. 일본과의 자매 결연도시 관계 등을 활용하면 좋을 것이다. 4왕추모제 등 제사 의식에의 참여도 일본 방문객으로부터 호응을 받았다. 축제의 프로그램으로서는 비인기 행사인 제사의식도 경우에 따라서는 외국인에게는 의미있는 행사가 될 수 있다는 암시이다.

3) 숙소

백제문화제 최대의 수혜자는 대전 유성이었다. 이점에 유의하여 대전 이외 충남 지역 숙박시설의 적극적 활용을 적극 유도할 필요가 있다.

서천, 당진고속도로 등의 개통으로 축제행사지의 교통 여건이 2009년 이후 크게 개선될 것이 전망된다. 이같은 여건을 바탕으로 국외 관광객이 공주·부여와 함께 대전이 아닌 충남의 여러 지역에 분산이 가능하도록 적극 유도해야 할 것이다.

---

[4] 공주대 백제문화연구원 제53회 제54회 『백제문화제 평가보고서』 2007, 2008 참조

호텔·모텔과 같은 숙박 시설만으로는 일시적으로 팽창된 관광객의 흡수가 불가능하다. 따라서 민간 레벨의 여러 활동 그리고 홈스테이, 템플스테이 등의 활성화가 바람직하다. 이를 위해서는 홈스테이, 템플스테이의 프로그램을 점검하여 수요자의 만족도를 높여가는 지속적 노력, 우수 사례의 적극적 보급 등이 필요할 것이다.

4) 음식

백제문화제를 대비하여 외국인들이 갈만한 식당을 사전에 추천음식점으로 지정한 바 있다. 백제 음식의 개발 등의 문제도 앞으로 더 연구해가야 할 주제이다. 그러나 전통 한국음식이나 백제 음식에 지나치게 얽매이지 않고 지역의 특색 음식을 백제문화 축전의 권장메뉴로 추천할 필요도 있다. 공주의 경우라면 '칼국수'는 일본 관광객에게 소개할 만한 좋은 메뉴의 하나이다. 음식을 소재로 한 소축제를 백제문화제의 프로그램의 하나로서 정착시킬 필요도 있다.

5) 학습기회의 적극적 제공

이벤트와 행사 참여 이외에 백제와 백제문화에 대한 학습 기회가 연계프로그램으로 반드시 선택적으로 제공될 필요가 있다. 즉 적절한 교육프로그램 운영이 필수적이다. 백제 유적의 현장 학습은 그 중요한 유형이지만 이를 위해서는 백제역사와 문화를 적절히 소개할 수 있는 유능한 안내자와 통역 요원이 필수적이다.

따라서 시민중 문화재 안내 통역 요원 봉사자를 육성하고 이를 네트워크화하여 축제 기간에 체계적으로 운용할 수 있어야 한다. 현재 양성되어 있는 문화재해설사보다 유연한 형태의 '준해설사' 집단의 네트워크가 필요하다는 것이다.

한편 학습의 효용성을 높이기 위하여는 일본인(또는 외국인) 대상의 좋은 안내 책자가 필수적이다.

4. 시민 혹은 지자체 레벨 교류의 지속적 강화

1) 자매결연의 체계화와 활성화

백제문화 축전의 세계화를 위해서는 기존의 국외 자매 도시 관계 등 국제교류 자원을 적극 활용할 필요가 있다. 충남의 16개(공주/부여 포함) 시군의 교류 현황을 종합하면 자매 결연은 17개 도시(우호도시(28개)로서, 시군 평균 1개 도시에 불과하다. 자매 결연 17개 도시중 절반이 중국(8개)이고, 일본(5개), 미국(3개), 몽골(1개) 등이다. 일본과 자매결연된 5개 도시중 3개 도시가 공주와의 결연이라는 점, 부여의 경우 읍면 단위이기는 하지만 일본 5개 도시와의 교류관계가 형성되어 있다는 점에서 공주 부여만은 일본과의 각별한 교류가 특징적이다.

공주·부여의 국제교류는 일본 중심으로 편중되어 있다. 백제문화라는 개념을 살리는 의미에서 중국과의 교류를 보완하여 삼국을 연결하는 국제교류라는 특성을 강화하는 것이 필요하다. 백제문화와 밀접한 연관이 있는 남조의 수도가 남경이었던 만큼, 남경 혹은 강소성이나 절강성 등과의 교류를 활성화할 필요가 있다. 남경의 경우 시립박물관이 공주박물관과, 남경대학이 공주대와 각각 자매 결연 관계이고, 남경이 대전과도 자매도시 관계에 있으므로 이러한 기존 체계를 도시간 교류에 적극 이용하는 것이 좋겠다.

공주시의 국제교류 현황

교류도시명	결연일자	자매/우호	비고
遼寧省 瀋陽市 (중국)	1999-09-09	우호교류	
熊本縣 和水町 (일본)	1979-09-15	**자매결연**	
滋賀縣 守山市 (일본)	1991-08-05	**자매결연**	
山口縣 山口市 (일본)	1993-02-23	**자매결연**	
佐賀縣 唐津市 (일본)	2006-06-25	단체 협약	
바기오시 (필리핀)	2007-07-11	우호교류	
Calhoun, (미국 알라바마주)	1992-11-14	우호교류	

2) 시민 교류의 질적 수준 제고

일본 방문객의 지속적 확보를 위해서는 시민 레벨의 국제 교류가 매우 유효한 방법이다. 공주에서는 야마구치(山口), 모리야마(守山), 나고미(和水) 등 자매도시와의 교류가 일본으로부터의 방문객을 유인하는 데 크게 기여하고 있다. 자매도시는 아니지만 근년 무령왕국제네트워크협의회를 중심으로 한 가라츠(唐津) 시와의 교류도 주목할 만하다. 무령왕국제네트워크협의회는 2006년 무령왕 기념비 건립을 주도하였으며, 2008년 12월 8일에 가라츠에서 열린 나베마츠리(음식축제)에 초청되었다. 이것은 그동안 지역간 교류의 결과이며 이러한 교류가 백제문화 축전의 발전에도 여러 방면에서 기여할 것은 물론이다.

무령왕국제네트워크협의회는 향후 남경과 공주, 혹은 가라츠, 오사카(하비키노 시) 등을 엮는 동아시아 시민네트워크에의 발전을 추구하고 있다. 동아시아 시민 교류 네트워크 구축과 지속적 내실화는 백제문화 관련 축전의 국제화에 크게 기여할 수 있을 것이라는 점에서 장기적 안목으로 발전시켜 나가야 한다는 점을 강조한다.[5]

3) 자매도시의 활용도와 효용성 분석

자매결연은 지자체 만이 아니라 지역의 여러 단체들과 결연되어 지역사회 전체가 연결될 수 있도록 노력할 필요가 있다. 부여의 경우 읍면 단위의 교류 관계는 선별하여 군 레벨로 설정하고 백제문화제와 직접 연결함으로써 국제교류를 강화하는 방안이 바람직하다는 의견이다.

4) 축제 주관단체와의 교류 활성화

53회, 54회 백제문화제를 통하여 축제 주관단체와의 교류와 협력 체계 구축이 이루어지고 있다. 오사카의 왓소축제, 혹은 나라현 평성경천도 기념사업회 등과의 협력체계 구축이 그 예이다. 이같은 협력 체제의 발전이 대백제전의 추진과 세계화에도 많은 도움이 될 것이다.

5) 공주, 부여를 고향으로 하는 일본인 방문 추진

공주의 경우는 일본에 '공주회'라는 단체가 있다. 2년 1회 총회를 개최하며 총회에서는 회원은 100명 가깝지만 실제는 30명 정도가 모인다. 2009년에는 5월에 가라츠에서 모일 예정이다. 이들의 평균 연령은 이미 70대 후반 이상으로 이제 한시적일 수 밖에 없는 시점이 되었다. 공주·부여를 고향으로 하는 일본인에게 고향방문의 기회를 부여하는 것을 대백제전 행사중의 하나로 기획할 것을 제안한다. 물론 소요경비는 자비 부담을 원칙으로 해야 할 것이다.

---

5) 무령왕국제네트워크협의회(회장 정영일)의 교류 경과 전반에 대해서는 윤용혁 「무령왕의 길 -무령왕 기념비의 건립」 『웅진문화』 19, 2006 참고

5. 새로운 백제 콘텐츠의 개발

 대백제전, 혹은 앞으로의 백제문화제에서도 지속적으로 중점을 두어야 할 중요 사항의 하나는 역시 백제 콘텐츠의 지속적 개발과 활용이다. 이에 대한 노력이 지속되어야 할 것이다. 축전의 프로그램에서 백제콘텐츠를 어떻게 적용할 것인가 하는 것이 우선적인 관건이지만, 연계 프로그램에서 '백제'의 특성을 보완하는 것도 필요한 일이다. 몇 가지 안을 참고적으로 제안한다.

1) 일본인을 고려한 다양한 유적 현장 연계

 '백제'라는 아이템으로 공주, 부여를 방문하는 만큼 이들 일본인 방문객을 보다 적극적으로 백제역사와 문화에 접할 수 있도록 배려해야 한다. 아울러 관련 유적의 탐방에 있어서는 일본과 관련 있는 유적이나 역사를 포함함으로써 국내 내방객의 경우와 차별화하는 방안이 모색되어야 한다. 무령왕릉(송산리고분군)과 공주박물관 이외에 공주의 경우 대통사지, 정지산유적, 신사터, 일본인 무덤, 근대 건축물, 학봉리 도요지와 이삼평 기념비 등 소재를 활용할 수 있다.

2) 백제와 일본의 연결 루트인 금강의 활용

 강에서 보는 금강의 주변의 경관을 관광 자원으로 활용하고, 선편을 이용한 관광 기회의 부여에 의하여 버스 일변도에 의한 관광을 다양화해야 한다. 선편을 이용한 관광이 가능한 것은 부여 부소산성, 백마강 주변에 한정되어 있다.
 공주의 경우 유람선 문제에 더욱 적극적 검토가 필요하고, 특히 부여의 경우는 보다 풍부한 수량을 활용하여 장거리 노선을 개발하고 새로운 관광 수요를 창출하여야 한다.

부여에서 장거리 노선을 개발할 경우 부여 구드래에서 강경 포구까지의 노선이 가능하다. 경관과 함께 강경의 젓갈을 상품으로 연결하고, 아울러 이 노선에도 백제콘텐츠를 적용하여 단순한 유람선이 아니라 백제 유적으로 탐방으로 개발될 수 있도록 한다.

'해상왕국 백제'를 상징하는 금강의 백제선단

3) 공주 부여 이외의 백제유적도 연계 프로그램으로 활용

대백제전에서는 고속도로의 개통으로 충남 지역내에서의 접근성이 크게 개선된다. 따라서 메인행사는 공주·부여에서 개최하되, 연계 프로그램을 개발하여 다른 시군이 백제문화제에 관심을 갖도록 해야 한다.

공주 부여 이외의 백제유적을 연계 프로그램으로 활용하는 것이 한 방안이다. 그 가운데 예산의 백제부흥운동 관련 유적과 백강구 전투현장으로서의 장항의 금강 하구를 주목할 수 있다. 예산은 백제 부흥운동의 거점이라는 점에서, 장항은 백제 부흥운동 전쟁 당시 2만 7천의 일본군이 1천척 선단으로 대거 박두하여 백제군을 지원하며 나당군과 전쟁을 벌였던 현장이다. 이른바 백강구 전쟁으로서, '제1차 동아시아 세계대전'이라고도 불리는 극히 유명한 전투이고 일본 고대사에서 중요하게 다루어진 사건이다. 이것이 백제 부흥전쟁과 연결되어 야기된 것이다.

백강구 전쟁은 해전이었기 때문에 육상에 흔적이 남겨질 수 없었지만 금강하구인 장항에서 이를 조망할 수 있다. 장암진성이 간접적인 관련 지역이라 할 수 있다.

4) 새로운 백제 콘텐츠로서의 백제 유적 착안

백제 콘텐츠는 알려진 것만이 아니라 필요에 의하여 새롭게 개발하는 것도 필요하다. 강경을 금강 선편을 통하여 부여와 연결하는 경우, 이를 묶어주는 백제 콘텐츠가 유용하다.

최근의 과학적 조사에 의하여 정림사탑 석재의 채석지가 강경 옥녀봉이라는 사실이 밝혀졌다.[6] 옥녀봉의 채석지를 문화재(도기념물)로 지정하고, 부여 정림사와 옥녀봉을 연결하면 '금강을 통한 백제 루트' 개발이라는 새로운 관광 아이템이 가능해진다. 대백제전의 연계 프로그램으로 고려할 필요가 있다.

---

[6] 이찬희 등 「부여 정림사지 5층석탑 구성 암석의 원산지 추정」 『지질학회지』 43-2, 2006

5) 백제 이외의 다른 시기 유적을 연계하여 개발에 활용

백제문화 축전이라 하여 이아이템을 지나치게 백제에 한정할 필요는 없다. 이러한 점에서 유용한 다른 시대 유적에 주목해야 한다. 금강의 일제시대 도시 유적과 학봉리의 도요지 관련 유적이 그것이다.

공주, 부여와 금강 일대 일제시대 유적에 대한 적극적 개발과 활용이 필요하다. 공주, 부여만이 아니라 인근 강경, 장항 등의 일제시기 유적을 개발하여 이를 공주, 부여의 일본 관광객을 겨냥하여 연계함으로써, 백제 관광 코스의 다양성을 도모한다. 공주, 부여, 강경, 장항 등의 일제 유적은 금강을 맥락으로 발전한 도시 양상으로서, 금강을 근간으로 발전하였던 백제시대의 도시적 양상과 맥을 같이하는 것이다.

학봉리의 도요지 관련 유적은 현재 개발되어 있지 않지만, 현재 상태에서도 프로그램화 하는 방안이 있다. 이삼평 기념비와 분청사기의 안료 채석지로 생각되는 인공굴의 존재를 활용한다. 분청사기는 공주 계룡산의 철화분청을 최고로 치며, 일본에서는 한국의 도자기중 특히 이 철화분청이 최고로 평가받고 있기 때문에 일본 관광객에게는 매우 설득력 있는 소재가 된다. 기념비의 주인공 이삼평은 일본의 모든 역사교과서에 그 이름이 등장하는 유명인물이다. 박정자 조각 공원에 세워진 기념비 자체가 하나의 좋은 콘텐츠이다.[7]

6) 백제 이외의 다른 시대 프로그램도 백제화 하여 활용

53회, 54회 백제문화제에서 참여형 프로그램으로 관심을 모

---

[7] 이삼평에 대해서는 윤용혁 「아리타의 도조 이삼평과 공주」 『공주, 역사문화론집』 서경문화사, 2005 참고

앉던 행사중 '백제'가 아니라는 시대성으로 인하여 논란이 되는 것이 있다. 공주의 인절미축제와, 당진 기지시 줄다리기가 그것이다. 공주 인절미축제는 53회 백제문화제의 최고의 인기프로그램으로 꼽혔으며, 당진 기지시줄 다리기 역시 만족도 97.6%라는 극히 높은 수치를 보여주었다. 두 행사가 모두 많은 사람들이 함께 참여할 수 있는 체험 프로그램이라는 공통점이 있다.

공주 인절미는 1624년(인조 2년) 인조반정 때 공주에 피란 온 인조 임금과 관련이 있다. 정안면을 거쳐 우성면에 이르자 임절미라는 주민이 이 떡을 만들어 바쳤고, 그것을 계기로 '임절미'라고 이름 하였다는 것이다.[8] 그러나 이 전설은 인절미의 기원이 조선시대라는 것은 아니다. 그리고 당진 기지시 줄다리기는 기원을 정확히 알 수 없는 오랜 전통축제 프로그램의 하나이다. 인절미나 줄다리기나 그 기원을 정확히 알 수 없다. 다만 사회적 통념상 조선시대라는 인식이 일반화되어 있을 뿐이다. 이들 소재(인절미와 줄다리기)는 형태는 달랐겠지만 그 기원이 멀리 백제까지 충분히 소급할 수 있는 개연성이 있다.

따라서 이같은 다른 시기의 프로그램을 백제문화제에 도입할 경우는 프로그램의 명칭을 변형하거나 설명을 통하여 안내함으로써 불필요한 오해를 예방하는 것이 필요할 것이다. 공주인절미를 '백제 인절미'로, 당진 기지시 줄다리기를 '백제 줄다리기'로, 백제문화제에서는 변형하는 것도 한 가지 방안이다.

인절미와 비슷한 떡이나 줄다리기의 풍속은 일본에도 공통적인 것이어서 이들 프로그램을 외국인 참가자만을 상대로 추가 시행하는 방안도 있을 것이다.

---

8) 최석원 외 「인조의 공주파천과 향토사적」 『웅진문화』 2·3 합집, 1990, pp.35-42

7) 백제 문화재의 고고학적 조사(발굴) 작업을 학습적 관광으로 연결

충남 지역에서는 문화재에 대한 고고학적 조사가 대단한 물량으로 진행되고 있다. 아쉬운 것은 고고학적 조사가 단순한 학문적 작업으로 그치는 것이 일반적이라는 사실이다. 고고학적 조사는 체험적 요소와 새로운 것에 대한 발견이라는 극적 요소가 함께 있고 기본적으로 학문적인 작업이기 때문에 이만큼의 유용성을 갖는 학습적 소재는 드물다. 더욱이 이 작업은 백제 혹은 문화재에 대한 작업이어서 이 고고학적 작업을 대백제전의 프로그램으로 활용하는 방안이 적극 모색되어야 한다.

특히 이 고고학적 활용의 소재가 일본과 연관이 있는 유적이라면 그 효과는 국제적으로 증폭된다. 공주지역의 경우, 백제시대 금동관, 금동신발 등이 출토된 수촌리 고분군과 우성면 단지

공주 공산성 성안 건물지의 발굴(공주대 박물관)

리의 횡혈묘는 일본 고대사와도 밀접한 연관이 있는 유적이고 유적 자체도 매우 중요할 뿐 아니라 오랜 기간 학술적 조사를 필요로 하는 지역이기도 하다. 조사지역을 한정하되, 특히 축제의 개최장소와도 매우 근접한 거리이고 개최기간이 장기간인 대백제전 프로그램으로서 채용하는 것이 충분히 가능하다. 물론 조사기관과의 정밀한 사전 준비는 필수적이다. 그러나 대백제전의 프로그램으로서 반드시 좋은 성과를 기대할 수 있을 것이다.

8) 백제 도성을 조망할 수 있는 경관지의 개발

관광지, 역사유적은 보는 대상을 개발하고 정비하는 데 초점이 있다. 그러나 방문객은 조성된 유적만을 보는 것이 아니라 주변 경관을 전체적으로 보게 된다. 이러한 점에서 가치있고 볼만 한 대상을 개발하는 것 이외에 경관을 잘 볼 수 있는 장소를 확보하고 개발하는 것도 대단히 중요한 일이다.

공주, 부여는 백제의 도성 유적이다. 이러한 점에서 이곳을 방문하는 사람들은 각각의 유적만이 아니라 공주 부여의 백제 도성을 전체적으로 잘 조망하고 싶은 욕구가 있다. 따라서 이같은 욕구를 충족할 적절한 조망지를 확보하고 이를 유적과 같은 특별한 장소로 개발할 수 있다. 특히 이 조망지가 백제유적 혹은 역사적 명소라면 더할 나위 없이 좋을 것이다.

공주의 경우는 이러한 조망지로서 정지산 유적과 연미산, 두 군데를 추천하고 싶다. 정지산 유적은 무령왕릉(송산리고분군)과 연계되어 국가사적으로 지정되어 있지만 유적 자체는 전혀 정비되어 있지 않아 관광적 효용을 가지고 있지 못하다. 그러나 그 역사성으로 인하여 백제문화제의 혼불 채화장소로서 활용되고 있다. 정지산유적의 개발과 함께 이곳을 백제 도성을 조망하는 장소로서 적극 개발 홍보할 필요가 있다. 백제도성이 금강의 품안에서 계룡산 자락을 바라보며 조성된 점을 한눈에 파악할 수 있는 장소이다. 특히 정지산 유적은 일본계 유물의 출토를 비롯하여 일본과도 연관성이 있는 유적이다.

연미산의 경우는 접근성 등의 측면에서 정지산 유적에 미치지 못하지만, '백제탐험'을 즐기는 사람이라면 유용한 장소가 될 수 있다. 산정에 고대 제사유적지로 추정되는 장소가 있고, 고마나루를 지척에 두고 '곰 굴'로 전하는 곳이 있으며, 54회 백제문화제에서도 금강비엔날레 장소로 이용되던 곳이다. 금강 비엔날레와 연계하여 공간적 특성을 그 역사성에 의하여 더욱 부각할 수 있는 장소이다.

9) '백제 공주'를 상징하는 곰 캐릭터의 개발

백제 혹은 '백제 공주'를 상징하는 아이템으로서 아직 손대고 있지 못한 것들이 있다. 그중의 하나가 '공주의 곰'이다. '공주의 곰'은 소재가 '곰'이라는 것 때문에 전국적 아이템으로 확산 가능한 소재이다. 미국의 한 회사가 곰을 아이템으로 하여 심지어 한국까지 진출하여 세계적 판매망을 구축한 사례가 있다. 제주 서귀포의 '테디베어 뮤지엄'이란 상설전시판매장이 있고, 2009년 초에는 대전에서 '테디베어' 특별 이벤트를 만들어 사업을 시행한 바 있다.

공주에서는 '고마나루'의 전설 뿐만 아니라 곰상이 출토된 바 있고, 부여읍내에서도 백제시대의 작은 토제 곰상이 출토한 바 있다. 곰 캐릭터를 적극 개발하고 이를 상품화하는 시도가 필요하다. 곰(熊)은 충남도와 자매결연 관계인 구마모토(熊本)와도 연결된다.

곰은 '백제공주'를 상징하는 대표적 캐릭터이다. (위희열 작품)

10) 해외 백제 문화유산에 대한 장기적 조사 작업

해외의 백제문화 유산에 대한 조사 작업이 필요하다. 이 사업은 많은 기간을 소요하는 것이기 때문에 장기적 안목과 계획을 가지고 추진할 필요가 있으며, 그 결과는 학문적 뿐만 아니라 관광, 혹은 국제 교류의 활성화 등 다양한 자료로 활용이 가능하다.

사업의 우선 순위는 백제와 밀접한 일본의 지역 및 자매도시의 결연 기반 등을 고려하여 순위를 설정한다면 그 결과가 국제교류의 실제적 성과를 극대화 하는데도 유용하게 활용될 수 있을 것이다.[9]

---

9) 해외소재 유물에 대한 조사 작업은 국립공주박물관에 의하여 1998년부터 연차사업으로 진행된 바 있다. 동 박물관의 『일본소재 백제문화재 조사보고서』는 1999, 2000년과 2003년에 近畿지방을 대상으로 3권이, 그리고 2004년에는 長野·東京·千葉 지방에 대한 보고서가 간행되었다. 2005년 이후 중국의 관련 유물 유적에 대한 조사를 진행하고 있으므로 이같은 경험이 유효하게 활용될 수 있을 것이다.

6. 여건 변화에 부응하는 새로운 아이템 개발

1) 국내 소재의 일본 관련 단체 기관의 적극적 활용

한일친선과 교류 등을 목표로 활동하는 국내 일본 단체와의 협의를 통하여 적절한 프로그램을 반영하고 상시적 협조 관계를 유지하는 것이 필요하다. 이들 기관이 특별히 백제문화제와 대백제전에 관심을 갖게 되면, 이들 기관이 자체적으로 조직하는 여러 프로그램 가운데 반영될 수 있고 대백제전과의 연계와 협조 방안도 모색이 가능할 것이다.

2) 일본내의 시민 레벨 '백제 네트워크' 구축

공주 부여와 자매 교류 관계의 지역 시민, 혹은 백제문화제 방문자, 백제에 관심 있는 이들을 기반으로 하여 지속적인 백제 후원자를 조직화 한다. 가칭 '백제네트워크'라는 느슨한 형태의 조직 관계를 형성하여 백제와 충남에 대한 시민 차원 국외의 후원 기반을 구축하고 대백제전 등에서 이들의 재방문과 축제 참여를 유도함으로써 지속적인 기반 역할이 가능하도록 한다.

후쿠오카현 야메시(야메시) 시민들의 공연 ('이와이와 백제무령왕', 2015)

3) 고속도로 개통에 따른 주변 지역 유적 연결

2009년 서천, 당진 고속도로 완공을 기점으로 충남 지역 내의 교통 접근성은 특별히 개선될 전망이다. 새로운 환경을 활용하여 대백제전에서는 공주 부여 이외의 유적(예; 예산의 백제부흥운동 관련 유적, 백강구 전투현장으로서의 장항의 금강 하구)을 연계 프로그램으로 묶고, 숙박 등의 문제를 분산함으로써 문제를 완화하는 적극적 방안을 모색해야 한다. 이것은 백제문화제가 충남의 대표축제가 되고, 대백제전이 공주·부여만이 아닌 '충남'의 사업이 되기 위해서도 필요한 일이다.

4) 일본 크루즈 백제 탐방단 조성

오사카와 후쿠오카를 연결하여 일본 관광객이 크루즈를 통하여 대백제전 기간중 대규모로 방한할 수 있도록 추진하는 방안이다. 백제문화제 때에도 제안되었던 사항이지만, 개최 기간이 긴 대백제전에 적합한 프로그램이라고 생각된다.

대규모 단체의 경우는 방문객의 기호를 사전에 파악하여 필수와 선택으로 코스를 다양화해야 한다. 즉 상륙 이후에는 여러 코스로 분산되어야 한다. 이 경우 본고에서 제안한 내용이 연계 프로그램의 작성에 유효할 것이다.

5) 일본의 영향력 있는 인사, 혹은 일본에 영향력 있는 국내 인사의 대백제전 참여

일본의 영향력 있는 인사를 대백제전에 참여하도록 주선하는 일이다. 정치인, 연예인 가운데 영향력 있는 인사의 상징적 참여는 대백제전의 국제적 홍보에 매우 유용할 것이다.

일본에 영향력 있는 한국의 유명 인사를 대백제전에 참여하게

하여 일본관광객들과 만날 수 있는 기회를 제공하는 방안도 동일하다.

6) 대백제전의 주제와 대백제전 기념물의 문제

제54회 백제문화제는 '교류왕국'이었다. 제55회 백제문화제는 '문화왕국'이라는 슬로건을 중심으로 이루어진다. 그러면 2010 대백제전의 전체 주제, 슬로건은 어떻게 할 것인가,

또 2010 대백제전이 백제를 기반으로 한 새로운 지역발전 추구의 기점이라고 할 때, 이를 기념하는 상시적 축제 시설 또는 기념물의 건립도 논의될 수 있는 문제이다.

| 맺 는 말 |

백제문화제는 백제의 왕도였던 공주와 부여에서 열리고 있다. 그러나 백제문화제는 공주 부여만의 축제가 아니라 충남의 축제이다. 이점에 있어서 백제문화제의 세계화가 중요하다. 백제문화제의 세계화는 국내외 축제 참가자와 관광객을 모으는 효과를 기대할 수 있다. 그리고 이들 참가자들은 공주 부여만이 아니라 그 주변지역의 관광 활성화의 자원이 될 수 있다. 특히 2009년도에 대전-당진 간, 그리고 공주-서천 간 고속도로가 완공되면 백제문화제 참가자의 충남 도내의 이동이 용이해진다. 이를 활용하는 충남도내 지자체들의 준비와 전략이 필요하다.

백제문화제는 충남인의 자존심이다. 30여 년을 끌고 있는 백제문화권 개발을 일단락하고 새로운 시대를 준비하는 백제부흥운동의 정신, 그리고 지역발전을 추구하는 각오가 이 이 시점에서 절실히 필요하다는 생각이다.

백제문화제 60년, 그리고 앞으로

1. 백제문화제, 한국에서 가장 오랜 지역축제

백제문화제는 사실상 우리나라에서 가장 긴 역사를 가진 지역축제이다. 1955년에 시작된 백제문화제가 2014년으로 60돌을 맞는다. 지나간 세월을 돌아보고, 앞으로의 60년을 생각해 보아야 하는 시점이 된 것이다.

백제문화제의 특성을 몇 가지로 지적하자면, 첫째 고대왕국 백제의 전통성에 근거하여 전개되는 역사재현형의 축제라는 점, 둘째는 특히 백제인의 한(恨), 그것이 바로 백제문화제의 출발점이 되었다는 점이다. 행정구역을 달리하는 공주와 부여 두 지역에서 공동으로 개최되어온 점은 백제문화제의 세 번째 특징이다.

백제, 백제문화제 정통성의 근거

해방 이후 우리나라 지역 축제의 출발은 1949년 경남 진주에서 영남예술제를 개최한 것이 시초로 알려져 있다. 영남예술제는 1959년 개천예술제로 이름을 바꾸어 지금에 이르고 있고, 근년에는 개천예술제의 특별행사로 시작된 남강유등축제가 일반인들에게 많이 알려져 있다. 경주에서 신라문화제가 시작된 것은 5.16 이후인 1962년의 일이었다. 백제문화제의 1955년 '백제대제'에서 시작된 백제문화제는 해방 후 두 번째로 시작된 지역축제라 할 수 있지만, 고대 왕국 백제의 전통성을 뿌리로 하여 그 정체성을 일관하고 있는 점에서는, 실질적으로 가장 오랜 전통의 축제라 말할 수 있다.

백제문화제의 정체성과 근거는 1천 5백 년 전 고대왕국 백제에 있다. 이것이 백제문화제의 두 번째 특성이다. 백제는 기원을 전후한 시기에 한성, 즉 오늘의 서울 강남지역에 자리를 잡으며 성립하였다. 475년 공주로 도읍을 옮기고 538년 부여로 도읍을 옮겨 663년까지 지속하였다. 7백년 백제 가운데 서울에 도읍한 기간은 5백 년이나 된다. 그럼에도 불구하고 백제라고 하면, 충남의 공주와 부여를 사람들은 이야기 한다. 백제가 자랑하는 문화적 발전, 대외적 영향력이 바로 공주와 부여 도읍 시기에 발휘되었기 때문이다.

백제문화는 기본적으로는 토착문화와 외래문화의 결합이라 할 수 있다. 백제 지배층의 주류가 고구려 계통이었다는 점, 백제문화의 발전에 중국의 선진 문화가 크게 기여하였다는 점을 부정할 수 없기 때문이다. 토착문화의 고유성, 외래문화의 보편성을 결합하여 새로운 문화발전을 이룩한 것이 백제문화였다는 것은 우리 시대의 문화 발전에도 교훈을 준다. 백제문화의 중심에 있는 백제 미술은 '자연미'를 특징으로 하며, 부드럽고 섬세한 백제인, 충청인의 심성(心性)이 반영된 것이었다.

충남권의 백제에서 꽃피운 고대문화는 신라에도 영향을 주었다. 신라의 대표적 사찰이었던 황룡사의 9층탑 건설을 백제의 기술자 아비지가 주관하였다는 사실은 이를 단적으로 입증한다. 백제의 불교와 문화 전반은 일본으로 전수되어 일본 고대문화 개화에 절대적 기반이 되었다는 것은 잘 알려져 있는 바와 같다. 538년 성왕 때 백제의 불교가 일본에 전해지고, 588년 아스카에 세워진 일본 최초의 사원 법흥사(法興寺; 飛鳥寺)가 백제의 후원에 의하여 조영되었다. 불교라는 종교만이 아니라 이를 바탕으로 한 최신의 문화와 기술, 예술이 그대로 전달되었기 때문에 일본의 고대 문화에서는 백제의 기술적 예술적 미감을 엿볼 수 있는 것이다.[1]

백제가 담고 있는 한(恨)의 콘텐츠

백제문화제의 두 번 째 특성은, 그것이 백제가 안고 있는 한(恨)의 역사에서 비롯되었다는 점이다. 660년 나당연합군의 공격으로 7월 13일 부여가 함락 당하고 의자왕은 공주에서 붙들려 종내 낙양 땅으로 끌려가고 말았다. 소정방은 의자왕과 왕자들 및 대신 장사 88인, 백성 1만 2천 807인을 포로로 하여 귀국하였다고 기록되어 있다. 함락된 부여 도성에서 의자왕은 무릎을 꿇고 적국 신라왕에게 술잔을 올려야 하는 치욕을 맛보지 않으면 안되었다. 그것은 의자왕의 치욕이 아니라 백제인의 치욕이었다.

부여의 함락에도 불구하고 지방에서는 남은 군사력을 결집하여 백제 부흥을 도모하였다. 주류성과 임존성이 그 거점이었다. 663년 7월, 신라는 문무왕이 직접 김유신 등 28장군을 거느리고 출발, 웅진에서 당의 유인원과 합세하였다. 당군과 문무왕의 신라군은 육군으로 진격하고, 유인궤, 부여 륭은 수군과 군량을 싣고 합세하였다. 한편 부흥운동을 지원하는 왜의 원병 2만은 '백강(백촌강)구'에 도달, 4회에 걸친 싸움 끝에 왜 선단 400여 척이 궤멸되고, 이어 주류성과 임존성이 차례로 함락되었다. 햇수로 4년의 세월이었다.

---

[1] 백제문화제의 정체성의 기반으로서 백제에 대해서는 이해준 「백제문화와 백제문화제」 『백제, 축제로 부활하다 -백제문화제 60년』 서경문화사, 2014 참조.

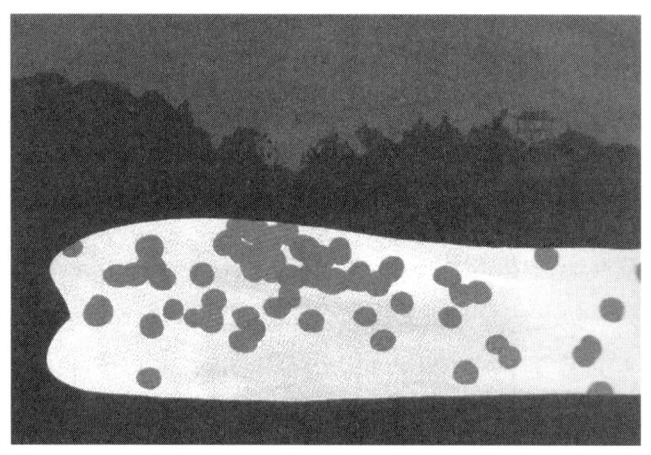

사적 제12호 공주 공산성은 475년 한성 함락, 660년 의자왕이 붙잡혀 간 망국의 한이 서려 있는 곳이다(안혜경의 작품 〈공산성〉)

'백제 부흥'이 다시 추진된 것은 그로부터 240년이 지난 뒤의 일이었다. 경상도 출신으로 전라도에서 장교로 근무하던 견훤은 서기 900년 전주에 도읍하고 백제 부흥을 선언하였다. 백제를 부흥하여 "의자왕의 원한을 풀겠다"는 것이 그의 후백제 개창의 변이었다. 그러나 고려 왕건과의 쟁패에서 밀려남으로써 견훤에 의한 백제 부흥은 수포로 돌아가고 말았다.

백제문화제는 지역의 역사와 정신을 진작하면서 지역적 정체성을 유지하려는 지역인의 다짐이다. 현대의, 21세기의 백제 부흥운동이다. 그리고 그것은 공주와 부여만의 축제가 아닌, 백제에 뿌리를 둔 충남인의 축제이다. 그것은 물론이지만, 동시에 백제문화제의 중요한 특징이 백마강변에서, 망국의 원혼을 위로하는 수륙재에서부터 기원한다는 것을 간과해서는 안 될 것이다. 백제문화제는 역사의 한(恨)으로부터 출발한 축제라는 것, 백제문화제를 생각하는 사람들이 결코 잊지 말아야 할 점의 하나이다.

2. '백제대제'에서 '세계대백제전'까지

1955년 4월 부여지역의 유지들이 뜻을 모아 부소산성에서 '백제대제'를 지내고, 백마강변에서는 망국의 원혼을 위로하는 수륙재를 거행한다. 이것이 백제문화제의 출발이다. 정부 수립 이후 지역의 예술문화 진흥을 도모하려 했던 '영남예술제'와는 근본적인 성격의 차이가 있는 것이다.[2]

백마강변에서 시작된 백제문화제(1955)

수륙재를 거행할 때는 백마강을 운행하던 각종 선박이 함께 모여 특별한 풍경을 연출하였다. 백제 망국의 한을 달래는 제의 이외에 별다른 행사는 없었지만, 행사기간 전국 도처에서 몰려든 인파로 인산인해를 이루었다. 아직 6.25 전쟁의 상처가 아직 아물지 않은 어려웠던 시기이다.

망국의 원혼을 위로하는 백마강의 수륙재에서 백제문화제가 출발하였다는 것은 백제문화제가 갖는 제의적 성격과 한(恨)에 대하여 말하고 있는 것이다.[3] '백제 대제'를 시작하면서 3충신(계백, 흥수, 성충)에 대한 제사의 필요성 때문에 부소산성에 '삼충사'를 건축하게 된다. 1957년의 일이다. 부소산성의 삼충사

---

2) 2007년 공주 부여 통합개최 이전 단계의 백제문화제의 전개 과정에 대해서는 부여단독 개최(1955-1965), 동시(공주 부여 대전) 개최(1966-1978), 윤번제 개최(공주 부여) (1979-) 등으로 시기 구분이 이루어지고 있다. (유기준「백제문화제 반 세기의 현황과 평가에 관한 연구」『백제문화』 32, 2003) 한편 필자는 백제문화제의 초기(1950-60년대), 백제문화제의 정착(1970년대), 백제문화제의 발전(1980년대) 등으로 정리한 바 있다. 윤용혁「백제문화제의 현황과 개선 방안」『백제문화』 25, 1996)
3) 백남천은 경주 신라문화제, 진주 개천문화제와 함께 공주 부여의 백제문화제를 '제의 형식의 역사문화 축제'로 정리하고 있다. 백남천『축제로의 여행』성하출판, 2001, p.269 참조.

는 구드래 백마강변과 함께 백제문화제의 출발점이었다고 할 수 있다.

'백제대제'에서 출발한 백제문화제는 곧 종합문화축제로 확대 되었다. 농악. 그네. 활쏘기. 씨름 등의 민속축제가 더해졌고, 시조대회. 백일장. 백제공주선발대회. 가장행렬 등이 프로그램으로 구성되었다. 개최 시기도 처음에는 4월이었으나, 1957년 제3회 '백제대제' 때부터는 10월 초로 변경되었다. 그리고 10년 후인 1965년 10월 제11회부터는 보다 종합적 성격을 갖는 '백제문화제'라는 이름을 택하게 된다.

부여와 함께 공주에서 백제문화제가 거행된 것은 1966년 제12회 때부터이다. 이후 1975년부터 4년 간은 백제문화제가 공주. 부여만이 아니라 충남의 도청 소재지인 대전에서도 동시 개최되기도 하였다. 그러나 그것은 잠깐의 일이었고, 그나마 1989년 대전시가 직할시가 되어 충청남도와 분리됨으로써 백제문화제에 의한 대전과의 인연은 더 이상 이어지지 않았다.

백마강에서 처음 열린 수륙재(1955)

공주와 부여에서 번갈아 개최하다(1979)

백제문화제는 일종의 종합 문화예술 행사로 개최되었다. 일단 종목들이 크게 늘었다. 70년대 후반 공주의 경우 40여 종, 2000년대에는 100종 가깝게 확대된다. 그러나 이같은 양적 성장에도 불구하고 공주, 부여 동시 개최의 백제문화제는 행사의 많은 부분이 중복되거나 유사행사의 성격을 가지고 있다는 문제점이 지적되었다. 거기에 매년 행사를 두 군데서 각각 준비하는 데 따른 부담이 있는 것도 사실이었다.

1979년 제25회부터 백제문화제는 공주와 부여가 한 해 터울로 돌아가며 개최하는 것으로 변경되었다. 공주, 부여 두 지역 동시 개최에 따른 부담을 줄이고 예산을 집중 투입함으로써 프로그램의 질적 수준을 높인다는 전략인 셈이다. 제한된 예산을 보다 집중화 하여 체계 있는 행사를 준비한다는 것이 윤번 개최의 취지이다. 이에 따라 1979년부터 2006년까지 30년 가까운 기간 동안 홀수 년은 공주, 짝수 년은 부여에서 백제문화제를 개최하였다. 대신 백제문화제가 없는 해에는 각각 조촐한 행사를 가졌으며, 이때 본행사를 '대제(大祭)', 부속행사를 '소제(小祭)'라는 이름으로 구분하였다. 백제문화제를 격년으로 시행하는 기간에도 '소제'라는 이름의 작은 행사를 번갈아 준비함으로써, 백제문화제의 의미와 정신을 놓지 않으려 하였던 것이다.

'7백년 대백제의 부활', 백제문화제의 대형화(2007)

2007년 재단법인 백제문화제추진위원회(위원장 최석원)가 설치되고, 부여, 공주 통합 개최가 실현된다. 백제문화제의 새로운 단계의 진입이었다. 이완구 지사는 취임 초기 백제문화유적을 순방하면서 백제문화제를 충남의 대표적 축제로서 국제화하는 구상을 가지고 도정 중점사업의 하나로 적극 뒷받침하였다. 따라서 2007년 제53회 대회는 백제문화제의 새로운 출발의 기점으로서 주목될 만하다.

2007년 이후 백제문화제는 공주 부여와 충청남도에 의한 '통합 개최'라는 또 다른 형식의 구조를 갖는다. 1966년부터 10여 년 간 공주와 부여에서 '동시 개최'한 것는 차이가 있다. '동시 개최'가 두 지역에서 통일성 없이 각각 백제문화제를 개최한 것이었다고 한다면, '통합개최'는 통일적 구도를 가지고 두 지역에서 동시에 개최하는 것이다. 거기에 기획과 운영에 충청남도가 직접 참여하고 있다는 점에서 상당한 차이점이 있다. 백제문화제가 3개의 행정구역이 연합하여 통합 개최하고 있다는 것은 그 자체만으로도 중요한 의미가 있다. 이것은 다른 지역의 많은 축제와 차별화되는 백제문화제만의 특성이라 할 수 있다.

'통합 개최'를 위해서 새로 구성된 것이 '백제문화제 추진위원회'이다. 충청남도에서 설치한 백제문화제 추진위원회는 공주와 부여에서 개최되는 행사를 전체적으로 총괄하며, 예산을 배분하는 등 백제문화제의 중심 기구 역할을 수행한다. 공주 부여에서 공통으로 이루어지는 프로그램의 진행도 추진위원회의 몫이다.

2007년 53회 백제문화제 이후 가장 눈에 뜨인 변화는 많은 재정이 요구되는 전문성 높은 프로그램이 제작되어 연출하게 된 점이다. 기간도 종래의 3일에서 1주일 이상으로 증가하였다. 지역의 축제가 아니라, 관광을 활성화하고 지역발전을 견인할 수 있는 핵심 이벤트로서 축제를 전적으로 활용한다는 전략적 목표를 가지고 이루어지는 것이다. 제53회에서의 슬로건은 '7백 년 대백제의 꿈'이었다. 백제문화제의 새로운 꿈과 개념, 변화를 담은 슬로건이었다.

'세계대백제전'의 역사(2010)

60년 백제문화제의 클라이막스는 단연 2010년의 한 달 동안에 걸쳐 시행된 '세계대백제전'이었다. 특기할 것은 백제문화권 개발 사업의 결정물이라 할 '백제문화단지'가 17년 만에 부여 규암면에 완성되어 세계대백제전에 즈음하여 개관된 사실이다.

최석원 위원장은 통합백제문화제 7년 간 축제를 지휘하였다
(2010 세계대백제전 개막식에서, 전면 맨 우측)

2010 세계대백제전은 2007년부터 발걸음을 시작한 백제문화제의 혁신 작업이었다. 예산과 기간 모두가 획기적이었다. 공주와 부여의 금강을 이용한 수상 공연은 세계대백제전의 가장 주목되는 공연이었다. 공주에서는 '사마 이야기', 부여에서는 '사비미르'라는 제목이었다. '사마 이야기'는 출연배우 150명이 동원된 대규모 수상공연으로 금강 이야기와 백제의 개국신화, 무령

왕의 일대기를 연결하여 백제의 역사와 정신을 창의적으로 표현한 작품이다. 부여에서 공연된 '사비미르'는 백마강과 화암의 실경(實景)을 배경으로 연출 되었다. 그 밖에 공주에서는 '웅진성 퍼레이드', 부여에서는 서동선화공주나이트퍼레이드, 혹은 백제역사문화행렬이 진행되었다. '대백제 기마군단 행렬', 논산에서 개최된 '황산벌전투 재현'도 획기적 프로그램이었다. 세계대백제전은 경주의 신라문화엑스포와 함께 대표적인 역사재현형 메가이벤트로 꼽히게 되었다.[4]

세계대백제전으로 보다 탄탄한 기반을 다진 백제문화제는 이후 주제를 강조하는 방향으로 진행되었다. 2012년 제58회 '백제의 춤과 음악, 미마지의 부활', 2013년 제59회 백제문화제의 주제는 백제금동대향로였다. 2012년은 마침 미마지의 백제기악 전수 1400주년이 되는 해였기 때문에, 미마지와 백제기악에 대한 국제학술회의를 개최하여 미마지의 역사적 의미를 재조명하였다.[5] 이것이 계기가 되어 일본 기악의 시조인 미마지는 한류의 원류로서 부각되어 역사교과서에 게재되기도 하였다. 2013년의 '금동대향로'는 발굴 20주년을 기념한 것이었다.[6]

3. '충남인'의 축제로서의 백제문화제

60년 백제문화제가 공주 부여를 중심으로 명성을 쌓으면서,

---

4) 류정아『축제의 원칙』 커뮤니케이션북스, 2012, pp.102-104
5) 충남역사문화연구원『백제기악과 미마지 -제58회 백제문화제』(세미나 자료집), 2012
6) 백제문화제 60년 역사에 대한 전체적 정리는 최석원·윤용혁「백제문화제 60년의 발자취」『백제,축제로 부활하다 -백제문화제 60년』서경문화사, 2014 참조.

서울과 익산에서도 백제문화제가 만들어졌다. 서울, 공주, 부여, 익산 등 한반도 서남부의 여러 지역에 왕도가 건설되었던 것이 백제왕국의 특징이었다. 신라가 천 년 동안 '오직 경주'만을 고집하며 버텼던 것에 비하면 좋은 대조를 이룬다. 3-4개소에 이르는 왕도는 백제의 문화적 다양성을 의미하기도 한다. 그러나 동시에 정체성의 충돌과 혼선이 야기될 수 있는 측면이 있다. 서울과 익산에서 각각 백제문화제가 새로 시작된 것도 이러한 측면을 반영한다.

도전받는 '백제문화제'의 정체성

원래 백제문화제의 중요한 특성은 '지역성'이었다. 비록 부여와 공주에서 개최되고 있기는 하지만, '백제'라는 지역성을 대표하는 것 때문에 백제문화제는 충남을 넘어 서울 경기지역이나 호남지역에까지 의미가 확산되고 있다. 백제문화제만큼 넓은 광역의 지역성을 갖는 축제는 우리나라에 없다. '신라문화제'가 더 넓은 광역성을 가지는 것으로 생각할 수 있지만, 그것은 그렇지 않다. '신라문화제'는 경상도 지역조차도 다 포괄하지 못한다. 경상도의 일부는 '가야국'의 정체성을 가지고 있기 때문이다. 지역성 중에서도 가장 넓은 지역을 포괄하는 '광역'의 지역성이 백제문화제의 특징인 것이다.

백제문화제의 60년 역사에서 시기를 달리하여 세 분의 대통령이 참석한 지역 축제는 백제문화제 밖에 없다. 1965년 11회 대회 박정희 대통령, 1980년 전두환 대통령, 2010년 세계대백제전에서의 이명박 대통령의 참석이 그것이다. 지역의 축제에 대통령이 세 번이나 참석하게 되는 백제문화제가 갖는 저력의 근거는 무엇일까. 바로 그것이 '백제'가 포괄하고 있는 지역성의 힘이었다는 사실을 인식하는 것이 중요하다.

그러나 '백제'라는 지역성은, 각각의 왕도를 지역 거점으로 하는 다원화된 백제문화제의 정착으로 인하여 이제 도전받고 있다. 서울 송파구 한성백제문화제는 1994년부터 시작되어 근년 한성백제박물관의 건립 등에 뒷받침되어 점차 활성화하고 있다. '서울 6백년' 대신에, '2천 년 고도, 서울'이라는 슬로건이 자연스럽게 자리잡아가고 있다.

익산에서는 2004년부터 '서동축제'가 열리고 있다. 이름은 '서동축제'로 차별화 되어 있지만, 사실상의 작은 백제문화제이다. 부여의 무왕과도 중복된다는 점에서 반가운 일은 아니다. 그러나 익산의 백제 유적이 공주, 부여와 함께 세계문화유산 등록을 기대하고 있는 시점에서 향후 이러한 콘텐츠를 기반으로 하는 서울과 익산의 백제문화제는 더 확실하게 자리를 잡게 될 것으로 전망된다.

서울의 한성백제문화제, 익산의 서동축제라는 또 다른 백제문화제는 '백제문화제의 지역권'에서, 서울 경기와 호남 지역을 떨어내는 영향력이 있다. 백제문화제는 이제 문자 그대로 '충남의 축제'로 머물게 되는 것이다. 이것은 60년 백제문화제의 위상에 더해지는 중요한 환경 변화라 할 수 있다.

벽을 넘어, '충남인의 축제'로

앞으로 백제문화제의 성공을 가늠하는 중요한 관건의 하나는 '백제'라는 지역적 파워를 어떻게 유지할 것인가 하는 문제이다. 여기에 성공하지 못하면, 백제문화제는 '충남의 축제'에서 더욱 후퇴하여 공주나 부여의 축제로 약화될 가능성도 있다. 백제문화제가 갖는 '지역력(地域力)'을 유지하기 위해서는, 무엇보다 백제문화제를 '충남인의 축제'로 자리 잡게 하는 일이 중요하다. 수도권과 호남권이 '또 다른 백제'를 내세워 분리된 상태에서, 백제문화제는 최소한도 '충남'의 축제가 아닌, '충남인'의 축제로 자리 잡을 수 있어야 한다는 것이다.

'충남인의 축제'란 우선 '백제' 콘텐츠 중에서도 공주, 부여, 혹은 충남의 지역적 콘텐츠를 강조하는 것을 말한다. 가령 공주는 '무령왕'이라는 핵심 콘텐츠를 더욱 강화해 가야 한다.[7] 마찬가지로 부여에서는 성왕이든 계백이든 아니면 금동향로든 좀 더 구체적인 부여 백제의 콘텐츠를 강화해 나가야 한다는 것이다. 부분적으로는 백제라는 시대를 넘어서는 지역 콘텐츠를 가미하는 것도 가능할 것이다.

'충남인의 축제'라는 백제문화제의 방향은, '충남'이라는 '행정구역의 벽'을 넘어서야 한다는 것을 말한다. 행정구역이 다르면, 생활권이 달라지기 때문에 지역 간 큰 벽이 형성된다. 마치 '다른 나라'의 사람이 되는 것 같은 느낌이다. 구체적으로 대전은 충남과 완전히 다른 나라가 되었고, 세종시도 충남과의 벽이 점차 높아지고 있는 중이다. 그러나 역사를 10년 혹은 2, 30년 만 거슬러 올라가면 이들 지역은 모두 충남지역이었고, 그 이전에는 2천 년 동안 하나의 백제 지역이었다. 지리적으로도 충남의 도시와의 거리는 15분, 30분 정도의 거리 밖에 되지 않는다. 행정구역은 달라졌지만, '충남인'이라는 형질은 달라진 것이 아니다.

---

[7] 정재윤은 백제 콘텐츠 가운데 특별히 '무령왕'의 유용성을 강조하고 있다. 정재윤 「백제문화의 스토리텔링을 통한 활용성 제고」『충청학과 충청문화』 9, 2009 참조.

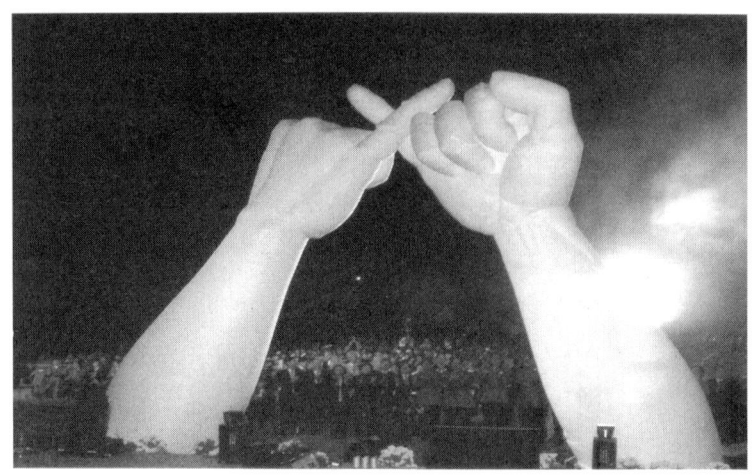

백제문화제는 대전, 세종을 포괄하는 '충남인'의 축제가 되어야 한다.
(신용희 사진)

백제문화제는 행정구역의 벽을 넘는 '충남인'의 축제가 되지 않으면 안된다. 이것이 백제문화제의 지역성이라는 파워를 유지하는 중요한 키이다. 백제문화제에는 공주·부여 이외에 다른 충남지역, 인근의 대전, 세종시의 관심과 참여가 가능하도록 일정한 통로를 확보하는 것이 대단히 중요하다. 백제문화제의 몇 가지 프로그램을 세종시에서 연출하는 등의 연계 방안도 검토할 만하다.

더욱 가다듬어야 할 '통합 개최'의 가치

백제문화제가 그동안 '충남인의 축제'라는 의미를 최소한도 확보해올 수 있었던 것은 이 축제가 행정구역의 벽을 넘어서는 축제의 역사를 가지고 있다는 점이다. 백제문화제는 1955년 부여에서 시작된 이래, 1966년부터는 공주가 함께 축제를 진행해 왔고, 시기에 따라서 대전 혹은 논산과 같은 인근 지역이 이에 참여하였다. 한국의 축제는 지역축제이기 때문에, 지역이나 행정구역이 축제의 기본단위가 되고 있다. 이러한 점에서 공통의 콘텐츠 요소에 의하여 서로 다른 지역이 하나의 축제를 만들어간다는 것은 매우 의미 있는 요소이다. 이러한 점은 백제문화제를 기본적으로 다른 지역 축제와 차별화 할 수 있는 특성으로 꼽을 만한 것이다.

2007년 백제문화제추진위원회가 조직되고, 공주·부여 '통합개최'라는 컨셉을 가져간 것은 이러한 점에서 큰 의미를 갖는다. '동시 개최'의 수준을 넘어서는 보다 진전된 단계로의 발전이기 때문이다. '통합개최'에서 중요한 것은 공통 프로그램의 제작이다. 공통 프로그램은 주로 백제문화제추진위원회가 직접 주관하여 이벤트 중심의 프로그램을 만들고, 이를 두 지역에서 진행하는 형식으로 되어 있다. 그러나 앞으로 '통합개최'의 의미를 더욱 진전시키기 위해서는 두 지역이 함께 만들고 함께 진행하는 프로그램을 개발하여 보완하는 것이 필요하다. 부여에서 준비하고 있는 학생 참여의 '태학박사' 프로그램이 그 가능성을 내포하고 있다는 점에서 일단 주목하고 싶다.

'글로컬 축제'로서의 백제문화제

백제문화제는 지역의 전통성을 기반으로 한 지역 축제이다. 그러나 지역을 기반으로 한 축제가 활성을 갖기 위해서는 국제화가 필요하다. 백제문화제의 경우 역시 마찬가지이다. 다행스러운 것은 백제문화제의 경우 국제화의 콘텐츠를 축제의 내용 요소에서 이미 내포하고 있다는 점이다. 백제의 국제성 때문이다.

백제문화제의 세계화라는 측면에서 최근 수년 동안 백제문화제는 특히 일본을 중심으로 국외 축제 조직위원회와도 밀접한 관계 형성에 노력해왔다. 이것은 축제의 내용적 발전이라는 측면 이외에 국내외 축제 참가자와 관광객을 모으는 효과로 연결되는 효과를 가져 온다. 그리고 공주·부여만이 아니라 그 주변 지역의 관광 활성화에도 큰 자원이 될 수 있다.[8]

글로컬 축제로서의 백제문화제는 앞으로도 더욱 진전시켜야 할 방향이다. 백제문화제에 참여 가능한 1차적 대상은 일본과 중국이고, 다음으로는 동남아제국이나 구미 제국이다. 이러한 우선 순위를 고려하면서 구체적인 프로그램을 가지고 가야 하는데, 그동안 일본 관광객의 참여에 많은 노력을 기울였던 것이 사실이다. 앞으로는 일본에 머물지 않고 중국인 방문객의 유인 전략을 고민해야 하고, 또 우리 지역에 거주하는 주변 여러나라 출신의 다문화 가족들을 끌어들일 프로그램을 고안해야 할 것이다.

글로컬 축제로서의 백제문화제는 축제에 외국인을 참여케 하는 노력 이외에, 백제문화제의 특정 프로그램을 국외의 축제에 내세워 참여하도록 하는 방법도 모색할 필요가 있다. 백제문화제의 어떤 프로그램, 혹은 어떤 공연을 어떤 국외의 축제와 엮는 것이 가능할 것인가를 생각하면, 프로그램 자체의 완결성과 객관성을 더욱 고민하지 않을 수 없을 것이다.

4. 백제문화제, 21세기의 백제 부흥운동

백제문화권 개발과 백제문화제의 세계화 등 일련의 '백제 사업'은 우리 시대에 있어서 일종의 '백제부흥운동'에 해당한다. 흑치상지와 복신, 도침에 의한 제1차 부흥운동, 견훤에 의한 제

---

[8] 백제문화제의 세계화에 대해서는 윤용혁 「2010년 세계대백제전 세계화의 과제」 『충청학과 충청문화』 9, 2009 참조.

2차 부흥운동에 이은 3차 백제부흥운동에 해당하는 것이 오늘날에 있어서 '백제문화 사업'이다.

잊지 말아야 할 '백제 한'(百濟恨)

　백제문화제에서 백제한의 콘텐츠를 잊는다면, 그것은 백제문화제가 아니다. 백제와 백제문화, 가장 깊숙한 내면에 자리 잡고 있는 것이 이 한이기 때문이다. 1955년 백제문화제가 '백제대제'라는 이름으로 시작된 것은 백제문화제에 담겨 있는 '백제한'이라는 원초적 개념을 잘 설명하고 있다. 신라문화제가 처음부터 '신라대제'가 아닌 '신라문화제'라는 이름으로 시작된 것과 대비되는 것이다.

　백제의 한, 이 한을 건들어주고 카타르시스를 경험하도록 하는 것이 백제문화제의 기능의 하나가 되어야 할 것이다. 현재 공주의 프로그램 중에 여기에 해당하는 프로그램이 사왕추모제이다. 이러한 점에서 사왕추모제는 1천 5백 년 전 선대의 왕들을 위령하고, 존숭하는 수준을 넘어서야 한다. 백제문화제의 의미를 되새기고, 백제부흥, 충남 부흥을 다짐하는 살아 있는 현재적 시간이 되도록 해야 한다.

　한은 새로운 문화 예술 창조를 위한 귀중한 자원이고 에너지이다. 근년의 축제에서 체험활동과 재미가 강조되는 것이 일반적이지만, 역사의 밑바닥에 깔린 '한'의 요소도 축제의 에너지가 될 수 있다. 그것이 바로 백제문화가 갖는 또 다른 활력의 소중한 근원이 될 수 있다. 신라문화가 결코 가질 수 없는 차별화된 콘텐츠인 것이다.

　백제의 한은 첫째로 백제 멸망에 있다. 660년 부여가 함락되고 의자왕이 공주에서 체포됨으로써 700년 백제는 사실상 종막을 고하는데, 그때 의자왕이 당한 치욕은 말로 옮기기도 어렵

'낙화암의 3천 궁녀' (임영수 그림)

다. 백제의 왕족과 유민들은 낙양으로 끌려가고, 일본 열도의 여러 곳에 흩어졌다. 백제 한의 두 번째는 백제 역사에 대한 왜곡이다. 의자왕이 황음해서 백제가 망했다, 백제는 그 말년에 망할 만한 상황을 자초 하였다는 것과 같은 중상 모략이 그것이다. 그러한 모략에 의하여, 가해자들은 자신의 책임에서 벗어났다. 셋째는 백제 부흥운동의 실패이다. 백제 부흥운동은 660년부터 663년까지의 4년 간이지만, 150년 뒤 견훤의 후백제 건설도 말하자면 백제 부흥운동이었다고 할 수 있다. 그 이후에도 실패한 종종의 '백제 부흥' 운동이 있다. 조선왕조 말기에 유행한 정감록의 계룡산 도읍설도 내용적으로는 '백제 부흥'의 의미를 담고 있는 것이다. 되풀이된 부흥 활동의 움직임에도 성공은 전무하였다.

　백제의 한은 백제 멸망과 관련된 것만은 아니다. 554년 신라에 의한 성왕의 치욕적 죽음도 잊을 수 없는 백제의 한이며, 475년 고구려군에 의한 개로왕의 죽음도 백제의 한에 해당 한다. 개로왕의 죽음 이후 공주에서의 63년이야말로 멸망에 버금하는 '한의 세월'이기도 하였다. 그리고 이 '백제의 한'은 어떤 의미에서는, 우리시대의 현재 진행형의 한으로 생각될 수도 있다.

더욱 힘써야 할 백제 콘텐츠의 개발

대백제전, 혹은 앞으로의 백제문화제에서도 지속적으로 중점을 두어야 할 중요 사항의 하나는 역시 백제 콘텐츠의 개발과 활용이다. 개발과 활용을 위한 노력이 지속적으로 기울여져야 할 것이다. 축전의 프로그램에서 백제콘텐츠를 어떻게 적용할 것인가 하는 것이 우선적인 관건이지만, 연계 프로그램에서 '백제'의 특성을 보완하는 것도 필요한 일이다.

2007년 이후의 백제문화제의 획기적 도약과 함께 추진되고 있는 것이 백제유적의 세계문화유산 등재 사업이었다. 원래 세계문화유산 등재 작업은 무령왕릉을 등재하려는 것이었다. 그리하여 그 전단계로서 무령왕릉을 문화재청의 잠정목록에 등재하였지만, 여러차례의 검토 결과 보다 넓은 범위에서 여러 문화재를 재구성하는 것이 필요하다는 결론이었다. 이에 의하여 무령왕릉 이외에 공산성 혹은 부여 나성, 정림사지 등 공주, 부여의 주요 백제문화재를 엮는 것으로 작업이 되었다가 범위를 더 확대하여 전북 익산의 미륵사지, 왕궁리 유적까지 포함하게 되었다. 여러 가지 절차를 거쳐 2014년 현재 바야흐로 현지 실사가 진행 중에 있다. 결과는 2015년에 나오게 되겠지만, 백제유적의 세계문화유산 등재는 백제문화제의 활성화를 위해서도 매우 중요한 관건이라 할 수 있다.

백제 콘텐츠의 개발에 있어서는 특별히 생활 문화 관련 콘텐츠 개발이 중요하다는 점을 강조하고 싶다. 음식, 의상, 놀이, 제사 등의 콘텐츠는 중요하면서도 개발의 진전이 극히 미흡한 부분이다. 그 이유는 무엇보다 관련 자료가 희소하다는 데 있다. 그러나 관련 자료의 희소라는 특성은 상상력과 창의력의 발휘에 유리할 수도 있다. 백제문화제 학술회의는 특히 콘텐츠 개발에 대한 학술적 논의가 지속적으로 이루어지고 이를 바탕으로 실제 축제에 지속적으로 적용 가능한 생활 문화 콘텐츠 개발에 적극 노력해야 할 것이다.9)

선발된 무령왕과 왕비(2014)

백제문화 축전이라 하여 이 아이템을 지나치게 백제에 한정할 필요는 없다. 이러한 점에서 유용한 다른 시대 유적에 주목해야 한다. 금강의 일제시대 도시 유적과 학봉리의 도요지 관련 유적이 그것이다. 공주, 부여와 금강 일대 일제시대 유적에 대한 적극적 개발과 활용이 필요하다. 공주 부여만이 아니라 인근 강

---

9) 백제문화제와 연계된 것은 아니지만, 2009년 백제학회의 세미나 〈백제의 생활문화〉(2009.3.20)는 백제문화제와의 연계에 적합한 주제의 학술회의의 예이다. 여기에서는 백제의 취사시설과 취사방법(한지선), 금동대향로에 나타난 백제 풍속의 후대 계승(김상보), 백제의 화장실(전용호), 백제시대 출토 직물(안보연), 백제의복의 현대적 활용(김병미) 등에 대한 발표가 있었다. 매년 개최되는 백제문화제의 학술회의는 백제 콘텐츠 개발에 보다 적극적으로 기여할 수 있는 기회가 되어야 한다고 생각한다.

경, 장항 등의 일제시기 유적을 개발하여 이를 공주 부여의 일본 관광객을 겨냥하여 연계함으로써, 백제 관광 코스의 다양성을 도모한다. 공주, 부여, 강경, 장항 등의 일제 유적은 금강을 맥락으로 발전한 도시 양상으로서, 금강을 근간으로 발전하였던 백제시대의 도시적 양상과 맥을 같이하는 것이다.

축제, 공간의 중요성에 대한 재인식

공주 부여의 프로그램을 차별화하는 것이 필요하지만, 백제문화제의 양대 축인 공주 부여가 함께 가는 프로그램도 개발해야 한다. 프로그램의 유료화 비중을 높이고, 교육적 체험과 인기 있는 기념품 개발을 확대해 가는 것도 빼 놓을 수 없는 과제이다.

축제의 프로그램을 진행하기 위해서는 이를 진행할 수 있는 시설 설치가 우선적 작업이 된다. 당연한 것이지만, 그러나 그에 앞서 우리가 가지고 있는 특정 공간을 축제에 연결시키는 장소성에 대한 연구가 필요하다.

백제문화제는 역사재현형의 '백제' 축제이다. 따라서 가장 중요한 축제의 공간은 백제의 역사성이 깃든 장소라 하지 않을 수 없다. 공주로 말하면, 공산성이나 무령왕릉, 정지산, 혹은 공주박물관 등이 이에 해당 한다. 프로그램과 공간이 잘 결합되면, 그 효과가 당연 배가되기 때문이다. 역사 공간을 축제의 공간으로 활용하기 위한 보다 적극적 모색이 필요한 이유이다. 문화유산의 적극적 활용을 통하여 역사재현형 축제로서의 교육적 효과를 크게 높일 수 있을 것이다.

공산성의 경우 비교적 공간 이용이 활발한 편이었으나, 그 이외의 유적은 백제문화제의 공간으로서는 대체로 소외 되었다. 지금까지는 축제 프로그램이 먼저 정해지고, 다음으로 공간을 정한다. 그러나 반대로 특정의 역사 공간에 적합한 맞춤형 프로그램 개발도 필요하다. 공산성에서 이루어지고 있는 프로그램을 조직화하여 공산성 전체를 무대로 이용하는 새로운 프로그램으로 개발하자는 의견은 이점에서 경청해야할 제안이다.10)

공주의 경우, 금년 백제문화제의 공간에서는 공산성조차 배제되었다. 신청중인 유네스코 세계유산의 현장 실사(實查)에 부정적 영향을 미칠까 우려한 조치였다. 그러나 백제문화제에서 역사유적을 활용하는 것은 바람직한 방향이며, 오히려 이번 백제문화제를 세계유산 신청에 있어서 '문화유산의 활용'이라는 긍정적 기회로 이용되도록 했어야 하지 않았나 하는 아쉬움이 있다.

2021년, 세계대백제전의 또 다른 기회

2007년 백제문화제의 통합 개최 이후 2010년에 세계대백제전이 개최되었다. 다시 금년 2014년 백제문화제는 60년을 눈 앞에 두고 있다. 백제문화제 60년 이후, 백제문화제를 세계대백제전 혹은 백제문화 엑스포와 같은 메가이벤트로 다시 구성할 수 있는 다음 시점은 언제일까.

서기 521년 무령왕은 양에 사신을 보내면서, 이제는 여러 번 고구려를 깨뜨려 "다시 강국이 되었다(更爲强國)"는 이른바 '갱위강국 선언'을 하고 있다. 한성을 잃고 남천(南遷)이라는 절대절명의 위기를 맞은지 43년만의 일이다. 이것은 백제가 고구려에 대응할만한 국력과 자신감을 거의 회복한 것을 보여주는 것으로서, 이러한 국력의 회복이 538년 성왕대의 부여 천도의 기반이 된다고 할 수 있다. 이러한 점에서 '백제 부흥운동'의 의미

---

10) 이훈 「공산성 '백제마을'」 『백제, 축제로 부활하다 -백제문화제 60년』 서경문화사, 2014

를 갖는 백제문화제의 중요한 획기가 2021년, 2038년이 된다는 것을 알 수 있다. 2021년은 백제의 '갱위강국' 선언 1500년, 2038년은 성왕의 부여 천도 1500년이 되기 때문이다.

향후의 시점을 고려하면서 백제문화제의 발전을 구체화하는 것은 반드시 필요한 일이다. 60년 이후 최대의 이벤트의 적기가, 7년 후인 2021년이라는 점을 염두에 두고 준비해가야 한다는 것이다. 2021년은 제67회 백제문화제에 해당 한다.

무엇보다, 시민과 함께 가야하는 백제문화제

여러 가지 논의를 하였지만, 향후 백제문화제의 성패를 가늠하는 가장 중요한 관건은 무엇일까, 하는 더 본질적인 문제를 언급하고자 한다. 그 핵심은 시민이 축제의 주체가 될 수 있도록 변화해 가야 한다는 점이다.

'시민의 축제'가 되어야 한다는 것은 모두가 공감하는 명제이지만, 이것은 공감만으로는 가능하지 않은 일이다. 축제 운영의 구조, 시스템을 구체적으로 하나씩 개선해 나가야 하고, 시민들의 축제 역량을 신장시키는 일이 지속적으로 추구되어야 한다. 또 이를 위하여 축제 전문가의 참여와 협조를 적극적으로 수용할 수 있어야 한다.

축제 운영의 시스템 개선은 축제 운영의 사령탑이 시청 혹은 군청에서 벗어나야 한다는 점이다. 관의 역할이 축제를 기획하고 주도하는 입장으로부터, 조정하고 뒷받침하는 역할로 역할 전환을 해야 할 것이다. 관에서 민으로의 시스템 전환은 쉬운 일은 아니다. 그러나 앞으로 60년을 위해서는 가야하는 길이고, 이를 위해서는 점진적인 개선 방안이 필요하다. 축제 운영을 민으로 전환하는 과정에서 당연히 축제 전문가의 참여 범위가 확대되게 된다.

 시민들의 축제 역량 개선을 위한 방안으로서는 시민들에 대한 '축제 교육'이 그 첫 걸음이다. '축제 교육'을 통하여 축제에 대한 안목, 축제를 만드는 기술을 익히고, 축제에 관심 있는 시민과 전문가가 함께 축제를 고민하는 운동이 지속적으로 가능해진다. 백제문화제에 대한 경험과 고민이 지역의 다른 작은 축제에도 반영되어야 한다. 그 출발이 축제 교육이다. '백제문화제 시민 아카데미'로 명명할 수 있는 축제 교육은 축제 전문가와 관련 공무원, 그리고 시민이 함께 모아지는 접점이 된다. 여기에서 백제문화제의 새로운 가능성을 발견할 수 있게 될 것이다.

 이러한 점에서 향후 축제의 성공 여부의 또 한 가지 중요한 평가 기준은 축제 운영에 있어서 시민 참여를 얼마나 진전시켜 갔는가라는 사항이 된다. 축제에 대한 시민 역량의 신장은 시민 참여의 확대를 가져온다. 멀리 돌아가는 길 같지만, 그러나 그 길을 걷지 않고서는 결코 축제의 성공을 기약하기는 어려울 것이다.[11]

---

[11] 본고는 2014. 8. 26 충남역사문화연구원·공주대문화유산대학원 주최 제60회 백제문화제 기념 국제학술회의 〈백제문화제의 현재와 미래전략〉의 기조 발표 원고임

⟨자 료⟩

무령왕에의 길
2006년 무령왕 기념비의 건립

  2006년 6월 25일 가카라시마(加唐島)에서의 무령왕 기념비 제막식은 엄청난 폭우 속에서 이루어졌다. 이걸재를 비롯한 공주의 공연팀은 이 제막식에서 집터다지기를 강행하였다. 혹독한 폭우 속에서 진행된 집터다지기는, 제막식을 장식한 극히 감동적 이벤트였다. 원래 가카라시마의 무령왕축제는 6월 첫 번째 일요일에 열리는 것이었다. 이것은『일본서기』에 기록된 무령왕의 탄생일 6월 1일(음)에 근거한 것이다. 그러나 기념비 제막식이 거행된 2006년도 행사는 공주측 제안에 의하여 6월 마지막 일요일인 6월 25일에 시행되었다. 2006년 음력 6월 1일은 양력 6월 26일인 점에 착안하여 실제 왕의 출생에 가장 가까운 날 기념비 제막식을 희망했던 것이다.

  몇 달이 지난 9월 20일 아이치(愛知) 현립대학의 강사 쓰지 시호(ツジ志保)씨의 공주 방문이 있었다. 그녀는 구비전승 연구자로서 특히 전승을 토대로 한 현재적 활동에 대하여 관심을 가지고 있었고, 그 사례의 하나로서 무령왕 탄생 전승과 이를 토대로 한 가라츠-공주 교류에 대하여 논문을 준비 중에 있었다. 특히 이 사업이 한국 혹은 일본의 일방이 아니라, 양국 지역민의 공동 추진에 의하여 이루어진 것이고, 향후 한-일이 아닌,

한-중-일 동아시아 3국의 지역민을 연결하는 구상을 가진 것에 대하여 큰 관심을 표방하였다. 필자는 그 대담의 과정을 통하여 무령왕 기념비 건립 전말에 대한 정리가 필요하다는 것을 느끼게 되었다. 이 원고는 이러한 계기에 의하여 만들어졌다.

1. 무령왕 기념비의 내용

1) 기념비의 개요

- ○ 크기   높이 3.4m
  석재   화강석 및 대리석(익산산/ 최장남)
- ○ 전돌모양 (도제) 금강도예
- ○ 제목   〈백제 무령왕 생탄기념비〉
- ○ 제자글씨   龍源齋大峰
- ○ 설계   김정헌/ 윤여관
- ○ 제작   백제조각원

가카라시마에서 세워진 무령왕 기념비

2) 기념비의 상징

   ○ 무령왕릉
   무령왕릉의 아치와 전벽을 중심 개념으로 취함

   ○ 등감
   중앙에 왕릉의 등감을 배치하여 생명과 빛의 근원을 상징

   ○ 2매석 구조
   한국과 일본, 공주와 가라츠 두 지역간 우호와 교류를 상징

3) 기념비의 비문

이곳 사가현 가라츠시의 가카라시마(加唐島)는 461년(혹은 462년)에 백제의 임금, 무령왕(재위 501-523)이 태어난 곳으로 전해지는 섬입니다. 무령왕이 태어난 이후 이 섬은 '임금의 섬'이라 불렸고, 무령왕은 이 섬에서 태어난 이유로 '사마(斯麻)'라는 이름을 갖게 되었다고 합니다. 이같은 역사적 인연에 기초하여 두 지역의 시민들이 중심이 되어 무령왕의 탄생을 기념하는 비석을 세움으로써, 21세기 두 지역 간 교류를 활성화하는 계기를 삼고자 합니다.

2006년 6월

무령왕교류당진시위원회/가카라시마 사마왕회
무령왕국제네트워크협의회/공주향토문화연구회

2. 기념비 건립의 추진

  가카라시마에 무령왕 기념비 건립에 대한 제안이 제기된 것은 2001년의 일이었다. 2001년은 무령왕릉 발굴 30주년이 되는 해였고 이를 기념하여 국립공주박물관은 특별기념전과 함께 부여문화재연구소와 공동으로 국제학술 심포지움을 개최하였고 KBS에서는 특집 다큐 〈무령왕릉의 다섯가지 수수께끼〉를 제작하여 방영하였다. 무령왕릉 발굴 이듬해 왕릉의 내부 실측작업을 한 바 있고, 1991년 대학박물관장으로 있으면서 무령왕릉 20주년 기념 학술사업을 주관한 바 있는 필자로서는 30년 행사에 대하여 특별한 감회가 없지 않았다. 1991년 기념사업으로서는 충청남도의 지원을 받아 왕릉에 대한 최초의 전문서 〈백제무령왕릉〉을 간행하였고, 최초의 국제학술세미나를 기획하고 주관하였기 때문이다.

  30주년 행사에서 필자가 감회와 함께 아쉬움을 느꼈던 것은, 정작 왕릉의 주인공이었던 무령왕이 관심의 중심에서 벗어나 있다는 느낌을 받았기 때문이었다. 사실 2001년은 무령왕릉 발굴 30주년이기도 하였지만, 동시에 무령왕의 즉위 1500주년이 되는 해이기도 하였다. 무령왕이 501년 즉위하였다고 보면 2001년은 즉위 1500주년이 되는 해이고, 무령왕의 즉위가 다소 이례적인 사건이었음에 비추어서 생각하면, 그 역사적 의미는 가볍지 않은 것이었다. 필자는 그해 8월 하순 심포지움 참석차 후쿠오카에 갔던 참에 가카라시마를 방문하였으며, 그 결과 가카라시마와 진서정에서 〈무령왕교류실행위원회〉를 결성하여 적극적인 활동을 하고 있는 것과, 기념비 건립에 대한 구상을 가지고 있는 것을 확인하였다. 이같은 사실을 향토문화연구회에 보고하였고 이것이 계기가 되어 이후 무령왕교류실행위원회(이하 '실행위원회'로 약함)와 공주향토문화연구회(이하 '향토회'로 약함)와의 교류가 이루어졌다.

무령왕을 기념하는 관련사업과 관련하여 가장 중요한 문제는 역사성의 문제였다. 2000년에 경북대 문경현 교수가 무령왕의 탄생지가 사가현 가카라시마라는 논문을 발표하였고, 앞의 KBS 다큐에서도 무령왕의 가카라시마 출생 전승을 취급하였다. 진서정의 실행위원회에서는 이같은 필요성에 입각, 문경현 교수를 초청하여 2002년 1월 14일 나고야성 박물관에서 세미나를 개최하였고(이도학 교수 토론), 공주대학교 백제문화연구소(소장: 윤용혁)의 국제세미나(〈백제문화를 통해본 고대 동아시아세계〉 2002.5.21-23)에서도 큐슈대 니시다니 다다시(西谷 正) 교수를 발표자의 1인으로 초청하여 무령왕탄생지 문제에 대한 의견을 청취하였다. 그는 발표에서 고고학적 증거자료는 아직 없지만, 지리적 여건 등으로 보아 가능성은 '충분'하다는 의견을 표명하였다.

2002년 이후 공주향토문화연구회와 진서정(鎭西町)의 실행위원회의 교류가 지속되었다. 2002년부터 가카라시마에서 무령왕 축제가 개최되었고, 이에 따라 6월에 축제참가, 10월에는 백제문화제 참가를 축으로 상호 교류가 이루어졌다. 이같은 교류에 기초하여 가시적 사업으로서 가카라시마에의 무령왕 기념비 건립 문제가 구체적으로 논의되었다. 사업의 구체적 논의가 이루어지면서 필자로서는 역사적 사실의 문제를 중점 검토할 필요성을 절감하였다. 기왕에 발표된 가카라시마 탄생설의 주장이 있기는 하지만 만일 사업 완료 이후 그것이 사실에 어긋나는 것으로 정리될 경우, 이것은 매우 난감한 문제를 야기할 것이기 때문이다. 이 때문에 필자는 무령왕 출생에 대한 사료와 함께 지금까지의 관련 논의를 직접 검토할 필요성을 느끼게 되었다. 그 결과가 〈무령왕 출생전승에 대한 논의〉(백제문화 32집, 2003)라는 논문이며, 이에 의하여 나름대로 사업 추진의 안전성에 대한 확신을 갖게 되었다. 이와 함께 출생 이후 즉위까지의 무령왕의 문제를 검토한 논문도 발표하였다. 2004년 6월 가카라시마의 무령왕축제 때 열린 심포지움에서 이같은 결과를 발표하기도 하였다.

기념비 건립문제가 본격화 된 것은 2004년 6월 이후이다. 제3회 무령왕축제가 가카라시마에서 개최되었고, 오영희 공주시장이 축제에 참석함으로써 실행위원회에서는 기념비 건립 추진을 강력히 희망하였다. 기념비 건립은 공주와 진서정(2005년 이후 가라츠시에 합병됨)의 두 지역민이 협의하여 공동으로 건립한다는 것이 기본 구상이었다. 계제에 공주시에서는 일본과의 교류를 위한 별도의 시민단체의 결성을 희망하였다. 그 결과 만들어진 것이 무령왕국제네트워크협의회(회장 정영일 / 이하 '네트워크협의회'로 약함)였으며, 이에 의하여 기념비 건립의 공주측 주관을 이 새 단체가 맡기로 하였다. 이 단체는 2004년 무령왕축제 공주측 참석자가 중심이 된 것이다.

기념비 건립을 위하여 네트워크협의회는 정영일 회장이 500만원을 출연하고 아울러 회원들이 찬조금을 내는 한편 시민들의 협조를 받는 홍보를 전개하였다. 공주시에서도 이에 다소간 협조하기로 하였다. 기념비 건립은 일단 실행위원회측의 제안을 공주에서 수용하여 협력하는 것으로 되어 있었기 때문에, 네트워크협의회 측은 일단 제안을 기다리는 입장이었다.

3. 벽을 넘어서

2005년 6월 제막을 목표로 한 기념비 건립에의 추진은 그러나 예상대로 진행되지 못하였다. 우선은 소요 경비가 제대로 뒷받침되지 못하였고, 추진 내용과 관련한 상호 견해차가 돌출되었으며, 더욱 결정적인 것은 일본 수상의 야스쿠니 신사참배, 혹은 일본역사교과서 문제 등으로 한일 양국의 외교관계가 교착상태에 빠짐으로써 사업 추진의 환경이 악화되었기 때문이다.

2004년 12월 후쿠오카 총영사관으로부터 공주시청에 1건의 공문이 접수되었다. 무령왕 기념비의 비문에 대한 검토 요청이었다. 내용을 알고 보니 진서정의 실행위원회는 본 사업과 관련 경비의 충당 등을 위하여 후쿠오카의 한국총영사관측 도움을 받아 후쿠오카 쪽에서 새로운 후원단체가 결성되었고 이 단체에서는 지금까지의 논의와는 별도로 일방적으로 기념비 건립을 추진하고 있었던 것이다. 비석은 광주 소재 대학의 어느 교수에 의뢰하여 설계하였는데 귀부와 이수를 갖춘 전통적인 비석형태를 갖춘 것으로 설계되어 있었다. 나중에 보았지만 이 내용은 마이니치 신문에도 설계도와 함께 보도되었으며, 이에 의하면 비석은 3m 높이에 1천 5백만 엔 예산으로 추진된다는 것이었다.

네트워크협의회에서는 이에 대하여 검토 논의한 결과 여러 가지 문제점이 있다는 데 의견을 모았다. 특히 역사성의 문제와 함께 공주측의 의견이 전혀 반영되지 않은 기념비 건립을 공주측에서 지원하는 것은 불가능하다는 점에서 공주의 입장을 분명히 표시하는 것이 좋겠다는 결론을 갖게 되었다. 그리하여 정리된 의견은 시청을 통하여 후쿠오카 총영사관측에 회신되었다. 회신의 내용은 다음과 같다.

무령왕 기념비 건립계획 검토 의견

1. 무령왕 기념비 건립은, 국가간의 문제가 아니라 지역간의 문제입니다.

무령왕 탄생 기념비 건립 사업은 기본적으로 관련 지역(鎭西町 〈혹은 唐津市〉와 公州市) 시민 교류차원에서 추진되는 것이 바람직합니다. 이를 '韓日 양국의 우호'라는 개념으로 추진할 경우 많은 문제가 예상됩니다.

2. '일한공동위원회'라는 명칭으로는 무령왕 기념비를 세울 수 없습니다.

기념비 건립의 주체로 되어 있는 '일한공동위원회'는 명칭과 위원회의 성격이 일치하지 않으므로, 이 명칭으로 기념비를 건립할 경우 많은 문제가 야기될 것으로 예상됩니다. 아울러 이 위원회의 기념비 건립 계획에 대해서는 무령왕네트워크크 협의회가 이에 전혀 참여한 바 없음을 밝힙니다.

3. 백제 무령왕 기념비를, 신라 양식으로 세워서는 안됩니다.

설계된 기념비의 형태는 전형적인 신라 양식으로서, 무령왕의 기념비와는 시대적 성격이 전혀 맞지 않습니다. 명단석의 경우도 역시 신라적 이미지로 설계되어 있습니다. 설계된 비가, 백제를 멸망시킨 신라 무열왕의 비석(경주 소재)과 같은 형식이라는 점을 감안할 때, 이는 심각한 문제를 야기할 것입니다.

4. 기념비에는 두 지역간의 역사성과 교류의지를 담아야 합니다.

계획서에 의하면 중국제의 석재를 사용하는 것으로 되어 있습니다. 기념비 제작에 사용되는 石材는 鎭西町(唐津市)(혹은 佐賀縣)과 公州市(혹은 忠淸南道)의 것을 사용하고, 기념비 제작 작업은 양 지역의 협의와 참여에 의하여 이루어져야 합니다. 그렇지 않으면 기념비 건립의 목적과는 달리 향후 두 지역(가라츠시와 공주시) 간 교류가 단절되고 관계가 악화될 가능성이 높습니다.

5. 기념비의 문안은, 읽는 이의 공감을 불러일으킬 수 있어야 합니다.

무령왕의 출생에 관한 역사상의 문제는 학자간 의견이 나누어져 있으며, 이를 토대로 한 기념비 건립문제도 찬반의 다른 의견이 있습니다. 따라서 기념비의 문안은 이같은 점을 고려하여 만들어져야하며, 근본적으로는 역사상의 논증이 아니라 기념비 건립에 대한 공감을 얻을 수 있도록 작성되어야 합니다.

6. 무령왕 기념조형물은, 또 다른 문제를 야기할 수 있습니다.

무령왕 기념 조형물은 기념비와 별도의 또 다른 하나의 사업입니다. 두 가지 사업을 동시에 추진할 경우, 기념비와 별도로 조형물 자체에 대한 역사성, 예술성, 상징성 등 여러 가지 논란을 불러일으킬 것으로 예상됩니다.

7. 현재의 기념비 건립 사업을 전면 중단하고, 원점에서부터 다시 추진해야 합니다.

현재의 사업은 원래 취지의 순수성에도 불구하고, 많은 문제를 야기 시킬 것이 분명합니다. 따라서 추진되고 있는 현재의 사업을 전면 중단하고 이를 원점에서부터 다시 검토해야 할 것으로 봅니다. 기념비의 건립은 무령왕건립공동위원회 이외에 가라츠시의 무령왕실행위원회, 공주시의 무령왕네트워크협의회 등

3개 단체가 공동 협의를 거쳐 지역 여론을 수렴해가면서 새로 계획을 입안하는 것이 바람직한 것으로 생각합니다.

8. 현재의 계획을 계속 추진할 경우, 공주 지역에서의 반대는 피할 수 없습니다.

이상과 같은 문제점에도 불구하고 현재의 기념비 건립 계획이 그대로 추진될 경우는, 공주지역에서의 이 사업에 대한 반대는 피할 수 없습니다.

2005. 2. 7.

무령왕국제네트워크협의회

2005년 2월 큐슈 방문의 기회에 필자는 후쿠오카에서 실행위원회 측 관계자, 후쿠오카 단체의 회장을 만나 회신에 대한 보다 상세한 구두 설명을 하였다. 공주측의 반대 회신으로 사업은 혼란에 빠진 것 같았다. 2005년 8월 후쿠오카의 추진 단체로부터 기념비 건립 문제에 대한 방문 협의의 통보가 전달되었다. 공주시청 회의실에서 협의가 있었고, 저녁 식사 후 다시 회의가 속개되었다. 이 회의에서 네트워크협의회 측은 최종적으로 사업에 대한 반대 의견을 확인하는 한편, 만일 계획된 사업 추진시에는 공주측으로부터는 이에 대한 일체의 협조가 불가하다는 것을 분명히 하였다.

다음날 아침 최종회의에서 진서정 실행위원회측은 공주가 참여하지 않는 사업은 무의미하다는 것을 전제로 하여 후쿠오카가 중심이 된 기념비 건립 사업을 수용하지 않겠다는 것으로 이 문제에 대한 입장을 최종 정리하였다. 이에 의하여 그후 후쿠오카의 단체는 해체되었고 기념비 건립 문제는 원점으로 돌아오게 되었다. 네트워크협의회와 실행위원회는 기념비 건립에 대한 사업을 재논의 하고 이를 약정하였다. 그것은 사업비 규모를 대략 5천 만원 규모로 잡고, 양측에서 각각 절반을 부담하는 것으로 하고, 기념비의 제작은 공주에서 담당하여 운송하는 것으로 하였다. 아울러 기념비의 제막은 향후 일정 및 한일 관계의 경색 등을 고려하여 1년을 연기한 2006년 6월의 무령왕 축제 때 하기로 하였다.

기념비 설계와 제작을 공주에서 담당하기로 됨에 따라, 이 문제를 공주대 미술교육과 김정헌 교수와 협의 하였다. 김정헌 교수는 금번 사업의 의미에 대하여 깊이 이해하고 제자인 윤여관 선생과 이 일을 담당하기로 약속 하였다. 그리고 2005년의 무령왕 축제에 임원진과 함께 참가하였다. 2005년 무령왕 축제에는 한일 관계 경색 속에서 방문단 모집이 불가한 상태에 있었다. 이에 따라 네트워크협의회의 임원진을 중심으로 소인수의 참가단을 구성하였는데, 6월 5일의 축제 전일 가카라시마에서 주민들과의 대화 가운데 김정헌 교수는 준비한 2건의 기념비 스케치를 만들어 소개하고 의견을 들었다. 제1안은 무령왕릉의 정면관(正面觀)을 주소재로 구성한 것이고, 제2안은 5각형 석주와 주변에 둥글게 돌을 배치하는 구성으로 되어 있었다. 무령왕릉을 소재로 한 1안의 최초 아이디어는 가사이(笠井敏光) (오사카 하비키노시 생활문화정보센터 관장) 씨의 제안에서 비롯된 것이다. 가사이씨는 2004년 6월 무령왕축제 심포지움에 참가하여 〈곤지와 가와치 아스카〉라는 논문을 발표한 한일고대사 학자로서 무령왕 기념비 구상에 대한 자신의 의견을 나중에 실행위원회 측에 전달하였고, 실행위원회 측이 다시 공주에 이 제안을 참고사항으로 전달한 것이다. 참고로, 오사카 하비키노시는 무령왕의 생부(生父)로 기록되어 있는 곤지의 신사가 있는 곳이고 이같은 인연으로 2003년 여름에 무령왕과 하비키노 관련의 학술 심포지움을 개최한 도시이다.

의견을 수렴한 결과 전체적 의견은 바로 무령왕릉을 소재로 한 1안을 선호하는 것으로 나타났다. 무령왕축제 방문단은 후쿠오카에서 니시타니 교수를 만나고, 가카라시마의 축제 참가후에는 가고시마를 거쳐 귀국하였다. 가고시마에서는 공주대와 자매결연으로 안면이 있는 가고시마대학 사범대학장과 우메노(梅野) 교수 등 여러분의 극진한 환대를 받았다.

심에 두는 것이었는데, 문제는 경비가 예상보다 훨씬 높아진다는 것이었다. 예상 제작 경비 실소요액만 3천 5백만 원이었고 여기에 설계비 혹은 현지 운송료, 운영 경비 등이 더해지기 때문에

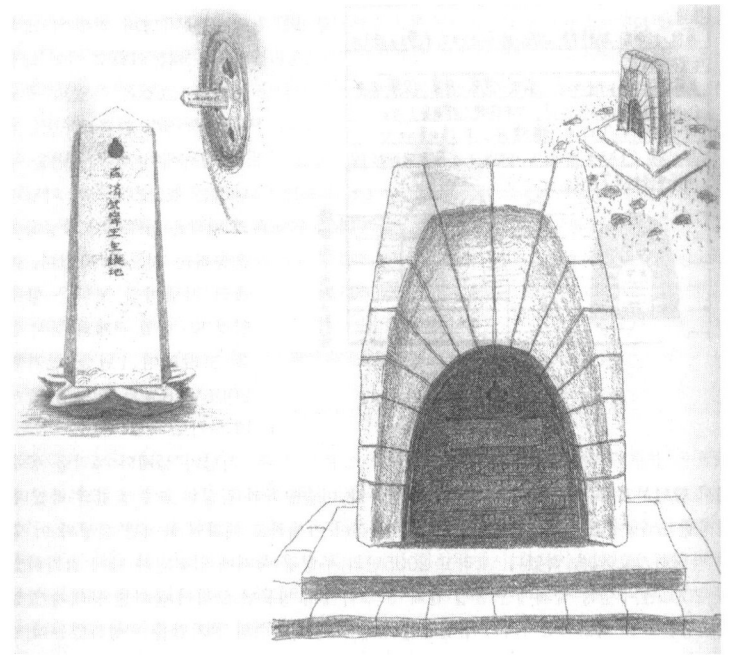

김정헌의 무령왕 기념비 구상 디자인 스켓취(1안과 2안)

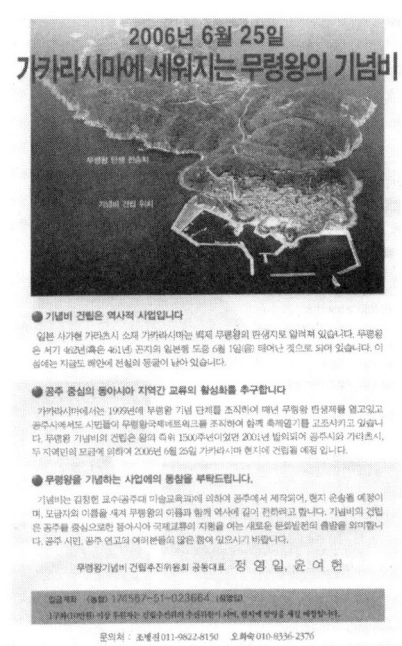

무령왕기념비 건립 홍보 전단(공주)

예산을 감당하기 어렵다는 결론을 내렸다. 이 때문에 공주측은 현실적으로 제2안을 선택하기로 하고 가라츠측과 협의하였다.

기념비 문제가 진척을 이루지 못하자 2006년 10월, 가라츠에서 새로운 안을 제안하였다. 제1안의 디자인을 채택하되 경비절감을 위하여 설계 및 제작을 가라츠 현지에서 한다는 것과, 역시 경비 절감을 위하여 자재의 사용을 모두 중국석으로 한다는 것이 그 요지였다. 기본 설계도까지 이미 작성하여 공주측의 동의만 받으면 작업은 바로 시작될 참이었다. 요는 경비문제였다. 가라츠 측의 제안에 대하여 공주측에서는 회의 결과 중요한 결심을 하였다. 가라츠 측에서 모든 작업을 하고 공주에서는 경비만 부담한다는 것은 이 사업의 취지와 명분상 불가하다는 것이었다. 더욱이 경비절감을 위한 중국식 사용은 절대적으로 불가하다는 입장이었던 것이다. 따라서 공주에서는 이에 대한 해결방안을 다음과 같이 수정 제안하였다. 가라츠의 제안대로 제1안을 하되, 비석의 본체 제작을 공주에서 제작하여 후쿠오카까지 보낸다. 본체 제작 및 후쿠오카까지의 운송비용 일체를 공주측에서 책임지고, 여타의 경비 및 작업은 가라츠에서 책임지고 수행한다는 것이었다. 이에 의하여 가라츠에서는 후쿠오카로부터 본체를 가카라시마 현지에 운송하여 건립하고 부지 조성 및 조경, 본체 이외의 시설물 설비와 함께 당일 제막의 행사까지 책임지는 것으로서, 전체적 경비부담은 대략 비슷할 것으로 산정되었다. 이것은 사업의 과정을 단순화하면서 동시에 사업의 취지와 명분을 살린 것이라는 점에서 사업의 본격적 추진에 새로운 전환점이 되었다. 그러나 한가지 문제는 공주측의 재정부담이 처음 예상보다 늘기 때문에 이를 해결하지 않으면 안되었다.

12월 이상과 같이 본체제작을 공주측에서 책임맡기로 함으로써 기념비 제작은 본격적인 일정에 들어가게 되었다. 우선 김정헌 교수가 설계와 제작 전반에 대한 총괄 책임을 맡기로 하고, 제작 작업은 백제조각원(원장 신동수)에서 담당하기로 하였다. 경비 충당을 위해서는 찬조모금 활동을 강화하기로 하였다. 이를 위하여 공주측 사업에 무령왕네트워크 이외에 공주향토문화연구회가 가담하여 무령왕기념비건립추진회라는 이름으로 공동 추진하는 것으로 하고, 사업 추진의 공동추진원원장에 정영일, 윤여헌, 사무국장은 조병진, 오희숙, 그리고 윤용혁이 집행위원장으로 실무를 맡는 것으로 정리하였다. 사업 홍보와 관련하여 무령왕기념비 건립계획서와 홍보 전단 등 두 가지 자료를 제작 하였는데 여기에서 밝힌 무령왕기념비 건립 취지는 다음과 같다.

무령왕 기념비 건립 취지문

무령왕(재위 501-523)은 백제의 국가적 위기를 극복하고 중흥에의 기반을 구축한 대표적인 백제의 제왕입니다. 1971년 왕릉의 발견으로 당시의 문화적 양상이 여실히 증명된 바 있습니다.

　무령왕과 왕릉에서 주목되는 사실의 하나는 백제를 통로로 한 당시의 활발한 동아시아 세계의 연대였습니다. 중국의 남조-백제-왜를 연결하는 국제적 연결선이 그것입니다. 그것은 정치적이며 동시에 경제적인 것이기도 하였지만, 특히 문화적 루트의 성격이 특징적인 것이었습니다. 동서양의 세계를 연결한 실크로드에 비유한다면, 그것은 서기 500년을 전후한 당시의 동아시아 '컬쳐 로드'라 할 수 있습니다.

　일본의 고대 역사서인 일본서기에는 이 백제의 무령왕이 서기 461년 6월 1일(음) 큐슈의 가카라시마(各羅島)에서 출생한 것으로 되어 있고, 이 기록상의 섬은 큐슈 해안, 사가현 가라츠(唐津)시 소재 가카라시마(加唐島)로 추정되고 있습니다. 이 섬의 해안에는 고대 한반도의 임금이 출생하였다고 전하는 동굴과, 출산한 아기를 씻겼다는 샘이 지금도 전하고 있습니다.

　1999년 이 섬의 사람들이 중심이 되어 무령왕실행위원회를 조직하고 2005년까지 4회에 걸친 무령왕 축제, 무령왕 세미나를 현지에서 개최한 바 있습니다. 이같은 배경에서 가카라시마 현지에 한일 양국의 지역민이 공동으로 무령왕의 기념비를 세우자는 의논이 2001년부터 진행되어 왔습니다. 그리하여 공주에서는 무령왕국제네트워크협의회가 조직되어 공주향토문화연구회와 함께 이 사업을 추진하여 왔습니다. 기념비의 본체를 공주에서 제작하여 현지에 세운다는 계획이 그것입니다. 현재 기념비는 공주대 미술교육과 김정헌 교수에 의해 공주에서 제작되고 있고, 2006년 6월 25일 제5회 무령왕축제의 일환으로 가카라시마 현지에서 제막될 예정입니다.

무령왕 기념비는 단순한 기념물의 건립이 아니라, 1천 5백년 전 백제 역사를 복원하고, 이를 토대로 21세기 동아시아 세계의 새로운 방향을 설정한다는 미래 지향의 역사적 사업이라고 할 수 있습니다. 무령왕 기념비의 건립에 공주를 사랑하시고 백제를 사랑하시는 지역민 여러분의 많은 동참을 부탁드립니다.

2006. 2.

무령왕기념비 건립추진위원장　정영일/윤여헌

이제 부족한 경비 확보가 관건이었다. 우선 기념비에 넣기로 한 기부자 명단은 공주측의 제안으로 기념비와 별도로 제작하기로 하고 건립시기도 늦추기로 하였다. 회원들의 모금을 위한 활동과 별도로 기관 참여자의 협조를 요청하였고 그 결과 충청남도역사문화원(원장 정덕기), 충청문화재연구원(원장 박순발), 공주대 백제문화산업 누리사업단(단장 서만철)의 협조를 얻게 되었다. 또 김정헌 교수는 문화관광부의 보조금을 지원받을 수 있도록 주선하였고, 윤여관은 운송경비를 크게 절감할 수 있도록 주선하여 주었다. 여타의 문제는 실무적인 것이었다. 기념비의 타이틀 글씨는 가라츠에서 보내왔고, 기념비문은 공주측에서 윤용혁이 초안 한 것을 축조 검토하여 확정하였다. 기념비 본체는 편의상 큐슈의 모지(門司) 항까지 보내기로 하고 이후에는 가라츠에서 현지로 옮기는 것으로 조정하였다.

3월 27일 한일 양측간 기념비 건립 최종 실무협의를 위한 회합을 부산에서 가졌다. 가라츠에서는 후쿠오카를 희망하였지만, 공주측에서 부산 모임을 고집하였다. 공주측은 우라마루(浦丸護) 위원장을 비롯하여 사카모토(坂本) 부위원장, 쿠마모토(熊本

부산에서의 실무협의 (2006.3.27.)

典宏) 사무국장 등과 부산에서 조우하여 기념비문을 비롯하여 제반 실무적 사항 및 일정을 최종 조정하였다. 특히 기념비 본체 제작을 담당한 백제조각원 팀과 현지 공사를 담당할 가라츠의 회사, 그린아츠의 실무자가 합석하여 현지 공사 문제를 집중 검토하였다.

5월 6일 백제조각원 작업 현장에서 '장도고사(壯途告祀)'라는 간단한 의식을 통하여 기념비 본체를 일본으로 보내는 의식을 진행하였다. 사물놀이의 공연도 있었는데 진행도중 줄곧 폭우가 쏟아졌다. 5월 7일 운송회사 신방물류 측에 의하여 포장된 본체와 건립 부재는 부산항에 도착하고 이어 5월 10일 모지항까지 운송되었다. 모지에서는 까다로운 통관문제로 1주일을 소비한 후 가카라시마 현지로 운송되었다. 그리고 5월 22일부터 3일간 기념비 본체의 건립작업을 위하여 백제조각원의 신동수, 박성우가 가카라시마 현지에 출장하여 그린아츠 측과 협조하여 기념비 건립 작업을 완료하였다.

4. 앞으로의 문제

무령왕 기념비 제막식은 6월 25일 무령왕 축제의 서막을 장식하도록 계획되어 있었다. 공주측에서 40명 규모의 제막식 참가단이 구성되었다. 참가비는 자비 부담을 원칙으로 하였다. 공주시에서는 오영희 시장과 이동석 의원이 제막식에 참석하였으며, KBS 취재단과 대전일보, 금강뉴스 등의 신문사 기자단, 현지 제막식에서의 공연단 등이 참가자에 포함되었다. 그리고 김정헌 교수가 중심이 되어 15명의 문화예술 관계자들이 서울에서 별도의 일정으로 출발하여 6월 25일 제막식에 합류하게 되었다.

제막식 참가단은 6월 24일 공주를 출발하여 부산에서 선편으로 후쿠오카를 거쳐 당일 저녁 가라츠 시사이드 호텔에서의 기념 리셉션에 참석하고 이어 6월 25일 제막식과 축제에 참가하였다. 축제 행사에서는 기념비 건립의 주체가 된 4개 단체 (무령왕국제네트워크협의회/공주향토문화연구회/무령왕교류당진시위원회/가카라시마 사마왕회)의 자매단체 체결행사가 있었다. 이후 쿠마모토 현의 기쿠수이(菊水町) 사가현의 아리타(有田町) 등을 거쳐 6월 28일 귀국하였다.

8월 방학기간에 교류사업의 하나로 탄천초중학교 학생 약 30명이 큐슈 가카라시마를 방문하였다. 이는 지난 해 가카라시마 소중학교 학생들의 탄천초중학교 학생들과의 홈스테이 교류에 대한 교환 방문이었다. 또 10월 12일에는 가라츠에서 30명의 방문단이 백제문화제 소제에 참석하기 위하여 공주를 방문하였다.

이 기간 중 무령왕릉 기념비 건립과 관련된 후속작업과 교류 활성화 방안에 대한 협의가 있었다.

공주는 역사관광자원의 자원 활용이 지정 발전에 중요한 과제의 하나이다. 공주의 역사관광 자원의 중심은 무령왕릉이다. 무령왕릉의 활용성을 높이기 위해서는 왕릉의 부가가치를 높이는 사업과 함께 관광 고객을 지속적으로 확보하는 것이 필요하다.

2010년 무령왕 탄생제(정영일 회장과 사카이 가라츠 시장)

역사적 특성상 일본과의 교류 협력을 적극 추진하여 이를 관광자원화로 연결해야 한다. 그리고 그것은 구체적으로 일본의 특정 지역과의 교류 협력 강화가 중요한 관건이다. 이러한 점에서 무령왕 기념비 건립은 앞으로의 공주의 국제화 및 관광문화 활성화를 위하여 일정한 의미를 갖는 것으로 생각한다. 기념비 건립은 무령왕을 통한 백제문화 국제화의 한 걸음으로 이해할 수 있을 것이다.

마지막으로 사업에 동참하고 협조해주신 모든 분들에게 이 사업을 주관한 공주측의 두 단체를 대신하여, 지면을 통하여 깊은 감사의 말씀을 드리는 바이다.

〈부 1〉 무령왕 기념비의 제작 경과

- 1999년 12월 3일 가카라시마의 무령왕교류실행위원회에서 무령왕기념비 건립 진정서를 진서정에 제출
- 2000년 경북대 문경현 교수, 무령왕의 가카라시마 출생설 논문 〈사학연구〉에 발표
- 2001년 8월 14일 최석원 교수를 중심으로 무령왕 기념비 건립 사업 추진 협의
- 2001년 8월 25일-28일 윤용혁 교수, 가카라시마, 진서정 등을 방문하고 무령왕교류실행위원회 임원 및 관계 전문가, 공무원 등과 면담
- 2002년 1월 14일, 진서정의 무령왕교류실행위원회 주관으로 문경현 교수, 니시다니 교수 등을 초청하여 나고야성박물관에서 무령왕 심포지움 개최(윤용혁 교수 참가)
- 2002년-2003년 진서정의 무령왕교류실행위원회와 향토문화연구회의 교류 및 방문
- 2004년 6월 26일 가카라시마 현지에서 무령왕축제에 오영희 공주시장 등 참가하고, 기념비의 공동 건립 문제가 무령왕실행위원회 측으로부터 공식 논의됨
- 2004년 6월 27일 진서정의 무령왕교류실행위원회 주관으로 나고야성박물관에서 무령왕심포지움 개최(윤여헌, 윤용혁 교수 발표자로 참가)

- 2004년 8월 무령왕기념비 건립사업을 추진하기 위하여 무령왕국제네트워크협의회 창립(회장, 정영일), 기념비를 2005년 한일우정의 해를 기념하여 2005년 6월의 무령왕축제에서 제막하기로 함
- 2005년 6월 5일 가카라시마 현지에서 제4회 무령왕축제 개최, 기념비 건립은 한일관계의 악화 및 모금액의 부족으로 1년을 연기함. 공주대 김정헌 교수의 기념비 디자인을 현지에서 소개하고 토론함.
- 2005년 8월 가카라시마 소, 중학교 학생, 공주 탄천 초중학교 학생과 홈스테이 교류
- 2005년 12월 기념비 설계 완성, 기념비의 본체를 공주에서 제작하여 후쿠오카까지 운송하고 가카라시마 측에서 부지 조성, 건립, 제막식을 담당하기로 함. 공주측의 사업추진을 무령왕네트웍협의회와 공주향토문화연구회 공동으로 하기로 함
- 2006년 2월 28일 기념비의 제작 작업을 백제조각원이 담당하기로 계약함
- 2006년 3월 27일 무령왕실행위원회측과 부산에서 만나 기념비 건립에 관한, 기술적 실무적 문제 협의
- 2006년 5월 6일 기념비 제작 완공(장도고사 개최)
- 2006년 5월 10일 기념비를 부산행에서 선적, 모지(門司) 항까지 운송(신방물류주식회사)
- 2006년 5월 22일-24일 기념비 건립 공사(신동수, 박성우 현지 파견)
- 2006년 6월 25일 무령왕 기념비 제막식 및 제5회 무령왕축제(가카라시마 현지)
- 2006년 6월 25일 기념비 건립 4개 단체 자매협약 체결

⟨부 2⟩ 기념비 건립 후원기관 및 후원자 명단

(2006년 6월 현재)

1. 후원 기관

　공주시/ 문화관광부/ 충남역사문화연구원/ 충청문화재연구원/ 공주대 누리사업단/ 공주대 백제문화연구소/ 공주향토문화연구회

2. 후원자 명단 (10만원 이상)

　심흥식 조동길 장은자 신용희 김혜식 윤용혁 이관영 송석린 이소자 허길순 백학길 오희숙 김재숙 오병남 박순자 정영일 문형권 이해준 박응선 이미희 김준배 이태묵 김재철 전춘애 권영란 장동철 서정석 서만철 김선길 정재욱 노일선 김생연 이 진 전건용 황규완 이재황 윤여헌 강현자 김영숙 김종환 오명자 임영빈 강창렬 이상표 한이순 최석원 김권한 이찬희 이홍순 홍성삼 백원철 김홍석 박승옥 장길수 이명희 김춘원 김진하 조병진 이일주 정재윤 백기현 정명희 금강포커스 백제신문사 사거리신문 금강여성문학회

> * 추기 : 이 글은 『웅진문화』 19, 2006에 실린 것이다. 2016년 6월이면 기념비 건립 10년이 되고, 가카라시마에서의 무령왕탄생제 15회를 맞는다. 2006년의 기념비 건립은 이후의 교류 활성화에 커다란 기초석이 되었던 것이 사실이다. 2015년의 경우, 공주에서 31명이 6월 무령왕탄생제에 참가하고, 9월 백제문화제에 가라츠에서 역시 31명 단체가 참가하였다. 무령왕탄생제에 즈음해서는 가라츠에서 한일국교 정상화 50년과 해방 70년을 기념하는 공연을 개최하였고, 한국측에서는 최선무용단과 연정국악원이 참가한 바 있다. 기념비 10년을 맞는 2016년에는 그동안의 교류 내용을 정리하는 작업이 진행될 예정이다.

❖ 참고문헌 ❖

1. 보고서/회지

곤지왕국제네트워크『존재, 곤지왕을 말하다(存在, 昆支王を語る)』 2014
공주대 관광학부『백제문화관광 활성화 방안』 2008
공주대 백제문화연구원『제53회 백제문화제 평가보고서』 2007
공주대 백제문화연구원『제54회 백제문화제 결과보고서』 2008
국립경주문화재연구소『경주 서부동 19번지 유적 발굴조사보고서』 2003
국립공주박물관『계룡산』 2007
국립공주박물관『계룡산 분청사기』 2008
금강문화포럼『순교성지 황새바위』 2014
백제문화제추진위원회『700년 대백제의 화려한 부활, 그 빛나는 발자취 –
　　　제53회 백제문화제 결과보고서』 2007
부여문화원『백제문화제 50년』 2005
중도일보사『700년 대백제의 꿈 –제53회 백제문화제』 2007
차기진『홍성지역 천주교순교지 조사보고서』 충청남도역사문화원, 2005
충청남도『2010 대백제전 타당성 연구』 2007
충청남도『2010 대백제전 기본종합계획』 2008
충청남도『700년 대백제 –어제와 오늘, 그리고 내일』 2008
충청남도 역사문화연구원『63년만의 귀향, 아메미야 히로스케 기증유물특
　　　별전』 2008
한글학회『한국지명총람』 4(충남편 상), 1974
朝鮮總督府『鷄龍山麓陶窯址調査報告』 昭和二年度古蹟調査報告 第1冊, 1929
〈公州會通信〉第1號, 1965; 第5號, 1968 ; 제10호, 1970; 第20號, 1974;
　　　第23號, 1976 ; 第２６號, 1977 ; 第37號, 1984, 第41號, 1986 ;
　　　第52號, 1996, 第55號, 2002; 第57號, 2004 ; 第59號, 2006 :
　　　제61호, 2009

2. 논저

강경숙『분청사기 연구』일지사, 1986
김영원『조선시대 도자기』서울대출판부, 2003
김영원『계룡산 분청사기』국립중앙박물관, 2007
노성환『일본 속의 한국』울산대출판부, 1994
공주군유도회『공주군지』1957
류정아『축제의 원칙』 커뮤니케이션북스, 2012
박남수 등『갑사와 동학사』대원사, 1999
백남천『축제로의 여행』성하출판, 2001
설성경『홍길동전의 비밀』 서울대출판부, 2004
윤여헌『환력기념 월당 산문집』 1988
윤용이『아름다운 우리도자기』학고재, 1996
윤용혁『공주, 역사문화론집』서경문화사, 2005
윤용혁『가루베 지온의 백제연구』서경문화사, 2010
윤용혁·신용희『공주, '강과 물'의 도시』공주대 백제문화연구소, 2015
이미숙『400년 전의 도자기전쟁 −임진왜란과 조선사기장』명경사, 2013
이연식『조선을 떠나며 −1945년 패전을 맞은 일본인들의 최후』역사비평사, 2012
이해준 편『공주실록−조선왕조실록에 수록된 공주관련 사료』공주문화원, 1997
이형석『임진전란사(중)』신현실사, 1974
임재표『충청지역 전통 옥터 및 형벌문화 답사 기록』대전지방교정청, 2014
장팔현『소설 무령왕』어문학사, 2007
정규홍『우리 문화재 수난사 −일제기 문화재 약탈과 유린』학연문화사, 2005
정재수『곤지대왕』상, 하, 서울출판미디어, 2001
지수걸『한국의 근대와 공주사람들』공주문화원, 1999
최석원 외『백제, 축제로 부활하다 −백제문화제 60년』서경문화사, 2014
충남역사문화연구원『백제기악과 미마지 −제58회 백제문화제』(세미나 자료집), 2012

혼다(本田) 마비 『임진왜란 전후의 한일도자 비교 연구』 서울대 대학원 고고미술사학과 박사논문, 2003
北島万次 『豊臣秀吉の朝鮮侵略』 吉川弘文館, 1995
園田恒明 編 『無得庵雜筆鈔-園田(三上)竹次郎遺稿集』 1992
中橋政吉 『朝鮮舊時の刑政』 朝鮮總督府, 1936
太田秀春 『朝鮮の役と日朝城郭史の硏究』 淸文堂, 2005
黑髮酒呑童 『日本陶磁器發祥 -陶工李參平公の生涯』 2011: 김창복 외 역 『사기장 이삼평, 일본 도자기의 신』 지식과감성, 2015
『IM LANDE DER MORGENSTILLE-REISE_ERINNERUNGEN an KOREA)』 Missionsverlag St. Ottilien, Oberbayern, 1915(1923 재판); 박일영·장정란 역 『고요한 아침의 나라』 분도출판사, 2012

3. 논문

구일회·이애령 「공주지역의 도자문화」 『공주의 역사와 문화』 공주대박물관, 1995
김낙중 「백제지역에서 확인된 횡혈묘의 의미에 대하여」 『공주 단지리 횡혈묘에 나타난 백제의 국제성』 (학술회의자료집), 충청문화재연구원, 2012
김상기 「1895-1896년 홍주의병의 사상적 연원과 전개」 『윤병석교수 화갑기념 한국근대사논총』 지식산업사, 1990
김상기 「1906년 홍주의병의 홍주성전투」 『한국근현대사연구』 37, 2006
김수태 「초기 천주교사와 공주」 『충남의 초기 천주교 -역사, 유적, 활용』 제7회 충남향토사대회 자료집, 2014
김영원 「계룡산 분청사기에 대한 재조명」 『계룡산』 국립공주박물관, 2007
노성환 「일본 사가현 아리타의 조선도공에 관한 일고찰」 『일어일문학』 42, 2009
노성환 「일본 아리타의 도공 이삼평에 관한 연구」 『일어일문학』 62, 2014

방병선「조선 도자의 일본 전파와 이삼평」『백제문화』32, 2003
삼순(森淳)「이삼평과 유전(有田) 백자의 발전」『미술사연구』6, 1992
서봉식「공주 일본인 묘비 고찰」『향토연구』8, 충남향토연구회, 1990
서종태「천주교 순교지로서의 공주 향옥」『천주교 순교사적으로서의 공주 향옥』(세미나 자료집), 공주황새바위성당, 2011
서흥석「아메미야 히로스케 기증자료 소개 -시정기념엽서를 중심으로」『충청학과 충청문화』7, 충청남도 역사문화연구원, 2008
송충기「노르베르트 베버 신부의 공주여행기: 선교사에서 순례자로」『웅진문화』26, 2013
야나기자와(柳澤一男)「일본의 횡혈묘 -출현과정과 주요 분포지역의 횡혈묘」『공주 단지리 횡혈묘에 나타난 백제의 국제성』(학술회의자료집), 충청문화재연구원, 2012,
양광호「'2010 충청권 방문의 해' 사업 계획 및 추진과제」『충청권의 문화관광 발전을 위한 세미나』(발표 자료집), 충남지역혁신협의회, 2008
와타나베 요시로「히젠도자기의 해외수출과 나가사키항」『로칼리티 인문학』10, 2013
우관호·천종업 「비전(肥前) 도자기 연구」『홍대논총』30, 홍익대학교, 1997
유기준「백제문화제 반 세기의 현황과 평가에 관한 연구」『백제문화』32, 2003
윤순정「백제문화제 삼충제 연구」공주대 문화유산대학원 석사논문, 2016
윤여헌「공주지방의 동계에 관한 연구 -부전동계를 중심으로-」『백제문화』18·19, 1989
윤여헌「조선조 공주(충청) 감영고 - 위치·기구를 중심으로-」『백제문화』20, 1990
윤여헌「호서 양사재의 설립동기」『웅진문화』6, 1993
윤여헌「공주목 견역청에 대하여」『웅진문화』8, 1995

윤여헌 「공주목 민역청에 대하여」『웅진문화』 9, 1996
윤여헌 「옥룡동 소재 '일본인묘' 재론」『웅진문화』 19, 2006
윤용혁 「공주목지도에 나타난 공주 문화유적」『백제문화』 24, 1995
윤용혁 「백제문화제의 현황과 개선 방안」『백제문화』 25, 1996
윤용혁 「왜구의 침략과 충남」『충청남도지』 5, 2006
윤용혁 「'백제 임성태자'가 건설한 나라」『백제 성왕과 그의 시대』부여군, 2007
윤용혁 「백제문화를 통한 21세기의 국제교류」『대백제국의 국제교류사』(국제학술회의 자료집) 충청남도 역사문화연구원, 2008
윤용혁 「공주회 아메미야 회장의 소장유물 기증」『웅진문화』 21, 2008
이미숙 「조선 사기장 이삼평의 피랍 과정과 활동에 관한 연구」『인문과학연구』 26, 강원대 인문과학연구소, 2010
이미숙 「16세기 피로사기장의 출신지 연구」『인문과학연구』 33, 강원원주대학교 인문과학연구소, 2012
이상원 「공주의 천주교 순교유적, 황새바위와 향옥」『웅진문화』 27, 2014
이재황 「계룡산 분청사기 제작방법 연구」『웅진문화』 19, 2006
이재황 「철화분청사기 전통안료 복원 연구」『이삼평공과 분청사기에 관하여』(2014 도자학술세미나 자료집), 한국도자문화협회·이삼평연구회, 2014
이찬희 등 「부여 정림사지 5층석탑 구성 암석의 원산지 추정」『지질학회지』 43-2, 2006
이해준 「인조의 공주파천과 공주산성」『왕의 도시, 현종 인조 기념비』공주향토문화연구회, 2011
이호형 「공주 단지리 횡혈묘군을 통해 본 고대 한일교류」『한국고대사연구』 50, 2008
임선빈 「인조의 공산성 주필과 후대의 기억」『조선시대사학보』 68, 2014
임재표 「조선시대 경주 원형옥에 관한 연구-발굴현장 조사를 중심으로」『矯正』 264호, 1998년 4월호

정재윤 「백제문화의 스토리텔링을 통한 활용성 제고」 『충청학과 충청문화』 9, 2009
정재윤 「무령왕의 문화산업적 활용」 『백제문화』 45, 2011
조병진 「공주를 추억하는 일본사람 만나기 -〈공주회〉 제23회 가라츠대회 참석기」 『웅진문화』 22, 2009
조원창 「동북아 지하식 횡혈묘의 조성사례와 백제 묘제의 계통」 『선사와 고대』 26, 2007
지수걸 「공주 이야기 근현대편」 『고도 공주이야기』 공주대 참여문화연구소, 2012
지수걸 「공주의 '청라언덕'과 미국인 선교사들」 『웅진문화』 26, 2013
최석원 「인조의 공주파천과 향토사적」 『웅진문화』 2·3합집, 1990
홍세희 「'오미노쿠니(近江の國)'의 백제 탐험」 『웅진문화』 21, 2008
吉英陽三 「日本磁器の故郷有田」 『日本遺産』 48, 朝日新聞社, 2003
深川 正 「有田-白磁の原點」 『探訪日本陶藝』 3, 小學館, 1979
柳澤一男 「百濟地域で發見された橫穴墓とその背景」 『東アジアの古代文化』 125, 2005

원 논문 수록 일람

1-1. 「월당 윤여헌의 공주 향토사 연구」『웅진문화』 23, 공주향토문화연구회, 2010

1-2. 「칸(菅), 그리고 아메미야 히로스케(雨宮宏輔) -공주 역사 속의 일본인」『웅진문화』 26, 공주향토문화연구회, 2013

1-3. 「이삼평, 출신지에 대한 논의」『웅진문화』 27, 공주향토문화연구회, 2014

2-1. 「인물콘텐츠의 정리와 활용 -공주지역의 사례」『충청학과 충청문화』 18, 충남역사문화연구원, 2014

2-2. 「도조 이삼평, 그리고 아리타와 공주」『역사와 역사교육』 29, 웅진사학회, 2015

2-3. 「순교유적으로서의 공주 향옥과 그 위치」(원 제목「공주 향옥과 향옥의 위치에 대한 검토」)『지역연구』 2-1, 공주대 지역개발연구소, 2012

3-1. 「백제문화제 60년의 발자취」『백제, 축제로 부활하다 -백제문화제 60년』 서경문화사, 2014

3-2. 「2010 대백제전 세계화의 과제」『충청학과 충청문화』 9, 충청남도 역사문화연구원, 2009

3-3. 「백제문화제 60년, 그리고 앞으로」『웅진문화』 28, 2015

❖ 찾아보기 ❖

ㄱ

가카라시마(加唐島)　106
가토(加藤淸正)　81, 82
감옥서 작업장　158
갑사　82
견역청절목　22
경주옥　152
고려 현종　97
고마나루　27
고흥박사 추모제　172
곰 캐릭터　216
공주 거주 일본인　38, 42
공주 금강 8정　24
공주 학봉리　88
공주군감옥　150
공주농업학교　47
공주문화원　97, 174
공주사범대학　12
공주향교　22
공주향옥의 위치　156
공주향토문화연구회　9, 15, 18, 19, 20, 29, 53, 54, 59, 97
공주향토문화연구회의 창립　17
공주형무소　150
공주회　49, 51, 52, 58, 208
〈공주회〉의 노래(會歌)　69
공주회통신　49, 50
교류왕국 대백제　182
국립공주박물관　106

금강　76, 86, 87, 122
금강도(金江島)　75, 78, 79
금강에 대한 추억　46
긴모산　77, 78
김갑순　103
김구　103
김영배　16
김옥균 특별전　98
김인겸의 기념비　102
김해　121

ㄴ

나베시마(鍋島直茂)　74, 137
나베시마군　81, 82, 85, 122, 136
남원　122
남원성 전투　85, 86
노르베르트 베버　146
누치　128

ㄷ

단지리 유적 조사　37
대통사지　26
도키와소학교　52

ㅁ

무령왕　111

무령왕 노래 110
무령왕 별과 노래 192
'무령왕' 별 109
무령왕국제네트워크협의회
20, 53, 104, 105, 106, 111, 207
무령왕기념비 106
무령왕기념비 제막식 29, 53
무령왕을 생각하는 모임 105
무령왕탄생제 106
무성산성 103
문주왕 추모제 171, 172
미마지 191, 230

ㅂ

박용진 16
백제 네트워크 218
백제 횡혈묘 36
백제금동대향로 192
백제기악 191
백제대제 169, 170, 226
백세문화단지 184
백제문화선양위원회 174
백제문화제 221
백제문화제 추진위원회 179, 228
백제박물관 47
백제부흥운동 194, 200
백제의 한 237, 238

백파선 72, 74, 78, 137
부전동(浮田洞) 동계(洞契) 21, 23
부흥운동 167

ㅅ

4왕추모제 172
사마 이야기 186
사비미르 186, 187
삼충사 169, 170, 225
서고청굴(공암굴) 130, 131
서봉식 40
수륙재 169
신관리의 농원 47
'쌍수정' 그림의 백자병 27

ㅇ

아메미야 기증유물 특별전 55
아메미야 히로스케
아메미야 히로스케(雨宮宏輔) 29,
35, 43, 44, 45,48, 54, 55, 58
아메미야 히로스케 전시실 98
안승주 16, 17, 19
5대왕 추모제 171
왜구 38
월파당 26
윤여헌 9, 10, 18, 21, 32, 41,

찾아보기 275

54, 59
윤여헌 연보　31
윤여헌 주요저작 목록　32
2010 세계대백제전　186
이마리야키　139
이삼평　85, 102, 119, 120
이삼평 기념비　75, 90, 132
이삼평 연구회　89
이삼평연구회　104
이삼평의 금강 출신설　76
이익보　25
인조　100
임성태자　176
임존성　167

ㅊ

창벽　26
철화분청　127, 128
최석원　19, 178
충남역사박물관　29, 55
충남향토사대회　27, 28
충남향토사연구연합회　96
충청감영　23, 24

ㅋ

칸 신타로(管辰太郎)　25, 35, 39, 41
칸의 묘비　41
코니시(小西行長)　82

ㅌ

텐구다니 가마　72, 80

ㅎ

학봉리 도요지　76
학봉리 유적　89, 127
학봉리 유적의 특성　129
학봉리의 철화분청 가마터　125
한(恨)의 콘텐츠　223
향옥　144, 149, 158
향옥 추정지　159
허임기념사업회　104
홍길동　103
홍주의병　145
황새바위　144, 146, 147, 148, 149

윤 용 혁 (尹龍爀)

1952년 목포에서 출생하여 광주고등학교와 공주사대 역사교육과를 졸업하였다. 고려대학교 대학원에서 석사와 박사학위를 받았고, 일본 쓰쿠바(筑波)대학과 국립해양문화재연구소에서 각 1년 간 연구교수를 하였다. 1980년부터 현재까지 공주대학교 역사교육과 교수로 재직하면서, 공주대의 박물관장·도서관장·대학원장, 그리고 호서사학회와 한국중세사학회 회장, 국사편찬위원, 큐슈대학 객원교수를 역임하였다. 지금은 공주대 문화유산대학원장 겸 공주학연구원장, 충청남도와 세종시 문화재위원, 문화재청의 고도육성중앙심의위원 등을 맡고 있다. 저서로서는 『공주, 역사문화론집』(2005), 『충청 역사문화 연구』(2009), 『가루베지온의 백제연구』(2010), 『여몽전쟁과 강화도성 연구』(2011), 『삼별초 – 무인정권·몽골, 그리고 바다로의 역사』(2014), 『한국 해양사 연구』(2015), 『공주, '강과 물'의 도시』(2015) 등이 있다.

공주학연구총서 · 1
공주, 역사와 문화콘텐츠

발행일 2016년 2월 29일
인쇄일 2016년 2월 29일
저 자 윤 용 혁
발행인 김 창 호
발행처 공주대학교 출판부
 충남 공주시 공주대학로 56
 ☎ (041) 850-8752
인쇄처 정우커뮤니케이션즈
 ☎ (042) 636-1630

ISBN 979-11-86737-03-3 93910
정 가 15,000원